A INVENÇÃO DE COPACABANA

Coleção
ANTROPOLOGIA SOCIAL
fundada por Gilberto Velho
dirigida por Karina Kuschnir

- O Riso e o Risível
  Verena Alberti

- Falando da Sociedade
- Outsiders
- Segredos e truques da pesquisa
  Howard S. Becker

- Antropologia Cultural
  Franz Boas

- O Espírito Militar
- Evolucionismo Cultural
- Os Militares e a República
  Celso Castro

- Bruxaria, Oráculos e Magia entre os Azande
  E.E. Evans-Pritchard

- Nova Luz sobre a Antropologia
- Observando o Islã
  Clifford Geertz

- O Cotidiano da Política
  Karina Kuschnir

- Cultura: um Conceito Antropológico
  Roque de Barros Laraia

- Guerra de Orixá
  Yvonne Maggie

- A invenção de Copacabana
- De Olho na Rua
  Julia O'Donnell

- A Teoria Vivida
  Mariza Peirano

- Cultura e Razão Prática
- História e Cultura
- Ilhas de História
- Metáforas Históricas e Realidades Míticas
  Marshall Sahlins

- Antropologia Urbana
- Um Antropólogo na Cidade
- Desvio e Divergência
- Individualismo e Cultura
- Projeto e Metamorfose
- Rio de Janeiro: Cultura, Política e Conflito
- Subjetividade e Sociedade
- A Utopia Urbana
  Gilberto Velho

- Pesquisas Urbanas
  Gilberto Velho e
  Karina Kuschnir

- O Mistério do Samba
- O Mundo Funk Carioca
  Hermano Vianna

- Sociedade de Esquina
  William Foote Whyte

Julia O'Donnell

A invenção de Copacabana

Culturas urbanas e estilos de vida
no Rio de Janeiro (1890-1940)

ZAHAR

Grafia atualizada segundo o Acordo Ortográfico da Língua Portuguesa de 1990, que entrou em vigor no Brasil em 2009.

Capa
Jussara Fino

Imagem da capa
©Augusto Malta/Acervo G. Ermakoff Casa Editorial

Revisão
Tamara Sender
Eduardo Monteiro

CIP-Brasil. Catalogação na fonte
Sindicato Nacional dos Editores de Livros, RJ

O'Donnell, Julia
O23i A invenção de Copacabana: culturas urbanas e estilos de vida no Rio de Janeiro (1890-1940) / Julia O'Donnell. — 1ª ed. — Rio de Janeiro: Zahar, 2013.
il. (Antropologia Social)

ISBN 978-85-378-1027-9

1. Copacabana (Rio de Janeiro, RJ) — Condições sociais. 2. Sociologia urbana — Copacabana (Rio de Janeiro, RJ). 3. Vida urbana — Copacabana (Rio de Janeiro, RJ). I. Título. II. Série.

CDD: 307.76098161
12-8898 CDU: 316.334.56(815.6)

EDITORA SCHWARCZ S.A.
Praça Floriano, 19, sala 3001 — Cinelândia
20031-050 — Rio de Janeiro — RJ
Telefone: (21) 3993-7510
www.companhiadasletras.com.br
www.blogdacompanhia.com.br
facebook.com/editorazahar
instagram.com/editorazahar
twitter.com/editorazahar

À memória de Gilberto Velho.
À memória do meu pai.

"um rio é sempre sem antiguidade"

Guimarães Rosa, *Grande sertão: veredas*

Sumário

Apresentação

Alguns anos atrás, numa tarde de sábado, ouvi numa pequena rua de Copacabana uma discussão entre duas vizinhas que disputavam a mesma vaga de estacionamento. Depois de intensa troca de farpas, audíveis por qualquer um que passasse a metros de distância dali, o bate-boca encerrou-se subitamente quando uma das partes disse em altos brados: "Não tem cacife para morar na Zona Sul? Volta para o subúrbio então, que lá é o seu lugar!"

Este livro é, em muitos sentidos, uma reflexão sobre a construção desse "cacife", ou, melhor dito, sobre o processo de gestação das representações que atribuem à Zona Sul do Rio de Janeiro – e especialmente aos bairros praianos – e a seus moradores um status peculiar na cartografia simbólica da cidade. O que é, afinal de contas, esse "cacife"? Que critérios habilitam alguém a imputá-lo (ou não) a si ou a outrem? E, sobretudo, o que faz desse "cacife" o argumento final em uma disputa em público pela ocupação de um espaço igualmente público?

Tais questões me vêm instigando desde o referido sábado, quando percebi que entre a minha relativa incompreensão da querela e a eficácia daquela frase havia um hiato. Parafraseando Lévi-Strauss, podemos dizer que o fato de o "cacife" evocado por uma das moradoras não corresponder a uma realidade objetiva não tem importância: a interlocutora acreditou nele, e ela é parte de uma sociedade que acredita nele.* Naquele contexto, a expressão "Zona Sul" adquiria, claramente, um tom acusatório no qual a falta do "cacife" fazia referência explícita a uma suposta ausência de status e, principalmente, de padrões de civilidade. Podemos afirmar que ganhou a vaga de estacionamento quem soube, com destreza simbólica, perseguir seu propósito: mostrar que o adversário estava fora de lugar. Não importava, portanto, que ambas gritassem numa situação que, do meu ponto de vista, terminava num indiscutível empate técnico no quesito incivilidade...

---

* A frase original de Lévi-Strauss é: "... que a mitologia do xamã não corresponda a uma realidade objetiva não tem importância: a doente acredita nela, e ela é membro de uma sociedade que acredita" (*Antropologia estrutural*, p.228).

Não podemos esquecer, contudo, que os símbolos são portadores de significados múltiplos, por isso são interpretados de maneiras diversas por diferentes pessoas. É impossível, assim, saber se a evocação de um "cacife Zona Sul" teve o mesmo sentido para ambas as senhoras. Podemos apenas trilhar os caminhos da construção desse idioma comum que opõe binariamente categorias como "subúrbio" e "Zona Sul" no Rio de Janeiro com aparente compartilhamento público dos significados envolvidos. Cabe, assim, seguir as pistas da constituição do quadro cultural com o qual me deparei naquele sábado, buscando compreender a cadeia de associações que ressoou em todos os participantes e espectadores da cena diante da frase que pôs fim à contenda. Se porteiros, passantes, senhoras em suas janelas e jovens em seus skates não demonstraram qualquer espanto ou estranheza diante da frase, é hora, adotando a sugestão do historiador Robert Darnton, de "avançar dos detalhes para o quadro cultural que lhes conferia sentido".[1]

Nos idos de 1824, em seu livro *Diário de uma viagem ao Brasil*, a escritora inglesa Maria Graham deixou o seguinte registro:

> ... juntei-me a um alegre grupo num passeio a cavalo a uma pequena fortaleza que defende uma das baías atrás da praia Vermelha e de onde se podem ver algumas das mais belas vistas daqui. As matas das vizinhanças são belíssimas e produzem grande quantidade de excelente fruta chamada cambucá, e nos morros o gambá e o tatu encontram-se frequentemente.[2]

Dez anos mais tarde, em 1834, o pintor Jean-Baptiste Debret relatou, no seu *Viagem pitoresca e histórica ao Brasil*, o seguinte cenário:

> Vê-se no meio da areia a pequena igreja, isolada num pequeno platô, mais à direita um segundo plano, formado por um grupo de montanhas, entrando pelo mar ... cuja extremidade reaparece com sua parte cultivada, tão reputada pelos seus deliciosos abacaxis.[3]

Para além do fato de as descrições serem feitas por viajantes europeus ao então Império do Brasil, com clara atenção aos atributos naturais e pitorescos da paisagem, os trechos guardam ainda uma importante semelhança: ambos se referem ao território que hoje corresponde ao bairro de Copacabana. Não é preciso conhecer a região para compartilhar o estranhamento que tais relatos certamente despertam. Admirada em todo o mundo, Copacabana seguramente faz jus ao verbete que a identifica, hoje, em uma popular enciclopédia virtual:

> Copacabana é um dos bairros mais famosos da cidade do Rio de Janeiro. Localizado na Zona Sul da cidade, Copacabana tem em torno de 150 mil habitantes de todas as classes sociais e é apelidado de Princesinha do Mar. Bairro de boemia, glamour e riqueza, Copacabana deu origem a muitas músicas, livros, pinturas e fotografias, virando referência turística do Brasil. Copacabana é um dos bairros mais belos, cosmopolitas, democráticos e pujantes da cidade, atraindo grande contingente dos turistas para seus mais de oitenta hotéis, que ficam especialmente cheios durante a época do Réveillon e do Carnaval. No fim de ano, a tradicional queima de fogos que pode ser contemplada por todos na areia é um festival que atrai uma multidão de pessoas, turistas ou não. A orla ainda é lugar de variados eventos, como shows nacionais e internacionais, durante o resto do ano.[4]

Percebemos, numa vista d'olhos, que esse texto não descreve somente o desenvolvimento espacial e demográfico da bucólica região que encantou os estrangeiros com seus cambucás, tatus e abacaxis. É fácil inferir que a apresentação atual do bairro não se limita a uma (impressionante) narrativa numérico-espacial. Vemos, por exemplo, a referência à presença de diferentes "classes sociais", dado que, em seguida, é reforçado com o uso do adjetivo "democrático". Boemia, glamour, riqueza, multidão, cosmopolitismo e turismo são algumas das palavras empregadas nessa descrição, que corresponde, em grande medida, ao senso comum produzido acerca do bairro e recorrentemente acionado por quem nele vive ou transita, ou até mesmo por aqueles cujo contato com a famosa praia se limita às transmissões anuais do evento que se pretende "o maior Réveillon do mundo".

Copacabana pode também ser retratada a partir de seu perfil propriamente urbanístico: são cem quarteirões divididos em 78 ruas, cinco avenidas, seis travessas e três ladeiras, numa área de 7,84 quilômetros quadrados. A via de maior extensão é a avenida Atlântica, com 4.150 metros e uma média de fluxo diário de cerca de 30 mil veículos. Podemos complexificar ainda mais o quadro com dados que mostram, por exemplo, que no ano 2000 a população do bairro era de 141 mil habitantes (número que sobe para 161 mil, se considerarmos também o bairro do Leme, contíguo a Copacabana). Eram 297 em 1906. Entre 1920 (com 17 mil habitantes e 1,5% da população total da cidade) e 1970 (com 250 mil habitantes e 6% da população total da cidade), o crescimento demográfico do bairro foi de espantosos 1.500%, enquanto a cidade, no mesmo período, crescia 240%.[5] Entre 1970 e 2000, portanto, a população de Copacabana diminuiu cerca de 40%, num movimento que veio acompanhado pelo grande crescimento dos habitantes acima de sessenta anos. Em 1969, 98,8% das moradias do bairro eram apartamentos, enquanto em 1933 apenas seis das 214 construções tinham cinco ou mais pavimentos.[6] Copacabana é, sem dúvida, hiperbólica.

Da primeira à última narrativa transcrita, passando pelos breves dados apresentados, vemos surgir não apenas um bairro, mas também uma área bem-delimitada na cidade (a "Zona Sul"), bem como, nitidamente, um estilo de vida. A partir do gritante hiato descritivo e simbólico entre tais transcrições, a proposta aqui é a de percorrer pistas que nos ajudem a compreender, além das transformações socioespaciais por que passou a região, o processo de consolidação de significados que, ainda hoje, associam Copacabana e a Zona Sul do Rio de Janeiro a determinados *ethos* e visões de mundo.[7]

Em páginas de guias turísticos, de crônicas, de romances, de noticiários, de classificados e de trabalhos acadêmicos, diversos aspectos do bairro foram (e vêm sendo) revelados, debatidos e questionados, num repertório tão variado quanto polissêmico que compõe, ao fim e ao cabo, uma rica fortuna crítica a seu respeito. Copacabana, nas suas virtudes e nos seus vícios, nas suas obviedades e nas suas contradições, ora é vista como metonímia do Rio de Janeiro, ora como lugar *sui generis* dentro da cidade. Aparece ainda, não raro, como símbolo de uma melancólica decadência, enquanto, por vezes, persiste como objeto de desejo em determinados projetos de ascensão social. Nos seus múltiplos significados e nas suas não menos múltiplas territorialidades, Copacabana tem no imaginário urbano carioca pertencimentos variados tanto em relação à cidade como um todo quanto, sobretudo, eu diria, com relação à chamada "Zona Sul".

Pode ser difícil para o visitante que transita pelas ruas de Copacabana compreender a carga valorativa do "cacife" orgulhosamente evocado pela moradora naquela tarde de sábado. Pois, ao lado da beleza natural da praia e dos morros que o circundam, o bairro convive com toda sorte de problemas urbanos. Favelização, mendicância, ruído, trânsito intenso, verticalização excessiva e multidões na disputa por alguns centímetros na calçada fazem parte da paisagem diária da região, num panorama sob muitos critérios distante dos signos básicos de prestígio, status e civilidade.

Como, então, entender não somente a formulação, mas também a permanência dessa Copacabana evocada como símbolo de distinção? A resposta a essa pergunta nos remete ao imperativo de pensar, através do entrelaçamento entre história e cultura, de que forma os significados associados a símbolos da vida copacabanense (como praia, prestígio, cosmopolitismo etc.) foram construídos e reelaborados ao longo das primeiras décadas do século XX, constituindo uma gama peculiar de culturas urbanas e estilos de vida ligados a um não menos peculiar conjunto urbanístico.

O LIVRO ESTÁ ORGANIZADO em seis capítulos. O primeiro é dedicado à compreensão do processo que levou à transformação do antigo areal num efetivo polo de atração de investimentos públicos e privados. Centrada entre a segunda metade do século XIX e os primeiros anos do século XX, a reflexão aí desenvolvida busca articular a incorporação de Copacabana à malha urbana do Rio de Janeiro e às dinâmicas socioespaciais por que passava a cidade em seu conjunto. Trata-se, assim, de explicar o próprio processo de transformação de um espaço vazio em um novo território da cidade, ao qual começam a se atribuir certas representações e sentidos.

Partindo das discussões do Capítulo 1, o segundo se propõe a compreender como, ao longo da década de 1900, diferentes sujeitos incorporaram os bairros atlânticos à sua experiência cotidiana, fazendo desse espaço um terreno de disputas materiais e simbólicas. Nesse sentido, o Capítulo 2 trata dos múltiplos usos e significados atribuídos ao novo bairro pelos distintos segmentos sociais que dele se apropriavam, num momento em que sua associação a um *ethos* aristocrático era ainda apenas uma entre as tantas possibilidades em jogo.

Sugerindo ao leitor um passeio pela Copacabana de 1922, o Capítulo 3 parte de um momento em que os bairros atlânticos já figuravam como sinônimo inconteste de prestígio e elegância para, numa perspectiva retroativa, analisar os processos que levaram à vitória dessa representação sobre as demais. Uma vez destrinçados os mecanismos simbólicos que davam corpo à representação praiano-aristocrática com que Copacabana passava a ser associada, o Capítulo 4 consiste numa análise dos sujeitos que articulavam e ancoravam tais imagens, fazendo delas a base de construção de uma visão de mundo específica.

O Capítulo 5 discute como o estilo de vida daqueles sujeitos ganha forma através da progressiva associação de Copacabana a um modelo de civilização que tinha no culto ao corpo, numa forma peculiar de moradia e no consumo de uma cultura cosmopolita alguns de seus principais suportes. Finalmente, o Capítulo 6 parte de uma reflexão sobre os efeitos da vitória de um projeto praiano-civilizatório de fazer de Copacabana um território naturalmente associado à modernidade, à salubridade e à elegância. Focado na década de 1930, apoia-se em fenômenos como o vertiginoso aumento de banhistas nas praias e a rápida proliferação de arranha-céus pelo bairro para analisar os paradoxos daquele projeto. A fim de captar sua lógica e suas contradições, retomemos o fio dessa história.

1. Caminho do mar

Em 6 de julho de 1892, os principais jornais do Rio de Janeiro noticiaram, sem grande alarde, que às catorze horas daquele dia a Companhia Ferro-Carril Jardim Botânico inauguraria uma linha de bondes para Copacabana. O evento marcaria ainda a inauguração do Túnel Real Grandeza (atual Túnel Alaor Prata, mais conhecido como Túnel Velho), que, após oito meses de obras, atravessava a garganta entre o morro da Saudade e o morro de São João, ligando a rua que lhe emprestava o nome, em Botafogo, à rua do Barroso (atual rua Siqueira Campos), em Copacabana. A diretoria da empresa anunciava a disponibilidade de dez carros especiais, destinados a levar seus convidados "àquele alegre e saudável arrabalde" para que pudessem ver, com os próprios olhos, seu "magnífico melhoramento".[1] Nas edições do dia seguinte, os leitores que porventura não haviam estado entre os ilustres convidados puderam acompanhar o acontecimento através de narrativas como esta:

> Realizou-se ontem em Copacabana a inauguração da estação de bondes da Companhia [Jardim] Botânico. … À uma hora da tarde partiram da rua Gonçalves Dias diversos bondes especiais conduzindo o primeiro uma banda de música de marinheiros nacionais, o segundo o sr. marechal vice-presidente da República e seu estado-maior, e outros diretores da companhia e convidados. Ali chegando foi a comitiva recebida com vivas e foguetes. O sr. marechal vice-presidente da República, depois de percorrer a estação, foi convidado para o *lunch* que suntuosamente ali se achava servido. O sr. barão Ribeiro de Almeida, presidente da companhia, fez o primeiro brinde ao sr. marechal Floriano e à imprensa, seguindo-se outros do sr. Barata Ribeiro, presidente da Intendência, contra-almirante Custódio José de Mello, ministro da Marinha, e outros cavalheiros, e terminando o brinde de honra feito por Prudente de Moraes, presidente do Senado.[2]

Apesar de noticiado como algo sem maior importância, o fato, tal como narrado pelo *Jornal do Brasil*, desperta a atenção do leitor ao elencar uma longa e distinta lista de autoridades reunidas em torno da inauguração de um túnel.

Estavam presentes, como se pode ver, algumas das mais altas autoridades da ainda jovem República brasileira: seu presidente, o marechal Floriano Peixoto,[3] o contra-almirante Custódio de Mello, figura central da crise política que levou à queda do primeiro presidente;[4] e Barata Ribeiro, que, embora não fosse ainda prefeito do Rio de Janeiro – cargo para o qual seria eleito em dezembro de 1892 –, já atuava como administrador da cidade na condição de presidente do Conselho de Intendentes Municipais. Os trens carregavam, assim, uma constelação de autoridades do governo federal, municipal e do Exército, além, é claro, dos diretores da companhia, representando a força do capital particular. O jornal informava, ainda, que a linha para Copacabana começaria a funcionar naquele mesmo dia.

Mas, diferentemente do que sugere o redator do *Jornal do Brasil*, nem só de autoridades fizera-se o evento. De acordo com *O Tempo*,

> em todo o percurso era extraordinária a afluência de curiosos para ver passar a comitiva inauguradora, e à entrada do túnel de Copacabana, aberto em rocha viva, iluminado à luz elétrica e adornado de festões de folhas de mangueiras e bananeiras, foi imensamente saudado o chefe do Estado, já pelos operários da Companhia Ferro-Carril Jardim Botânico, já pelos operários da Companhia Forja Nacional.[5]

Após o fim da viagem de pouco mais de uma hora[6] entre o Centro da cidade e a nova estação, os bondes chegaram ao "futuroso bairro de Copacabana",[7] mobilizando os ânimos das predições mais otimistas, segundo as quais a iniciativa haveria de, em breve, "tornar a Copacabana um dos pontos mais habitados d'esta capital". Ficava evidente, já naquele longínquo 6 de julho, que a Companhia Jardim Botânico inaugurava bem mais que uma simples linha de ferro-carris. Além dos duzentos metros de perfuração e do 1,4 quilômetro de aterro até a praia e da estação propriamente dita,* surgia ali um novo bairro e, com ele, uma nova forma de experimentar a vida urbana carioca.

* De acordo com a edição de *O Tempo* de 7 de julho de 1892, tratava-se de "um suntuoso *chalet*" na esquina da rua do Barroso (atual Siqueira Campos) com a rua Copacabana (atual Nossa Senhora de Copacabana).

Rumo a Copacabana

Três aspectos saltam aos olhos na leitura das notícias aqui reproduzidas. Em primeiro lugar, a associação imediata e unânime da região a uma ideia bastante vaga de "futuro", que condensa elementos como salubridade e explosão demográfica; em segundo lugar, o interesse do poder público, nas suas mais distintas esferas, em torno do melhoramento representado pela nova estação; e, por fim, o completo silêncio das reportagens com relação à participação de moradores de Copacabana em tão esplendoroso evento. É difícil entender esses três pontos sem uma incursão, ainda que breve, pelo cenário encontrado pelos passageiros do bonde especial em sua longa viagem entre o Centro e o arrabalde.

Ao embarcarem na rua Gonçalves Dias, os integrantes da excursão tinham diante de si um panorama bastante conturbado: composta de ruas estreitas ocupadas por toda sorte de construções (edifícios públicos, escritórios, cortiços, casas de cômodos, cafés etc.), a região central do Rio de Janeiro refletia, em grande medida, os problemas enfrentados pela capital da recém-proclamada República às vésperas do século XX.

Com uma população que saltara, entre 1872 e 1890, de 266 mil para 522 mil habitantes, a cidade acompanhava, de forma desordenada, as transformações político-sociais que haviam trazido, entre tantas outras mudanças, o fim do sistema escravista (1888) e o fim da monarquia (1889). Tais novidades se traduziram no rápido incremento das relações capitalistas de trabalho, cujos efeitos se fizeram sentir tanto na oferta de mão de obra quanto nos padrões de habitação das classes trabalhadoras.

Polo de concentração das atividades portuárias e comerciais, a região central reunia, ao lado de funcionários públicos, de comerciantes de todo tipo e de empregados do ramo de serviços, trabalhadores que buscavam, no burburinho das ruas, atividades que lhes provessem condições mínimas de sobrevivência. Carregadores e descarregadores de navios, vendedores ambulantes ou prestadores de pequenos serviços, milhares de pessoas compunham um ambiente cotidiano efervescente.

Esse panorama se desdobrava, no plano político, numa demorada luta contra a construção de cortiços no Centro da capital, num embate que se acirrara com a chegada de Floriano Peixoto à Presidência, em 1891. Em 26 de janeiro de 1892, a Inspetoria-Geral de Higiene recebia, endereçada pelo Ministério do Interior, um aviso determinando providências a respeito daqueles "verdadeiros antros disseminados pela cidade e que constituem outros tantos focos de infecção". Essa longa e não raro sangrenta batalha da administração municipal contra os cortiços do Rio tinha, de acordo com o historiador Sidney Chalhoub, uma dupla motivação: em primeiro lugar, o princípio de que a cidade deveria ser gerida por critérios técnicos e científicos e, em segundo, o processo de transformação, aos olhos das elites locais, das "classes pobres" em "classes perigosas".[8]

Tal associação resultou no surgimento de uma "ideologia da higiene", de acordo com a qual as classes pobres teriam um feroz elemento de contágio moral (pela proliferação de vícios e de ociosidade) e também físico (pelo diagnóstico de que as moradias coletivas seriam foco de irradiação de epidemias). A crise da habitação vinha assim acompanhada, nas suas causas e nos seus sintomas, de uma não menos grave crise de teor sanitário: a insalubridade das moradias coletivas, carentes de requisitos mínimos de iluminação e circulação de ar, só vinha acentuar a velha – e até então ingrata – luta das autoridades contra as periódicas epidemias que se alastravam pela capital do país desde meados do século XIX. Real ou imaginado, o agravamento das condições sanitárias que marcou a década de 1890 levava à progressiva certeza da necessidade de uma profunda e urgente remodelação da cidade.

Não podemos esquecer, tampouco, que os passageiros presentes à rua Gonçalves Dias naquele 6 de julho de 1892 haviam assistido, nas décadas anteriores, a um processo de ascensão do "prestígio da rua".[9] Nesse contexto, a cartografia e os serviços da capital adaptavam-se, pouco a pouco, a um cenário de crescente atenção das autoridades à ocupação e aos usos do espaço público, numa ambiciosa agenda republicana que, a despeito dos problemas mencionados, inspirava otimismo.[10]

É impossível, no entanto, compreender o desenvolvimento urbano ímpar observado no Rio de Janeiro das últimas décadas do século XIX se atentarmos apenas à conjuntura macropolítica e/ou econômica da época. É preciso olhar igualmente para as transformações que, na tessitura cotidiana, permitiam o afluxo crescente de pessoas a diferentes regiões da cidade, ampliando sua malha urbana efetivamente habitada e dinamizando não somente a economia de um perímetro urbano cada vez mais amplo, como também as práticas diárias de ocupação do espaço. O desenvolvimento dos meios de transporte, em especial dos bondes, foi fator crucial nesse processo. Ao alavancar, a partir da década de 1870, o avanço da cidade rumo às zonas Norte e Sul, as novas linhas de bonde reconfiguraram definitivamente o mapa de um Rio de Janeiro outrora limitado pelos morros do Castelo, de São Bento, de Santo Antônio e da Conceição, todos na região central.

Era, portanto, de uma cidade vista por seus contemporâneos como apertada, insalubre e insuficiente para acomodar a expansão da capital federal que partiam os passageiros dos dez bondes especiais rumo a Copacabana. O próprio meio de transporte pelo qual deixavam esse espaço nos remete, entretanto, a um novo universo de significados compartilhados pelos ilustres convidados que tomavam os carros da Companhia Jardim Botânico. Símbolo

Mapa do Rio de Janeiro na década de 1890. Nota-se o enfoque dado à região central, então a mais habitada da cidade.

O Centro em 1893-94, em vista tomada do morro do Castelo para a ilha das Cobras. Telhados mostram a grande aglomeração de casas na região. (Juan Gutierrez)

da mobilidade e, sem tardar, também da velocidade,* os bondes sintetizavam boa parte dos signos da urbanização e, na mesma medida, de determinado ideal de modernidade. A novidade, no entanto, para além do frisson causado pelos modernos aparatos urbanos e sua ligação aos ansiados índices internacionais de civilidade, deixava nuas as contradições de uma sociedade apoiada, durante séculos, numa estrutura de estratificação social à qual a igualdade liberal da Carta republicana era, em grande medida, estranha. Isso aparece com clareza na lembrança de que o novo meio de transporte enfrentou a resistência de certos setores da elite, como grupos de senhoras que condenavam a inevitável mistura de "gente do povo" com "pessoas de hábitos educados" nos diminutos espaços dos bondes.[11]

Ainda assim, a partir de 1868, quando a Botanical Garden Rail Road Company[12] inaugurou sua primeira linha, ligando a rua Gonçalves Dias ao Largo do Machado, estava dada a partida para um irrefreável processo de expansão da malha urbana através dos trilhos.[13] É importante lembrar também a relevância

* Em 8 de outubro de 1892, a Botanical Garden Rail Road Company fez circular, pela linha do Flamengo, o primeiro bonde elétrico da América Latina.

da inauguração, em 1858, do primeiro trecho da Estrada de Ferro Dom Pedro II (atual Central do Brasil), que viabilizou a rápida ocupação das freguesias suburbanas por ela atravessadas. Esses dois eixos, atuando sincronicamente a partir do final da década de 1860, permitiram o crescimento acelerado da cidade rumo aos bairros das zonas Sul e Norte (pelos bondes) e aos subúrbios (pelos trens).

A atuação direta dos meios de transporte coletivo sobre a ampliação da cidade veio inevitavelmente acompanhada de um processo de redefinição dos padrões de acumulação do capital imobiliário. Amparados pelo discurso higienista contra a insalubridade da região central, numerosos grupos empresariais se revelaram ávidos por oportunidades de investimento em novas regiões da cidade. Assim, mais que reinventar a cartografia física e simbólica do Rio, os trilhos acabaram por atuar na cristalização de uma dicotomia entre Centro e periferia, cujo esboço já vinha se delineando havia décadas. Em pleno crescimento urbano, os espaços se convertiam também em mercadoria.

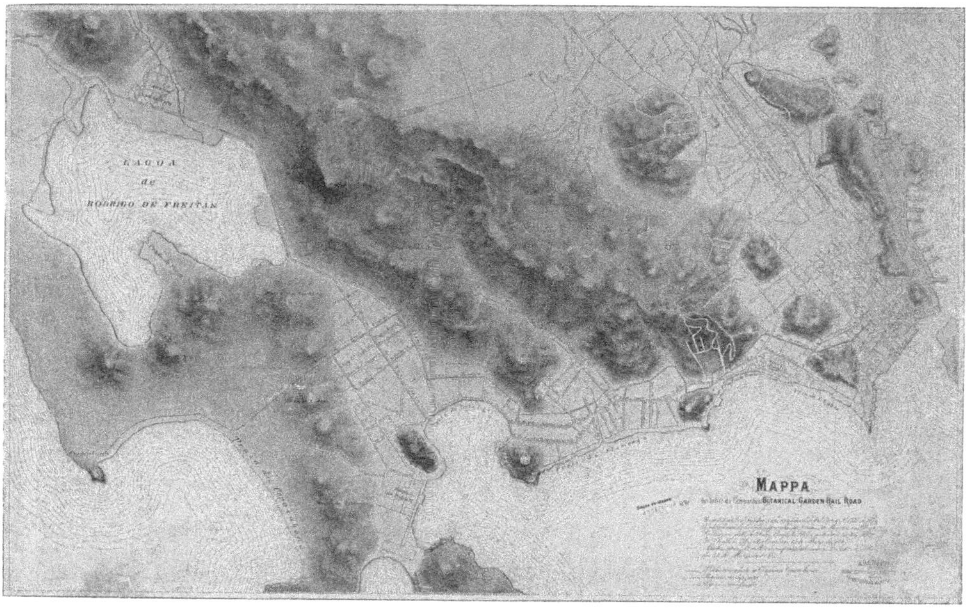

Mapa de Copacabana da Companhia Jardim Botânico nos anos 1870. Saindo do Centro e chegando até a Igrejinha (no canto esquerdo inferior), a linha então concedida à Empresa Copacabana.

O caso específico da Zona Sul, para onde se dirigiam os dez bondes especiais, é bastante sintomático. Intimamente ligada à atuação da Companhia Jardim Botânico, a urbanização da região contou, em 1871, com o prolongamento do tráfego até o largo das Três Vendas (atual praça Santos Dumont), no então quase desabitado bairro do Jardim Botânico (facilitando o acesso ao já aristocrático bairro de Botafogo), e, um ano mais tarde, com a inauguração do ramal da Gávea. Com os olhos firmemente voltados para o lucro imobiliário, a empresa associou-se, desde o início da expansão dos trilhos rumo ao sul da cidade, a grandes incorporadores, proprietários de terras e companhias de serviços públicos, especialmente as responsáveis pela implantação e pelo fornecimento de gás, água potável e sistema de esgoto. Ressalte-se, ainda, o papel fundamental do Estado, cujo interesse na ampliação de zonas (salubremente) habitadas se refletia no incentivo a tais investimentos, como podemos ver pela participação maciça de autoridades públicas no *lunch* praiano daquele 6 de julho de 1892.

Uma vez acomodada, a comitiva deu início à viagem. Seguiu, primeiramente, rumo ao Largo do Machado, adentrando a primeira das paróquias ao longo do vetor sul de expansão da cidade: a de N.S. da Glória, criada em 1834. Naquela vizinhança os passageiros puderam observar, além do intenso comércio, um grande número de residências de alto luxo, ali erguidas ainda durante o Segundo Reinado – quando empresários do ramo da cafeicultura passaram a construir verdadeiros palacetes na então capital do Império. Com 1.894 edifícios particulares e dezoito edifícios públicos registrados já no Censo de 1870,[14] a freguesia contava, naquele ano de 1892, com mais de 8% de toda a população da cidade, que ali habitava as mansões, os hotéis e as pensões de alta categoria. As feições do bairro, em que ressaltavam a arborização e os espaços amplos, mostravam se tratar já de um cenário diverso daquele da região central.

Essa diferença em relação ao amontoado de casas e construções que caracterizava o Centro se tornaria cada vez mais evidente no decorrer do trajeto. Após percorrer os bairros do Catete e da Glória, os bondes atravessaram a enseada do Flamengo, em cujo final tinha início a freguesia da Lagoa, criada em 1809, que vinha assumindo, ao longo de todo o século XIX, aspecto essencialmente residencial. Ao chegar a Botafogo, os passageiros puderam desfrutar, entre os morros da Viúva e da Urca, uma bela enseada coberta por jardins e chácaras de mansões suntuosas. Além disso, um crescente comércio fazia-se notar, aproveitando-se do fato de que Botafogo era a vizinhança mais procu-

Panorama da Glória em 1893-94, nas imediações do Centro: ruas arborizadas e residências de luxo construídas no Segundo Reinado. (Juan Gutierrez)

rada para moradia da aristocracia estrangeira e da alta burocracia local. Habitado por representantes do corpo diplomático e grandes capitalistas, o bairro ganhara espaço no imaginário da elite, que, aos poucos, deixava regiões como São Cristóvão e Engenho Velho, cujo prestígio, muito associado à ocupação imperial, entrara em franco declínio a partir da década de 1870.

Enseada de Botafogo na década de 1890, cercada por jardins e chácaras luxuosas. (Marc Ferrez)

Como era de esperar, o adensamento populacional de Botafogo atraiu todo tipo de serviços (como o de ambulantes e, sobretudo, atividades ligadas à construção civil) e, com isso, o bairro passou a abrigar também habitantes da classe trabalhadora. O desenvolvimento comercial acompanhou o caminho dos bondes. Nas ruas São Clemente, Voluntários da Pátria, da Passagem e General Polidoro surgiram sobrados com armazéns no térreo, fazendo de Botafogo o principal centro comercial para moradores que iam ocupando as imediações ainda pouco habitadas de Copacabana e do Jardim Botânico.

Após passarem pela suntuosa enseada e se deliciarem com a visão dos palacetes da aristocrática rua São Clemente, a comitiva da Companhia Jardim Botânico entrou na rua Real Grandeza, em cujo final depararam-se com o cemitério São João Batista (inaugurado em 1853), onde puderam observar as moradias modestas ocupadas majoritariamente por imigrantes portugueses. A essa altura, após cerca de uma hora de viagem, o túnel já podia ser avistado. Uma vez conduzidos pelos caminhos da cidade e da história que levaram a Copacabana, podemos, agora, acompanhar a comitiva dos dez bondes especiais em sua chegada ao arrabalde praiano.

Luz no fim do túnel

Vejamos, então, que cenário circundava a festejada solenidade, que, entre folhas de bananeira, chalé e champanhe, dava as boas-vindas da pitoresca região à malha urbana carioca. Duas fotografias da época apontam num mesmo sentido. A primeira (ao lado) nos revela a ousadia de uma grande proeza da engenharia, que, vencendo a força da natureza (representada pela solidez da rocha perfurada), carregava a civilização nas rodas dos bondes. A segunda (no alto da p.28), não menos explícita, traz um areal absolutamente deserto, sobre o qual se sustenta, orgulhosa, uma construção de feições modernas, como um baluarte do progresso em meio ao vazio recém-conquistado.

As imagens traduzem, em boa medida, as representações construídas (e veiculadas) a respeito da até então distante Copacabana no período que antecedeu a chegada dos trilhos. São escassas, para não dizer raras, as menções à localidade até aquela data e, em sua esmagadora maioria, elas acenam na direção de dois eixos principais: o areal desértico, por um lado, e o buçolismo

Inauguração do Túnel Real Grandeza (hoje conhecido como Túnel Velho): o bonde, lotado de autoridades, chega a Copacabana. (Juan Gutierrez)

Estação de bondes de Copacabana em 1892: construção de feições modernas em meio ao areal deserto, hoje ocupado pela praça Serzedelo Correia. (Juan Gutierrez)

da natureza intocada, por outro. A imagem a seguir, inspirada em pintura do alemão Johann Moritz Rugendas (que esteve no Brasil entre 1822 e 1825), se alinha, evidentemente, ao segundo eixo. Apesar do título, *Praya Rodriguez*, trata-se de uma representação da praia de Copacabana. Ao apresentá-la como lugar da exuberante natureza tropical, o pintor retratou a presença de dois expedicionários que, acompanhados de escravos, parecem estar sós em meio à desértica praia, na qual se nota, no centro da pintura, uma única e modesta construção.

Praya Rodriguez: prés de Rio de Janeiro: litogravura de Louis-Jules-Frédéric Villeneuve sobre Copacabana, a partir de pintura de Johann Moritz Rugendas de 1835.

Não são muito distintas as representações encontradas em relatos produzidos algumas décadas depois. O viajante inglês Daniel Parish Kidder, por exemplo, após visitar o país em 1845, recomendou que quem quisesse "se deliciar em ouvir o murmúrio surdo das ondas que vêm do Atlântico não poderá escolher ponto mais conveniente". Já o botânico *sir* Weddell, em depoimento escrito no mesmo ano, mostrou, apesar do encanto com a grande variedade de cactos e palmeiras ali encontrada, um certo incômodo com a presença de "algumas dúzias de pulgas" que vieram perturbar-lhe o repouso.[15]

Copacabana permaneceria no relativo anonimato ainda por uma década, até que, em 1858, correu pela cidade o boato de que duas baleias encalhadas haviam sido vistas naquela praia. A notícia levou centenas de curiosos ao local, entre os quais se destacavam o imperador dom Pedro II e a imperatriz, dona Teresa Cristina. Muitos acomodaram-se em barracas improvisadas e ficaram fazendo vigília ao longo de três dias e três noites. As baleias jamais apareceram, mas houve quem tirasse vantagem do evento, como um comerciante do Centro, que, aproveitando o passeio para fotografar a praia longínqua, exibiu as imagens (oito, no total) ao público através de um cosmorama montado na rua dos Ciganos n.42.[16] Copacabana começava, então, a fazer parte do imaginário e do repertório dos habitantes da capital, animando proprietários de terras que, sem tardar, valeram-se do recurso da publicidade para anunciar "braças de lindos terrenos, com frente para a praia e fundos para chacarinhas". Havia ainda quem passasse a alugar "pequenas casas para recreio, banhos e ares de mar, como os não há nas proximidades da corte".[17]

Não é difícil imaginar a dificuldade encontrada por tais proprietários no sucesso dessas transações. Afinal, chegar a Copacabana demandava, além de muito tempo disponível, uma razoável dose de disposição física. Isso porque, até a abertura do túnel, em 1892, três tortuosos caminhos ligavam o arrabalde ao restante da cidade. O primeiro começava na rua Real Grandeza, em Botafogo, passava sobre o morro da Saudade e descia pela ladeira do Barroso (atual ladeira dos Tabajaras), terminando na rua de mesmo nome (hoje, Siqueira Campos). Apesar de mal conservado, esse era o acesso mais utilizado pela população, o que veio a ser acentuado em 1878 com o início do tráfego de uma linha regular de diligências por aquela via. O segundo caminho, certamente mais pitoresco, tinha início na rua de Copacabana (atual rua da Passagem) e chegava até a ladeira do Leme, desembocando naquela praia. O terceiro, por fim, destinava-se a aventureiros. Após pegar uma canoa na praia de Piaçava, às margens da lagoa de Sacopenapan (hoje Rodrigo de Freitas), o viajante atingia a praia funda (nas proximidades do atual corte do Cantagalo), de onde subia a pé pelos morros da Capoeira e da Caieira (atualmente, Cabritos e Cantagalo) para, então, chegar até a praia de Copacabana.

Não é de espantar que, diante de tamanha dificuldade de acesso, o imperador tenha esperado quase duas décadas e uma grande ocasião para retornar ao areal. Em 1873, um ano após a aquisição dos direitos de exploração da telegrafia elétrica entre o Brasil e a Europa por parte do barão de Mauá, dom Pedro II voltou a percorrer a praia deserta para inaugurar o cabo submarino instalado pela Telegraph Construction and Manteinance Company nas imediações da praia da Pescaria (atual Posto 6). Esse fato, que ampliava substancialmente a rede telegráfica brasileira (na época, restrita à linha entre a corte e Petrópolis), levou novos moradores a Copacabana: os ingleses responsáveis pela instalação do aparato, que passaram a habitar uma construção que durante muitos anos ficou conhecida em toda a cidade como "a casa dos ingleses".

Mas nem só de grandes momentos vivia o arrabalde. Uma modesta porém perene atividade religiosa mobilizava o mesmo trecho final da praia onde, desde o século XVIII, havia notícia da capela de N.S. de Copacabana, que reunia romeiros de diversas partes da cidade. A "Igrejinha", como ficou conhecida a edificação, representava o principal polo de atração local, especialmente no dia 13 de setembro, quando se comemoravam as festas da padroeira. Para tais ocasiões, a Igrejinha contava com uma casa para romeiros que, ao lado das choupanas de pescadores e do Forte do Vigia, foi, durante muitos anos, uma das poucas edificações existentes no distante areal.

Os testemunhos deixados por diversos tipos de registros atestam que as representações acerca da Igrejinha, principal referência de Copacabana nos primeiros anos de seu crescimento urbano, são um termômetro preciso do processo de construção e sobreposição de referências acerca da localidade. Basta atentar para registros como o da imagem ao lado, feita após a substituição da antiga capela (em 1858), logo depois do episódio das baleias.

A imagem destaca a integração da construção à paisagem natural, que ocupa a maior parte da cena. A ideia da natureza intocada é reforçada pela

Igrejinha de Copacabana em cartão-postal: principal polo de atração do arrabalde desde o século XVIII.

ausência de pessoas, numa constante que, como pudemos perceber nas notícias veiculadas na época da inauguração das linhas de bonde, tardou a descolar-se do imaginário a respeito daquelas redondezas.

É interessante notar que tais representações foram produzidas e difundidas ao longo do século XIX, quando o país, em diversas ocasiões, teve grande parte da atenção do pensamento social dedicada à questão do território, vinculando de diferentes maneiras o tema da nacionalidade a uma dicotomia – muitas vezes espacialmente delineada – entre o opróbrio e o moderno. Tal oposição pôs, não raro, a ideia de "sertão" no centro do pensamento político brasileiro, numa elaboração que dos tempos coloniais às primeiras décadas do século XX assumiu conotações diversas em torno de uma apreensão comum acerca do futuro nacional.[18]

Nesse contexto, a macrorrepresentação do "sertão" construiu-se sobre um pano de fundo que reunia desde traços geográficos (a região agreste, distante do litoral) até culturais (local em que predominam tradições e costumes antigos, não modernos). Antes mesmo de *Os sertões*, obra clássica de Euclides da Cunha lançada em 1902, o sertão simbolizava, para os sonhos da integração nacional, os perigos do desconhecido. Assim, seja na tradição romântica, que viu no sertanejo um símbolo da nacionalidade por sua destreza e simplicidade, seja na realista, que via o sertão como um entrave ao progresso da urbanização, aquele espaço foi reiteradamente pensado em termos de uma não civilização.

É curioso notar que, mesmo referido de forma insistente como um lugar radicalmente alheio à lógica e ao panorama da cidade, Copacabana não teve, em nenhum momento, seu território associado à ideia de sertão, nem mesmo a alguma imagem de cunho pejorativo. Copacabana figurava, invariavelmente, como um "areal" marcado pelo bucolismo, pelo vazio e, muitas vezes, por um estágio "pré"-civilizatório – nunca "anti". Creio que, mais que a evidente proximidade com o litoral, o que libertou os bairros atlânticos cariocas da mácula do sertão foi o total desinteresse dos visitantes pela população local. Há, como vimos, somente vagas referências à existência de "choupanas de pescadores", sem nenhuma atenção à sua forma de habitação, de socialização ou de circulação. O "areal" era, definitivamente, o "território do vazio".[19]

No panorama da praia deserta, conforme nos mostra a imagem ao lado, só com certa dose de esforço podemos visualizar uma modesta construção à direita, em uma zona escurecida da foto e quase completamente envolvida pelo cenário natural.

Não devemos, contudo, nos deixar impressionar pelo vasto e desértico areal, rodeado de palmeiras, cactos e eventuais pulgas. Ao atravessar o túnel, os excursionistas a bordo dos carros da Companhia Jardim Botânico adentravam, diferentemente do que versa grande parte das representações, um palco de variados, múltiplos e por vezes polêmicos interesses imobiliários.

Data de 1872 a primeira iniciativa de integração de Copacabana à malha urbana da cidade. Nesse ano, em meio à verdadeira febre de concessões de linhas de carris que tivera início no final da década anterior, o conde de Lages[20] entrou, juntamente com Francisco Teixeira Magalhães, com um pedido para instalar trilhos que levassem bondes até o arrabalde, onde construiriam um serviço balneário. Percebe-se, já de início, que os sócios visavam investir na ocupação

Vista do Leme no final do século XIX: apenas uma modesta construção, à direita, em meio à natureza. (Juan Gutierrez)

de um território cujo diferencial no espaço urbano seria o dos benefícios dos ares marítimos, num discurso bastante alinhado à ideologia higienista que dava corpo, desde a década de 1870, às sucessivas políticas de (re)ordenação dos padrões de habitação da região central da cidade.

A concessão que receberam lhes facultava o direito de desapropriação de terras em Copacabana e o privilégio exclusivo de instalação de uma estação balneária acompanhada de uma estrutura urbana básica. As exigências contidas no documento não deixam dúvidas sobre a intenção dos poderes públicos de, diante do interesse do capital particular, criar ali, na salubridade do vazio, um novo bairro. A municipalidade determinava a fundação de uma "população" no local, atribuindo aos concessionários o dever de providenciar a canalização de água potável, a implantação de um sistema de iluminação pública a gás e também uma rede de esgotos. As obras deveriam ser concluídas no prazo de cinco anos, o que incluía, ainda à custa dos capitalistas, a construção de uma escola primária e secundária, um jardim zoológico e um hospital para cem pessoas.

Atendendo a tais exigências, a concessão foi dada em 1874 (pelo Decreto n.5.785, de 4 de novembro), com a ressalva de que fossem preservados os privilégios de zona da Companhia Jardim Botânico, que detinha a exclusividade sobre todos os caminhos rumo à Zona Sul abertos até então. Impunham-se assim três grandes obstáculos ao sucesso do empreendimento: enormes gastos com desapropriações de terrenos, vultosos orçamentos com as obras necessárias nos trechos montanhosos e inúmeros desvios impostos pela presença de trilhos da companhia americana ao longo do percurso.

Envolvendo uma arrastada briga judicial, a disputa protagonizou amplos debates na imprensa local,[21] sempre em torno do mote do privilégio das linhas que atravessavam Botafogo, zona que representava o principal vetor de expansão imobiliária na época. Após conseguirem sucessivas prorrogações no prazo estabelecido, os concessionários associaram-se, em 1876, a Alexandre Wagner, um rico proprietário de terras que, diante da perspectiva de chegada dos bondes a Copacabana, adquirira em 1873 boa quantidade de terrenos naquela praia. De tal sociedade nasceu a Empresa Copacabana, cujo feito limitou-se a levar seus trilhos da Glória ao Largo do Machado. Isso porque dois anos depois o governo declarou caduca a concessão, terminando assim a querela que, ao que tudo indica, encerrou-se com um acordo entre as partes.

Mas o fim do episódio da concessão não significou, sob nenhum aspecto, um retrocesso na ocupação do arrabalde. Se os bondes ainda tardariam a chegar, ficara já bastante claro que Copacabana representava um bom investimento aos dispostos a apostar nos novos vetores do crescimento urbano, que, àquela altura, se faziam evidentes. O médico português Figueiredo Magalhães foi um dos que viram ali uma boa fonte de lucros. No final da década de 1870, atento às recomendações sanitárias favoráveis ao banho de mar (que vinham se popularizando na Europa no decorrer do século XIX), não tardou em adquirir uma chácara no morro cortado pela ladeira do Barroso. Construiu, na parte plana, uma casa destinada ao cuidado dos convalescentes, que se multiplicavam devido às recorrentes epidemias que se alastravam pelas zonas mais populosas da cidade. Anunciando nos jornais um "hotel e casa de repouso próximo ao caminho da Real Grandeza", Figueiredo Magalhães atraía pacientes para a região recomendando-lhes os ares e as águas de Copacabana.[22]

Diante da dificuldade de acesso ao local, o médico usou os próprios recursos para implantar, a partir de 1º de dezembro de 1878, um serviço regular de diligências destinadas ao transporte de hóspedes e pacientes. A grande afluência de pessoas ao empreendimento do dr. Figueiredo Magalhães pode ser atestada pelo fato de que as diligências (que percorriam o acesso da ladeira do Barroso, ligando a rua Real Grandeza, em Botafogo, a Copacabana) funcionavam diariamente, com saídas de hora em hora, entre as sete e as dez horas da manhã e entre as cinco da tarde e as oito da noite.

Quatro anos depois, Figueiredo Magalhães e José Martins Barroso (que abrira o caminho pela ladeira de mesmo nome) doaram ao público duas ruas e duas travessas por eles abertas em seus terrenos. Entre elas estava a rua Figueiredo Magalhães, percorrida por aqueles que se dirigiam à casa de repouso. Tinha início, dez anos antes da abertura do túnel pela Companhia Jardim Botânico, a urbanização de Copacabana, cujo traçado começava a surgir da iniciativa de proprietários interessados em atrair os olhos (e os cofres) dos poderes públicos para o arrabalde.

Um testemunho deixado pelo escritor Machado de Assis em 1883 nos ajuda a perceber os significados então atribuídos ao areal, numa imagem bastante diversa daquela que destacava a natureza desértica, intocada e distante. O cronista, sob o pseudônimo de Lélio, reproduzia uma carta supostamente a ele enviada por um "hóspede ilustre", um mandarim, que discorre sobre as impressões "que até agora tem recebido do nosso país". Após passar pela rua do Ouvidor, no Centro, por Botafogo, por Laranjeiras e por Petrópolis, na serra fluminense, as opiniões do chinês chegam a Copacabana, sobre a qual diz, enigmaticamente:

> Aba lili tramway Copacabana. Vasi lang? Tacatu, pacatu, pacatu. Hu-huchi edital Wagner, limaraia Duvivier. Toca xuxu Figueiredo de Magalhães, upa, upa upa. Baba China páriú. Héh...

Lélio, que afirma ter optado por manter a carta no idioma original "para lhe não tirar o valor", e porque nela havia "alguns juízos demasiado crus, que melhor é que fiquem conhecidos tão somente dos que sabem a língua chinesa", comenta ao final da crônica:

> Como se terá visto, no meio de alguns reparos crus, há muita simpatia e viva observação. Quanto ao estilo, é do mais puro, é da escola de Macau, às doutrinas

> do século XII antes da Criação. A nossa crítica terá notado a linda imagem com que o ilustre escritor define o progresso, chegando à praia da Copacabana: pacatu, pacatu, pacatu. Em suma, é um documento honroso para o autor e para nós.[23]

Atentemos, primeiramente, à descrição que o ilustre mandarim faz de Copacabana. Começando pela menção aos bondes (*tramways*), o chinês nos apresenta uma impressão centrada em três nomes: (Alexandre) Wagner, (Theodoro) Duvivier e Figueiredo Magalhães. Não por acaso, estes correspondiam aos maiores empreendedores do bairro. Wagner e Duvivier (seu genro) haviam, naquele mesmo ano de 1883, se associado na concorrência aberta para a extensão dos trilhos até Copacabana; Figueiredo Magalhães tinha grande interesse nos melhoramentos do bairro, estabelecendo, desde então, intensa correspondência com a Câmara Municipal com reivindicações de melhorias. Com ácida ironia, Machado, sob a figura de Lélio, comenta essa passagem dizendo que a narrativa do mandarim retrata a chegada do *progresso* a Copacabana, deixando entrever o denominador simbólico sob o qual a pitoresca paisagem passava a ser pensada no cenário urbano, social e político da capital do Império.

Tardaram apenas três anos para que a questão dos bondes mudasse mais uma vez – e definitivamente – de protagonistas. Em 1886, a Companhia Jardim Botânico diagnosticava, em petição ao governo, que "para que os trilhos possam atingir Copacabana faz-se necessário um túnel, ligando a Real Grandeza àquele local". Em 1889, sob a direção de Coelho Cintra, a empresa ganhou novo fôlego. Diante da aproximação do prazo final de seus privilégios, a concessão foi renovada, nas palavras do próprio Coelho Cintra, "mediante as condições de um túnel para Copacabana e linha de bondes até aquelas regiões inteiramente desertas".[24]

A notícia do acordo tornava ainda mais fortes os ventos do "progresso" que tanto impressionaram o mandarim de Machado de Assis. Apenas um ano depois de acordada a abertura do túnel, Alexandre Wagner e Theodoro Duvivier, agora também associados a Otto Simon (outro genro de Wagner), criaram a Empresa de Construções Civis, que viria a ser, nos anos seguintes, a maior responsável pelo loteamento e a urbanização do novo bairro.[25] Com diversas terras antes pertencentes a Wagner e contando com numerosos acionistas (inclusive um bom número de dirigentes da Companhia Jardim Botânico), a Empresa apressou-se em pedir autorização para o loteamento de terrenos, a abertura de ruas e a construção de casas.

A perspectiva de incorporação de Copacabana à malha urbana despertava também outro tipo de interesse. Em 1891, quando as obras de abertura do túnel já eram uma realidade, a empresa Ricardo Domingues & Cia apresentou à municipalidade uma proposta de criação da Companhia Construtora Villa Deodoro da Fonseca.[26] Sob o título de Melhoramentos em Copacabana, o projeto fundamentava-se na premissa de que

> a capital federal, pelas suas condições topográficas, não pode aumentar proporcionalmente o seu raio em largura e extensão, ... notando-se por isso a tendência de estender-se a propriedade para lugares mais salubres e mais ventilados, preservando-a da alta temperatura do Centro da cidade.

Baseando sua ideia na constatação da "falta absoluta de uma praia de banho que reúna todas as condições higiênicas indispensáveis", os acionistas tinham, assim, dois objetivos declarados: em primeiro lugar, "dotar o Rio de Janeiro com um novo e esplêndido bairro, aumentando assim o valor da propriedade, e de uma praia de banhos onde existam estabelecimentos com todas as condições de conforto e higiene, dirigidos por corpo médico"; em segundo lugar, fazer daquelas terras "abandonadas e incultas" um "centro de riqueza e população, transformando a Villa Deodoro da Fonseca em uma 'Biarritz brasileira'".[27] Para além do claro alinhamento ao discurso sanitarista que já vinha, há alguns anos, permeando iniciativas ligadas a investimentos em Copacabana (como no caso mais explícito da clínica do dr. Figueiredo Magalhães), a proposta trazia uma novidade importante. Nela, pela primeira vez, o arrabalde aparece associado a uma determinada ambição de status, o que fica evidente na intenção de se erguer ali uma "Biarritz brasileira".

Para levar à frente tal intento, Ricardo Domingues & Cia idealizaram a construção de um mercado, de uma casa para a polícia, de um hotel, de um teatro e de um requintado estabelecimento de banhos. A Villa seria dividida em quarteirões de cem metros cortados por ruas de dez metros de largura, contendo cada um deles 48 casas de dois andares. Tal modelo, radicalmente distinto do desenho urbano encontrado na região central da cidade, calcava-se, de acordo com os proponentes, no modelo americano de ocupação do espaço citadino, sendo "o mais econômico e o mais saudável pelas suas condições de higiene e ventilação". A Villa Deodoro lançava em seu discurso uma associação que se vinculou poderosamente à construção identitária do bairro no decorrer dos anos seguintes: *aristocracia* e *modernidade*.[28]

Vemos, portanto, que, ao contrário do que aponta grande parte das análises sobre a história de Copacabana, já havia, antes mesmo da abertura do túnel, um intenso movimento de investimentos imobiliários na região. Percebemos, com isso, que o novo bairro crescia em meio a um processo bastante diverso daquele vivido pela maior parte das zonas de habitação da cidade (como Botafogo, Laranjeiras, Tijuca etc.), que, ao longo do século XIX, passaram paulatinamente de distantes áreas rurais para zonas de chácaras e de residências nobres, tendo, aos poucos, ruas abertas, numa lenta e constante integração à cidade. No caso de Copacabana temos um arrabalde que, sob o signo da modernidade e da salubridade, foi rapidamente concebido como um "futuroso" bairro pronto a abrigar as famílias chiques dos tempos republicanos.

Sobre os trilhos do futuro

"E o bonde fez Copacabana." Não é difícil encontrar reproduções e paráfrases dessa afirmativa no longo repertório de alusões à história do bairro. É preciso, contudo, relativizar esse "fazer", encontrando não apenas as disputas que décadas antes da chegada dos trilhos já animavam a bucólica área, como também os personagens ocultos pelos testemunhos que nos contam a trajetória de sua ocupação. Para tanto, parto aqui de dois lugares-comuns a respeito da história de Copacabana a fim de acessar os microprocessos do desenvolvimento de um estilo de vida ligado ao bairro. São eles: a ideia de que a implantação dos trilhos levou a um impulso rápido e espontâneo rumo ao progresso e à urbanização; e a crença de que Copacabana era um grande areal desocupado até a chegada dos bondes.

Um salto até o ano de 1907 oferece uma boa porta de entrada para uma reflexão a respeito da primeira afirmativa. Exatos quinze anos depois da festejada abertura do túnel, mais de cem pessoas, lideradas pelo investidor e morador do bairro Theodoro Duvivier, encaminharam à prefeitura um abaixo-assinado no qual diziam se ressentir de que "não há uma única rua em Copacabana que tenha calçamento, mesmo a macadame, a não ser no centro dos trilhos das ruas trafegadas pelos bondes". Por esse mesmo documento ficamos sabendo ainda que

> por ocasião das chuvas fortes despejam as montanhas grande quantidade d'água que fica estagnada na planície, pois não existem escoadouros para as águas a não ser uma ou outra vala feita por particulares, as quais não têm capacidade precisa para esgotá-las. Assim pois ficam estas águas estagnadas comprometendo por esta forma a salubridade de um local reconhecido como um dos mais saudáveis desta capital.[29]

A descrição certamente não condiz com a expectativa de pessoas que, apostando na "marcha progressiva que tem se verificado em um local de tamanho futuro", viam com preocupação a falta de investimentos públicos em benfeitorias voltadas para o conforto de suas moradias. É verdade, porém, que o grupo reconhece, no mesmo documento, que os últimos anos haviam dotado Copacabana de serviços como linhas de bondes, abastecimento de água e iluminação pública a gás. Sua queixa, no entanto, baseia-se na certeza de que o arrabalde reunia "à beleza natural da sua situação as condições as mais higiênicas, reconhecidas por toda ilustrada classe médica desta cidade". E que, portanto, sua ocupação deveria ser cautelosamente zelada por um Estado cioso da aparência e salubridade de sua capital e também, como fica implícito, do conforto de diferentes setores das elites locais.

Não há dúvida de que a abertura do túnel representou, em muitos sentidos, a incorporação da longínqua região ao universo de possibilidades da vida urbana carioca. Isso não implicou, contudo, um crescimento espontâneo da cidade rumo ao mar, numa espécie de êxodo de pessoas e capitais em direção a um Eldorado atlântico. Basta retomarmos, ainda na esteira dessas reivindicações de 1907, alguns dos investimentos que reforçam a ideia de que Copacabana era, antes, um projeto de futuro do que propriamente o efeito de um novo e irrefreável devir praiano em curso na capital.

Principal interessada no sucesso do "empreendimento Copacabana", a Companhia Jardim Botânico empenhou-se para fazer valer sua ousadia. Promoveu, por exemplo, a partir de 24 de março de 1893, trinta dias de festejos no novo bairro, organizando leilões, barraquinhas e jogos na rua em nome da arrecadação de fundos para a construção de uma escola na região. Ofereceu ainda, pelo período de um ano, condução gratuita até ali, incentivando a visita dos que estivessem dispostos a conhecer a nova face da cidade.[30]

É interessante notar que o vazio ao qual a região era associada abria espaço para a livre elaboração de representações sobre o local. A insistente associação de Copacabana a um novo modelo de modernidade (que se conjugava ao inconteste valor da salubridade) punha o bairro sob o signo da novidade, vinculando-o a uma série de valores caros ao estilo de vida das elites cariocas do período. As quadrinhas impressas nos bilhetes de bonde rumo à estação Copacabana (amplamente divulgadas por anos a fio) nos ajudam a entrever algumas das redes de significados com as quais determinados agentes buscavam inventar o novo bairro:

Como um antídoto à nervosa vida urbana:

> Ó pais que tendes filhos enfezados
> Frágeis e macilentos e nervosos,
> Afastai-os da manga e da banana.
> À beira-mar! Aos ares salitrados!
> E hei de vê-los rosados e viçosos...
> Para Copacabana!

Como promoção de saúde:

> Sai, doentes do corpo e doentes d'alma,
> Sem esperanças que arrastais sem calma
> Aos nossos olhos um viver inglório,
> Tendes bem perto a vida sem pesares,
> Ide a Copacabana, usa-lhe os ares,
> Aquilo é um portentoso sanatório!

Como lugar da natureza e da contemplação:

> Teve em Copacabana a natureza,
> Ao fazê-la, tais mimos, tais riquezas,

Que nada nos deixou a desejar
Entediados, deixai teatros e ceias,
Ide fitar-lhes as rochas e as areias
E ouvir o Oceano em noites de Luar!

Como ambiente de lazer:

Graciosas Senhoritas, moças Chics,
Fugi das Ruas, da Poeira Insana,
Não há lugares para pic-nics
Como em Copacabana!

Como espaço para conquistas:

Elegante moçaime de alto amor!
Dandies de fina luva e bom havana!
Para um *flirt* não há melhor
Do que em Copacabana

Como região privilegiada de investimento:

Proprietários e capitalistas
Aproveitem melhor a vossa gana
Oh! Que mina!
Lançai as vossas vistas
Sobre Copacabana

E, não menos importante, como lugar do futuro:

Noivos que os céus gozais em pleno juízo
Almas que a mágoa nem de leve empana
Quereis de vossas noivas no sorriso
Ler a maior felicidade humana?
Prometei-lhes morar num paraíso róseo – em Copacabana[31]

Mais do que uma imagem inerente ao bairro e compartilhada pelos moradores da cidade, as quadrinhas nos abrem as portas para o universo de significados que os investidores, atentos às demandas de uma vida urbana em ebulição, tentavam atribuir à localidade. Nas três primeiras fica evidente a alusão à questão da salubridade, numa associação bastante explícita entre os males que acometem o corpo (como a tísica e a fraqueza) e a alma (alusão a filhos nervosos e enfezados). Num diálogo imediato com o cientificismo latente, Copacabana emergia como fonte comprovada de saúde, capaz de oferecer a seus visitantes a adesão plena ao princípio do *mens sana in corpore sano*. A terceira quadrinha deixa claro, em sua menção às ceias e aos teatros – atividades típicas da vida mundana das altas-rodas da sociedade carioca em desfile pelas ruas da zona central –, a que público se dirigiam os versos, procurando, a partir de uma cumplicidade de repertório, ampliar o escopo da experiência da modernidade para a atividade da contemplação da natureza.

As quadrinhas seguintes investem no mesmo mote, convocando explicitamente as "moças *chics*" para pitorescos *pic-nics*, uma prática já bastante costumeira entre os jovens bem-posicionados da sociedade. Não menos clara é a alusão ao "elegante moçaime" e aos "*dandies* de fina luva e bom havana", sugerindo que o arrabalde se prestava às atividades caras ao léxico do moderno, como o *flirt*, sem qualquer prejuízo com relação às elegantes ruas do Centro da cidade. Por fim, cabe destacar a reafirmação do bairro como paraíso dos capitalistas a partir da metáfora da "mina" – um local a ser explorado por suas qualidades naturais sob os auspícios do lucro certo.

Vemos surgir, desde então, um movimento de construção de imagens a respeito de Copacabana numa verdadeira cartilha de incorporação daquela nova zona à dinâmica da cidade. Como podemos notar, tal cartilha emergia como resultado de uma equação composta de salubridade, prazer, investimento, juventude e tranquilidade sem, em momento algum, abrir mão do adjetivo que, ao fim e ao cabo, era a própria condição de sua existência: urbano.

É evidente, contudo, que a urbanidade dos bairros atlânticos associava-se, sem maiores conflitos, à sua caracterização como local pitoresco. E foi justamente essa a aposta de investidores que, em 30 de julho de 1892 (portanto, poucas semanas após a abertura do túnel), tiveram, pelo Decreto n.459, a aprovação de seu projeto "Cidade Balneária Cidade da Gávea", que propunha a construção de um extenso plano de urbanização voltado para o desfrute balneário ao

"Cidade Balneária Cidade da Gávea": projeto de 1891 que propunha a urbanização da orla de Copacabana até o atual bairro de São Conrado.

longo das praias de Copacabana, Arpoador, Ipanema, Leblon e São Conrado. O projeto, elaborado em 1891, nunca foi posto em prática; revela, porém, mais uma tentativa de empreendimento baseada na díade urbanização/salubridade.

O mercado imobiliário local, mobilizado principalmente pela Empresa de Construções Civis, também não teve crescimento imediato após a abertura do túnel. Num esforço deliberado de fazer valer seus investimentos, Alexandre

Wagner e seus sócios não pouparam propagandas nos grandes jornais da cidade, defendendo que "o melhor emprego de capital é a compra de terrenos no futuroso bairro de Copacabana, pelos preços que ainda os vende a Empresa de Construções Civis".[32] O anúncio reforça a imagem de Copacabana como lugar do futuro, investindo na dimensão do bairro como negócio. É interessante também notar a sugestão de que os valores eram "ainda" atraentes, numa alusão à crença num encarecimento próximo, fruto da "natural" descoberta do bairro pelos capitalistas mais atentos.

Mas a oferta de terrenos, e não de casas prontas, não tinha apenas razões comerciais. Até 1900, a Companhia Jardim Botânico não permitia o trânsito de particulares pelo túnel, o que dificultava enormemente o transporte de materiais de construção para a região praiana. Eram comuns, por exemplo, abaixo-assinados pedindo o calçamento das ruas do Barroso e Toneleros – a primeira, principal via de acesso ao novo bairro, e a segunda, polo inicial das construções que começavam a surgir por ali.

Uma das principais expressões da desconfiança que Copacabana ainda despertava é um relatório interno da Companhia Jardim Botânico. Datado de 25 de agosto de 1894, ele nos deixa entrever as disputas dentro da própria empresa, bem como os sentidos atribuídos ao novo bairro por parte daqueles que acreditavam em seu "futuroso" potencial:

> É incontestável que as duas praias de Copacabana e Arpoador são dotadas de um clima esplêndido e salubre, beijadas constantemente pelas frescas brisas do oceano, constituindo dois verdadeiros sanatórios e por onde pode respirar a largo a população desta capital na estação calmosa, em que é infelizmente dizimada por epidemias periódicas e mortíferas. ... À exceção de um ou outro prédio bom, os demais são, na verdade, pequenas e pobres choupanas. É um bairro a criar-se. ... Dentro de um lustro, aqueles desertos do Saara, como os qualificam, se converterão em grandes povoações, para onde afluirá, de preferência, a população desta cidade na estação calmosa, devido à salubridade e à amenidade do seu clima e à excelência dos banhos de mar, como se pratica nas cidades balneárias da Europa. Não podemos duvidar da ação civilizadora dos nossos *tramways*, que têm levado aos bairros afastados e desertos o gosto e o conforto na edificação de prédios, a vida e o progresso, dilatando assim o seu percurso, com aumento de renda.[33]

Nesse trecho fica muito claro que a certeza no sucesso do empreendimento desse "bairro a criar-se" se baseava na aposta de uma poderosa conjugação entre o capital imobiliário e a força motriz dos *tramways* na expansão urbana da cidade. Não menos evidente é a referência ao importante papel do Estado, que, dotando aquele "deserto do Saara" de hospitais não apenas o tornava habitável, como dava fôlego aos investimentos futuros. Vemos ainda, mais uma vez, a adoção de um modelo europeu de ocupação do espaço litorâneo, numa equação que reúne o princípio da salubridade (e, portanto, um antídoto aos males da urbanização da zona central) ao princípio do lazer, sugerindo a certeza na próxima adoção de hábitos esportivos e balneários pela elite local. A "ação civilizadora" chegara ao areal, e "as pequenas e pobres choupanas" estavam com seus dias contados.

O documento foi escrito como resposta de parte dos acionistas da Companhia Jardim Botânico a um grupo que se opusera à mais recente iniciativa da empresa no areal: a construção do "ramal da Igrejinha", que levaria passageiros da estação da rua do Barroso até o final da praia de Copacabana (região da atual rua Francisco Otaviano). Honrando compromisso firmado com a municipalidade em 19 de janeiro de 1894, Malvino Reis, então presidente da empresa, dera prosseguimento às obras de abertura do ramal, inaugurado em 15 de abril daquele mesmo ano, sob a acusação de cometer "um ato imprudente [ao] levar o bonde àquele deserto arenoso, e cujo progresso seria muito lento".[34] Mas a inauguração do ramal da Igrejinha significava bem mais do que uma possibilidade de crescimento dos lucros da companhia ou um melhoramento para os muitos romeiros que periodicamente visitavam a imagem de Nossa Senhora de Copacabana. Significava, sobretudo, a expansão da cidade para uma nova região – o Arpoador – e, consequentemente, o nascimento de um novo bairro a ser ocupado: Ipanema.

Com efeito, a difusão das linhas para aquela região obedecia, antes de tudo, a uma demanda de dois grandes proprietários de terras no além-Arpoador – Guimarães Caipora e o barão de Ipanema –, que vinham apostando na abertura de ruas em seus domínios há cerca de uma década. O barão de Ipanema chegou a contribuir com grandes somas nas obras de construção do ramal, ressarcindo, inclusive, a Companhia Jardim Botânico dos gastos com os festejos de inauguração da nova linha. Já Guimarães Caipora doou terrenos à empresa, recebendo em troca abatimento no preço de transporte de materiais de construção, o que incentivou a venda de lotes. Não é de estranhar que a festa do dia 15 de abril tenha marcado também a inauguração da Villa Ipanema.[35]

Se a abertura do túnel, dois anos antes, significara somente um lampejo de esperança aos investidores mais otimistas, a efetiva propagação do ramal de bondes em 1894 teve impacto imediato. Naquele mesmo ano diversos arruamentos foram abertos pela municipalidade, e todas as ruas e praças projetadas pela Empresa de Construções Civis foram aceitas pela prefeitura.

Também num 15 de abril, seis anos depois, a Companhia Jardim Botânico inaugurava com o ramal do Leme uma linha no sentido oposto, ligando a praça Malvino Reis à rua Gustavo Sampaio. No mesmo ano de 1900, o tráfego do túnel passou a ser liberado para particulares. Além disso, o Decreto n.739, de 17 de março de 1900, obrigava a companhia a entregar, no prazo de quatro anos, um novo túnel, a ser aberto sob o morro da Babilônia, oferecendo mais uma via de acesso dos bondes e automóveis a Copacabana. Em 1903, as linhas dos ramais do Leme e da Igrejinha já haviam sido inteiramente eletrificadas. O novo bairro se aproximava da cidade, e a tão propagandeada ocupação de Copacabana deixava de conjugar-se apenas num futuro incerto.

Um relatório da inspeção sanitária apresentado em 1905 afirma que "compreende-se Copacabana, incluindo Leme e Ipanema, uma área calculada em 286 hectares, excluídos os morros", na qual se encontravam 483 casas construídas e 65 em construção, excetuados os "barracões". O mesmo inspetor nos revela que a população total era de cerca de 3 mil indivíduos* ("não calculada a população adventícia, que, no período estival, ali se aglomera em hotéis e casas"), entre os quais apenas metade recebia água potável, enquanto "a outra metade da população utiliza-se da água do subsolo para a sua alimentação e mistéres domésticos", num sistema observado especialmente em Ipanema e no Leme e operado por "bombas artesianas". O relatório dá ainda importantes pistas sobre a velocidade e a desordenação do crescimento urbano ali em curso, ao apontar que "parte desta água, há cerca de nove anos, era perfeitamente potável, e hoje é uma água enegrecida, perigosa para a alimentação, tendo em suspensão quantidade notável de matéria orgânica".[36]

Apesar dos dados e da latente preocupação do inspetor, as duas fotos a seguir, tiradas num intervalo de cerca de dez anos, revelam que a concretude dos investimentos não alterou substancialmente as feições do areal.

* De acordo com o Censo municipal de 1906, Copacabana contava com apenas 297 moradores.

Copacabana em 1893-94. Em primeiro plano o encontro da rua do Barroso com a praia, na altura da estação de bondes. Ao fundo, apenas uma casa em meio ao areal. (Marc Ferrez)

Vista de Ipanema em 1902, em que se destaca a rua Francisco Otaviano, então a principal via de acesso ao bairro. (Marc Ferrez)

Na primeira imagem vemos um cenário marcado por um vazio rompido por uma construção solitária na orla da praia. Veem-se também, no canto esquerdo, a chegada do bonde e o desembarque de visitantes, num incipiente processo de domesticação da natureza pela geometria da urbanização. A segunda imagem traz um cenário bastante similar, com destaque para a nitidez do traçado da atual rua Francisco Otaviano, então a principal via de acesso ao bairro de Ipanema. É possível perceber o contraste com o imenso vazio, ao fundo da foto, correspondente à região do Leblon, que só anos mais tarde passaria a ser equacionado nos planos de expansão. Ainda que os anúncios patrocinados pelos investidores sugerissem uma rápida transformação do longínquo arrabalde a partir da chegada dos bondes, no plano concreto os trilhos do tão almejado progresso eram bem mais lentos.

Se a urbanização do areal não acarretava mudanças drásticas na paisagem, o mesmo não se pode dizer do lugar que ganhava no imaginário de quem se ocupava de construir representações sobre o bairro. Outrora retratada como cenário de opulência natural, Copacabana era agora mostrada a partir das pistas de seu alinhamento aos trilhos do progresso. Antes usada como centro de inúmeras imagens que a exibiam em meio à força das rochas e das ondas do Atlântico, a Igrejinha passou, sem demora, a servir como base para abordagens interessadas no trecho da praia em que havia sido construído o novo ramal da Companhia Jardim Botânico. As fotografias ao lado, tiradas nas décadas de 1880 e 1890, são bons exemplos dessa nova perspectiva que toma o mesmo trecho que décadas antes servira de exemplo de bucolismo para, pouco após a chegada dos bondes, exibi-lo como símbolo do crescimento urbano do bairro.

As imagens retratam uma ocupação de casas simples (provavelmente habitadas por pescadores, como sugerem as canoas posicionadas à frente das construções), numa configuração sem fronteiras entre o terreno privado e o público e em que o espaço que seria formado pela rua se confunde com a areia. Apesar da rua traçada ao fundo das imagens, que levava à Villa Ipanema (atual rua Francisco Otaviano), percebe-se que o alinhamento das casas é feito conforme a geografia ambiente, sem sinais de grandes tentativas de domesticação do espaço. Vemos, portanto, uma representação que, apesar de afastar-se da primazia absoluta do cenário natural presente nas primeiras imagens sobre o local, ainda privilegia a atenção à dimensão pitoresca do conjunto.

Canto da Igrejinha (atual Posto 6) na década de 1880, com algumas casas de pescadores e raros sinais de intervenção urbana.

Fotografia da mesma área da Igrejinha, tirada em 1895 e veiculada como cartão-postal em 1903. (Marc Ferrez)

Outro ângulo da região da Igrejinha em 1907, já com sinais de urbanização, como os postes de luz e a abertura de ruas. (Augusto Malta)

Alguns anos mais tarde, em 1907, Augusto Malta atualizou a imagem tirada em 1895, adotando o mesmo ponto de vista.

Não é difícil perceber as mudanças. Além de uma perspectiva mais ampla, que inclui a visão da praia de Ipanema, a imagem exibe sinais de desenvolvimento, como os postes de iluminação e a indicação da linha de bonde, onde antes havia apenas canoas. O padrão das habitações também é diferente, apresentando, agora, casas com varanda e mais de um pavimento.

Tratar dessa primeira onda de loteamentos e construções em Copacabana implica ainda adentrar o terreno de disputas materiais, legais e simbólicas que marcaram os longos anos da polêmica sobre o regulamento que regeria as edificações no local. Conhecido como "liberdade de construção", o benefício garantido pelo Decreto n.540, de 6 de maio de 1898, inicialmente concedido apenas à Villa Ipanema,[37] passou a viger também em Copacabana a partir do ano seguinte.[38] Dispensando todas as exigências para a construção de prédios no restante da cidade (desde que respeitados os alinhamentos) e isentando os construtores de impostos e emolumentos, o decreto visava incentivar a ocupação de uma área ainda desprovida de melhorias. Inicialmente previsto para durar cinco anos, o benefício foi estendido a dez anos pelo Decreto n.922, de 17 de outubro de 1902, em meio a uma série de calorosos debates sobre sua efetiva contribuição ao crescimento e progresso do novo bairro.

Apesar do ânimo de boa parte dos construtores e novos moradores do bairro, a medida despertava a desconfiança daqueles que, como o vereador Ferreira Alvim, mostravam rugas de preocupação com a possibilidade de o tiro sair pela culatra, enchendo a "zona privilegiada de habitações privadas das condições higiênicas indispensáveis". Dito de outra forma, parecia-lhe alarmante a possibilidade de que os particulares que ali haviam empregado seus capitais fossem prejudicados pela "construção de barracões toscos e sem higiene ao lado de seus prédios".[39] O fantasma dos cortiços, que assombrava as políticas públicas voltadas para o esforço de embelezamento e higienização da região central, era, como podemos notar, o mote principal das reservas apresentadas pelo vereador. Se Copacabana era o elixir para o sufocamento insalubre que ameaçava a civilização guanabarina, era preciso protegê-la.

É interessante notar que os primórdios da discussão que originou o benefício da liberdade de construção visava, precisamente, atrair construções mais modestas para o areal, de modo a que, aos poucos, grandes proprietários voltassem seus olhos para a região:

> Quem irá construir palácio nas áreas de Copacabana e do Arpoador, onde faltam água, a luz e os principais meios de conforto para a existência? Quem irá edificar soberbos prédios em Guaratiba e Jacarepaguá etc.? Sejamos lógicos: deixemos o proletariado e os indivíduos remediados levantarem suas choupanas e suas casinhas modestas, mais ou menos como puderem, sem as altas exigências naturais nos grandes centros povoados que constituem o núcleo da cidade. Estes modestos povoadores de uma localidade serão focos de atração dos grandes proprietários, que só depois de desbravado o terreno começarão a procurá-lo. Nesta ocasião, sim, procure-se exigir melhores edificações compatíveis com o desenvolvimento que forem tendo os diversos povoados.[40]

Os anos que se seguiram ao debate inicial de 1894 provaram o poder de atração que os bairros atlânticos passavam a exercer sobre os agentes do grande capital imobiliário. Não era mais preciso esperar a ocupação de feições modestas para povoar o areal que, em 1896, já era considerado pelo Conselho Municipal do Distrito Federal local amplamente procurado por estrangeiros, correspondendo a "Teresópolis da cidade do Rio de Janeiro".[41]

O progressivo afluxo de pessoas e capitais para Copacabana foi decisivo para que, em 1905, o prefeito Pereira Passos lançasse o Decreto n.1.041, de 18 de julho, revogando a liberdade de construção. Profundamente identificado com a política saneadora e, principalmente, regeneradora implantada pelo presidente Rodrigues Alves (1902-06), Pereira Passos foi nomeado o homem forte do projeto que visava fazer da capital da República uma vitrine do discurso civilizatório. Famosa pelo "bota-abaixo", a gestão do novo prefeito (1902-06) teve como marco o embelezamento do Centro, que passou a ser objeto de intensas obras de alargamento de ruas e redefinição de traçados, deixando para trás o feitio colonial que caracterizava, até então, a ocupação urbana da capital. Símbolo maior de sua gestão, a avenida Central (atual avenida Rio Branco) reunia não apenas os preceitos do modelo da cidade haussmanniana*, como também toda uma gama de sugestões para um novo uso do espaço público, pautadas pelo princípio da ordem e sobretudo da civilidade.[42]

Não é difícil, portanto, compreender a revogação da liberdade de construção nos bairros atlânticos por parte do prefeito. Comprometido com uma estética civilizatória, Pereira Passos não via com bons olhos a possibilidade de expansão das moradias precárias para o arrabalde que, para além da salubridade inconteste, já carregava em si os signos do progresso. Em pronunciamento feito em 1905, o engenheiro Backhauser resumia muitos dos argumentos presentes na discussão que culminou no fim do benefício, afirmando que a liberdade de construção resultara num "povoamento, é verdade, mas o povoamento desordenado, em que já as ruas são tortas, em que já há até cortiços".[43] Em abril do mesmo ano, o jornalista Alcindo Guanabara reforçava o coro afirmando, não sem espanto, que "a praia de Copacabana está se enchendo de cortiços!".[44]

Os testemunhos revelam uma dimensão até então inédita nos discursos associados a Copacabana: a ideia de que, ao contrário do "vazio a fazer-se" com que a localidade era então representada, o bairro já era parte da dinâmica urbana da cidade e, como tal, carregava muitos de seus pecados. Mais do que um bairro a "criar-se", os registros nos indicam Copacabana como mais uma zona a "regenerar-se" pela extirpação da desordem já ali instaurada.[45]

Mas a atuação de Pereira Passos em Copacabana não se limitou à intervenção sobre o padrão das construções. Apesar da atenção do prefeito à área central da cidade, ponto nevrálgico de sua política regeneradora, a região que

* A expressão é uma referência ao barão Haussmann, prefeito de Paris entre 1853 e 1870. Sua gestão foi marcada por intensas reformas urbanas que visavam modernizar a capital francesa, em modelo que inspirou fortemente as medidas tomadas por Pereira Passos no Rio de Janeiro entre 1902 e 1906.

A construção da avenida Beira-Mar durante a gestão de Pereira Passos visava expandir a cidade rumo ao sul, oferecendo aos cariocas uma via que fizesse jus aos sonhos de civilização. (Augusto Malta)

crescia em direção ao sul também recebeu importantes melhoramentos. O principal deles foi, sem dúvida, a construção da avenida Beira-Mar, cujo projeto fazia parte de um ambicioso plano de reformulação do sistema viário que visava, entre outras coisas, desafogar o movimento, então já intenso, entre os bairros do Centro e aqueles localizados no sentido sul. Para tanto, projetou-se uma avenida traçada entre a avenida Central e o fim da praia de Botafogo, margeando todo o litoral com extensão de 5.200 metros e largura de 33 metros.

Os investimentos de Pereira Passos no vetor sul da cidade também atravessaram o túnel. O fim da liberdade de construção caminhava lado a lado com a sugestão de que Copacabana deveria ter uma ocupação cuidadosa (para não dizer suntuosa), o que veio a ser confirmado em novembro de 1905, com o Decreto n.561, de 4 de novembro, que aprovava os planos de construção da avenida Atlântica. O decreto se baseava na constatação de que "os alinhamentos projetados para logradouros públicos em parte da praia de Copacabana são defeituosos, e não guardam entre si a necessária harmonia", e de que "não foram ainda reservados terrenos para logradouro público, com grande prejuízo da comodidade da população e completo sacrifício da beleza natural daquele extenso litoral".[46] Reforçava-se, assim, a ideia de que Copacabana deveria ser salva dos perigos da desordem – discurso endossado pela *Gazeta de Notícias*, que, antes mesmo da aprovação do referido decreto, publicou a reportagem intitulada "Av. Atlântica", cujo teor pode ser apreciado no seguinte trecho:

> Lembram-se todos os antigos cariocas das esperanças que depositavam nos vastos terrenos de Copacabana, como o ponto onde se poderia criar um bairro novo de ruas bem traçadas e casas modernas. ... Faltava somente rasgar um túnel e estabelecer linhas de bondes. Veio a Jardim Botânico e, a troco de aumento de passagens e outros favores, rasgou o túnel e lançou os trilhos. Regozijamo-nos! Contemplando dos bancos dos bondes as paisagens suíças da direita e o panorama marítimo da esquerda, quiçá mais belo que o da formosa Riviera de Nice, pensávamos que as belas ruas e os elegantes prédios não tardariam a dispor-se em agradável simetria. Vão anhelo. ... O que daí resultou sabem todos os que têm ido a Copacabana e aos que ali não foram basta dizer que no delicioso período da "liberdade" abriram-se becos de três e quatro metros de largura! Felizmente, graças à energia do dr. Passos, esta anomalia já é cousa do passado.[47]

Imerso no afã de otimismo do espírito reformista do novo prefeito, o mesmo jornalista aplaude, no fim de seu texto, a iniciativa de construção da nova avenida praiana, que, segundo ele, salvaria "a formosa praia" dos abusos de particulares. Projetada do Leme até a Igrejinha, com quatro quilômetros de extensão, seis metros de largura e prédios alinhados a cinquenta metros (ou mais) da beira-mar, a avenida Atlântica teria ainda um passeio junto às casas, além de uma calçada arborizada e macadamizada. O novo logradouro vinha, assim, atender tanto aos anseios de ordenação do espaço litorâneo quanto ao plano de embelezamento e civilização da urbe, cujos novos contornos se ofereciam ao deleite dos passeios e da contemplação. Vale lembrar que Pereira Passos, ao idealizar a avenida, determinou o calçamento do passeio com pedras portuguesas a serem assentadas por calceteiros vindos diretamente de Lisboa. Nascia ali, já em 1906, um dos maiores ícones de Copacabana.

Ressalte-se ainda que o projeto continha, além de uma nova forma de ocupação urbanística do litoral, a incorporação da paisagem marítima como valor.

Basta lembrar que até a construção da avenida Atlântica os imóveis fronteiriços à praia tinham entrada pela avenida Nossa Senhora de Copacabana (aberta em meados do século anterior) e que, portanto, a orla era ocupada pelos fundos dos quintais de moradias que, alheias ao desfrute marítimo, davam as costas ao oceano.

As obras de construção da avenida tiveram início em abril de 1906, prolongando-se pelos dois anos seguintes. O *Correio da Manhã* não escondia o otimismo com a novidade, afirmando que ali emergiria, dentro de pouco tempo, "um dos mais belos panoramas da nossa cidade".[48]

O Leme no início do século XX, com poucas construções com a fachada principal voltada para o mar.

2. Os ocupantes do vazio e os habitantes do progresso

Atentar para os movimentos que, seja no plano dos investimentos, das disputas políticas ou dos traçados urbanísticos, puseram o litoral sul da cidade no mapa da capital permite compreender uma complexa rede de entrelaçamentos e desconstruir a causalidade quase teleológica com que certos elementos são recorrentemente interligados. Os processos apresentados no Capítulo 1 deixam claro que, ao contrário de uma espécie de inescapável missão balneária que fazia de Copacabana o arauto de uma profética identidade praiana da cidade, o crescimento do bairro se deu sob o signo dos interesses que mobilizavam certos setores do capital nacional e estrangeiro, por sua vez profundamente referenciados em determinado contexto sócio-histórico. Cabe agora aumentar as lentes, procurando nas tantas sombras e nos silêncios que o compõem vestígios dos usos efetivos daquele espaço. Trata-se então de indagar quem eram os visitantes e habitantes que faziam de Copacabana um espaço vivido, adentrando o universo das práticas que atualizavam cotidianamente as possibilidades (e na mesma medida as impossibilidades) oferecidas pela ordenação formal do espaço.

"Uma verdadeira romaria para aqueles lados"

Em 1904, a inauguração do Túnel do Leme (hoje conhecido como Túnel Novo) abria uma nova porta para o outrora distante arrabalde, ampliando ainda mais sua porosidade aos habitantes da capital.

Mas como se efetivava, na prática, tal porosidade? Que significados o novo bairro (e a possibilidade de acessá-lo sem maiores esforços) acionava no imaginário urbano dos habitantes da capital republicana? Afinal, de que maneira os esforços de associação da região a uma vida moderna, salubre e civilizada por parte dos investidores traduziam os anseios dos moradores de outras zonas da cidade?

O Leme em 1904, dois anos após a inauguração do Túnel Novo (ao fundo, à direita): raras construções em meio ao areal.

Em 1905, Copacabana entrava oficialmente no roteiro turístico do Rio de Janeiro. Em guia editado nesse ano para o 3º Congresso Científico Latino-Americano, sugere-se levar o viajante até aquele "bairro novo, contando já considerável número de boas e bem construídas casas, sendo digno de visita pelas belezas naturais que oferece".[1] Mas, muito além do exercício de contemplação paisagística para deleite de turistas, Copacabana passava a representar, para os próprios habitantes da capital, uma possibilidade de experiência urbana dissociada da "nevrose" típica da vida nas zonas centrais.

O cronista Paulo Barreto (mais conhecido como João do Rio), sempre atento às dinâmicas urbanas e aos novos espaços e formas de sociabilidade citadina, lançava seu olhar, já em 1903, a um fenômeno que começava a se fazer notar na capital: os passeios noturnos a Copacabana como estratégia de fuga às altas temperaturas. Sob o pseudônimo de "X" (com o qual assinava a coluna "A cidade" na *Gazeta de Notícias*), testemunhava que tais passeios a Copacabana, Leme e Villa Ipanema eram a mais recente novidade da "gente carioca". De acordo com o cronista, "nestas noites assassinas, em que o ar parece um hálito abrasado ... há uma verdadeira romaria para aqueles lados: os bondes partem cheios e até alta hora da noite há grande movimento na linda praia".[2] "X" declara ter participado de uma dessas excursões, na qual, surpreso, pôde constatar "a instalação de cabanas rústicas e de pequenos botequins ao ar livre, espalhados pelos pontos mais belos da praia". Surpreendeu-o também a frequência majoritária de famílias em tais estabelecimentos, as quais, "tomando cerveja ou sorvetes", ajudavam a deixar no passado os tempos em que, durante o verão, contentava-se a população com "tomar fresco" à janela de seus "sobradinhos estreitos". Ao final da crônica, com indisfarçável otimismo, o autor aplaude a transferência da vida noturna carioca do Centro para os arrabaldes – "e principalmente para junto do mar".

O relato de "X" nos põe em contato com uma Copacabana em muitos aspectos diferente daquela fabricada pelos investidores. Em primeiro lugar, ele menciona famílias frequentando "cabanas rústicas" e "pequenos botequins", o que não nos remete exclusiva ou necessariamente a um público oriundo das elites. Além disso, a natureza noturna do passeio revela que o bairro entrava no repertório simbólico dos habitantes da cidade não apenas pelo critério da salubridade ou da contemplação, mas como alternativa de sociabilidade e comensalidade.

Não menos populares eram as visitas diurnas a Copacabana, que passara a ser, ao lado do bairro da Tijuca, um dos destinos privilegiados para os piqueniques na capital. Em 1905, o escritor Lima Barreto dava seu relato sobre esse fenômeno ao narrar em crônica o 1º de janeiro de um morador do subúrbio de Todos os Santos que havia decidido passear no Leme. Depois de uma "banal e corriqueira" viagem no bonde, o personagem chega a seu destino, onde avista "dois abarracamentos cheios de gente" ao som do espocar de "garrafas de cerveja que se abrem". Após uma longa descrição sobre os atributos naturais da paisagem, com ênfase na harmonia da praia, as cores dos morros e a suavidade do mar, o narrador declara:

> A gente que há é a vulgar dos piqueniques. Gente simplória que, enclausurada em casa uma semana, um mês, um ano, quem sabe, resfolegava naquele dia ao ar livre. Havia um deputado e família, o que não diminui nem altera a minha observação.[3]

A narrativa nos mostra que o arrabalde havia sido abraçado por trabalhadores "simplórios" que, nos seus poucos momentos de descanso, faziam daquela uma alternativa possível de lazer pelo preço de uma passagem de bonde. Além disso, ao incluir, no final do texto, uma rápida alusão à presença de um deputado naquele cenário, ressalvando que esse adendo em nada alterava a natureza de sua observação original, Lima Barreto complexifica o quadro social dos usos de Copacabana, apresentando-a como território incorporado, sob o signo do lazer, ao universo simbólico de variados círculos socioculturais.

A popularidade dos piqueniques à beira-mar não era novidade. Prova disso é a referência frequente a esse tipo de evento nas revistas semanais ilustradas que, nos primeiros anos do século XX, assumiram o papel de captadoras e difusoras da modernidade em solo nacional. Valorizando o "ser moderno" e o "ser brasileiro" – num movimento profundamente identificado com a busca dos rumos civilizatórios que dava o tom dos prelúdios dos tempos republicanos –, revistas como *O Malho* (de 1902), *Fon-Fon!* (de 1907) e *Careta* (de 1908) ofereciam ao leitor uma verdadeira cartilha a partir do cotidiano do novo ideal de cidade, valorizando, na mesma medida, paisagens paradisíacas e inovações tecnológicas.[4] Era dentro dessa chave que os piqueniques emergiam como prática moderna por excelência, digna de ser reportada ao grande público como sugestão de uso das recém-criadas esferas do espaço urbano que os bondes (e, sem tardar, os automóveis) tornavam acessíveis. Vejamos dois exemplos.

Sócios e convidados do "grupo dos falidos", formado por trabalhadores do comércio, fazem piquenique nas dependências do restaurante Villa Ipanema, na região do Arpoador.

Publicada em *O Malho* em abril de 1906, a foto mostra o "grupo dos falidos", jovens "trabalhadores do comércio" que, como muitos outros, "aos domingos procura(m) sítios pitorescos do Rio de Janeiro para se divertir à ufa". A foto retrata um piquenique realizado nas dependências do "restaurante de Villa Ipanema", para onde a "rapaziada" levou violões, guitarras e flautas para dançar ao som do maxixe ao ar livre enquanto se deliciava ao gosto da "bella pinga".

Já em outra imagem (de julho de 1910), a mesma revista retrata um piquenique realizado por sócios de uma "importante firma", cuja distinção social se pode notar pelos trajes e pelos automóveis. A legenda diz ainda que o evento celebrava a despedida do dr. Eduardo França, de partida para a Europa. Além disso, a imagem exibe um cenário que, apesar de inequivocamente rústico, é entrecortado por fios e postes de iluminação, em mais uma representação da associação pacífica entre o bucólico e o progresso que marcara, desde o início, os discursos acerca da ocupação daquele arrabalde.

Confirmando a impressão transmitida por Lima Barreto, os bairros atlânticos, com sua pitoresca modernidade, adentravam o vasto leque de opções da cultura urbana carioca, apresentando-se como alternativa de passeio aos

Piquenique realizado no Leme por um grupo do *grand monde* carioca.

mais variados segmentos e classes. A mesma perspectiva é defendida por Paulo Barreto, agora sob a alcunha de João do Rio, que, em 1907, descrevia a Missa do Galo celebrada na Igrejinha. Segundo o cronista, ali estavam "pessoas de todas as classes, desde a mais alta e mais rica à mais pobre e à mais baixa". O panorama apresentado não deixa dúvidas sobre o aspecto multifacetado de Copacabana na primeira década do século XX:

> ... o aspecto era edificante. ... Todos os trajes, todas as cores se confundiam numa amálgama formidável, todos os temperamentos, todas as taras, todos os excessos, todas as perversões se entrelaçavam. Quis notar o elemento predominante. Num trecho havia mais pretas com soldados. Adiante, logo o domínio era de gente de serviço braçal, um pouco mais longe a tropa se fazia de rapazelhos do comércio e, se dávamos um passo, outro grupo de mocinhas com senhores conquistadores se nos antolhava.[5]

Vale ressaltar outra dimensão bastante recorrente nas representações veiculadas no período: a associação daquela praia com práticas relacionadas à boemia e ao interdito. A entrada do bairro nos recônditos da vida noturna se deu dez anos após a abertura do Túnel Velho, em 1902, quando o jornalista Edmundo Bittencourt (então proprietário do *Correio da Manhã* e morador do Novo Rio) alugou uma construção de sua propriedade, nas imediações da Igrejinha, à francesa Mme. Louise Chabas. Funcionando primeiramente como restaurante e hotel para banhistas, o "Mère Louise" passou a figurar nos jornais da cidade, que ressaltavam "a qualidade de sua comida e a modicidade de seus preços".[6] Poucos anos depois, em 1907, o estabelecimento foi reformado, dando lugar a um café-dançante ao gosto dos cabarés parisienses, colocando Copacabana no mapa da boemia carioca. A imprensa festejou a novidade, e as noites de tango promovidas por Mme. Chabas não terminavam antes do amanhecer, atraindo cavalheiros de toda a cidade.

Não menos conhecido era o restaurante aberto junto à estação do ramal do Leme. Construído pela Companhia Jardim Botânico, arrendado à cervejaria Brahma e inaugurado em 1905, tinha como público-alvo famílias e jovens casais que visitavam a região.

Casa de Mme. Chabas, na esquina da avenida Atlântica com a atual rua Francisco Otaviano, no Posto 6: café-dançante no estilo dos cabarés parisienses. (Augusto Malta)

O restaurante da ponta do Leme pouco depois de sua inauguração: atraindo visitantes para a região.

Os ocupantes do vazio...

Atentos ao processo de incorporação de Copacabana ao mapa urbano do Rio de Janeiro e, no mesmo sentido, aos índices de seu alinhamento aos padrões desejados de ocupação, os testemunhos até aqui apresentados referiram-se ao arrabalde nos termos de um território a ser ocupado. É possível, no entanto, que o leitor tenha percebido, aqui e acolá, pistas que nos ajudam a quebrar um incômodo silêncio disseminado pelos testemunhos de outrora. Passagens como a das "pequenas e pobres choupanas" no relatório de 1894 da Companhia Jardim Botânico; dos barracões não incluídos na contagem de construções pelo inspetor sanitário em seu relatório de 1905; da existência de cortiços na região apontada pelo engenheiro Backhauser, também em 1905; ou das sombreadas presenças de pessoas e de pequenas casas em algumas fotos revelam que, apesar do inequívoco discurso do vazio, diversos testemunhos aludem aos moradores que, à revelia da marcha do progresso urbano, já estavam ali instalados no período que antecedeu a primeira leva de investimentos no bairro.

Num dos raríssimos relatos que fazem referência a seus ocupantes, no qual o diretor da Companhia Jardim Botânico, Coelho Cintra, narra a chegada do primeiro bonde ao arrabalde, é dito que, por ocasião da festa ali organizada, "diversos pescadores acudiram, correndo até aquele ponto; souberam do acontecimento e aderiram à folia dando vivas, quebrando o silêncio daqueles desertos...".[7] O texto confirma aquele que é, talvez, o único fato veiculado acerca dos primeiros moradores do bairro: tratava-se de trabalhadores ligados à atividade pesqueira. Sempre retratados em consonância com "o silêncio daqueles desertos", os pescadores de Copacabana, quando não invisíveis aos olhos da ânsia civilizatória, apareciam em perfeita harmonia com a paisagem local, surgindo como personagens naturais do bucolismo.

Diferentemente do sertanejo, com sua "pulsão retrógrada", e das classes populares urbanas, com sua "periculosidade latente", os pescadores figuravam como dóceis ocupantes do distante areal, portadores de uma silenciosa legitimidade que permitia que fossem tratados sem a hostilidade que o discurso do progresso recorrentemente empregava (e emprega) em relação ao "outro". Nesse sentido, chama a atenção a suavidade com que a urbanização de Copacabana é relatada em uníssono pelos diversos testemunhos, como se a progressiva chegada de ruas e palacetes tivesse ocorrido numa substituição natural e indolor das "choupanas" e "barracões" pelos índices da civilização almejada. Os pescadores surgem, assim, numa ordem de domesticação possível, descrita sob o signo da não conflituosidade. Vale a pena lembrar, para efeito de comparação, a verdadeira guerra a que assistiam os moradores da capital naquele mesmo período, por ocasião da desapropriação das construções que se encontravam no caminho dos novos traçados urbanos idealizados por Pereira Passos na região central. Vemos aqui, mais do que uma efetiva diferença entre dois processos concomitantes de transformação urbana, uma divergência que se situa sobretudo no plano da representação. O registro abaixo, do fotógrafo amador Alberto Sampaio[8], é um testemunho do discurso acima discutido:

Pescadores puxam a rede na praia de Copacabana
na primeira década do século XX.

Essa é uma das raras imagens em que os pescadores são flagrados em grupo, no momento da retirada da rede do mar. Note-se que, à direita da foto, observando a movimentação, posiciona-se um homem cujos trajes diferem bastante da vestimenta dos demais. O detalhe complementa os testemunhos anteriores: mais uma vez, a convivência entre os novos setores da "sociedade copacabanense" e os ocupantes do vazio é apresentada em tom de consonância, ainda que o registro não deixe dúvidas sobre o distanciamento que marcava tal relação.

É difícil, se não impossível, sabermos hoje quantos eram os ocupantes de Copacabana no período de sua incorporação à malha urbana da capital. Tampouco podemos elucubrar sobre a efetiva predominância da atividade pesqueira entre eles, sob o risco de tomar como ponto de partida uma homogeneidade pouco provável em tempos de intensos deslocamentos populacionais e redefinição simbólico-cartográfica da cidade. Apesar dessas impossibilidades, alguns testemunhos e documentos nos permitem refletir sobre certas características dos precursores de Copacabana, na busca pela desnaturalização do discurso da passividade e da anomia com que são unanimemente representados.

Uma das pistas que permitem entrever características da sociabilidade dos antigos habitantes do bairro é o surgimento de clubes recreativos, que articulavam setores da população em torno de atividades e interesses comuns. De fato, a cidade vivia, naquele período, uma intensa febre associativista que tinha em atividades como a dança, o esporte e o Carnaval seus eixos principais. Mais do que simples espaços de lazer, essas sociedades se convertiam em espaços importantes do processo de construção de laços de solidariedade entre os moradores das regiões em que eram criadas.[9]

Copacabana não era uma exceção. Nos primeiros anos do século XX, várias foram as sociedades recreativas constituídas no novo bairro, dentre as quais vale destacar o Club Recreativo Mar e Montes, fundado em 1900, cujo objetivo era "proporcionar aos seus associados divertimentos tais como: saraus, concertos, excursões marítimas e campestres".[10] Apesar da impossibilidade de traçar um perfil preciso dos integrantes dessa agremiação, seu programa não esconde a filiação a valores e práticas relacionados ao universo de progresso e modernidade com o qual Copacabana passava a ser associada por força de seus investidores.

Bem diferente era a proposta do Prazer do Leme. Fundado em 1903 por um grupo de moradores locais, esse clube se lançava como alternativa no já animado Carnaval carioca,[11] passando, sem demora, a figurar nas ruas e nos periódicos como mais uma opção para os dias de folia. Segundo as memórias de um cronista que escreveu sobre o clube em 1926, tratava-se de "um cordão cujos caboclos prestaram homenagem aos mortos dançando e rezando em guarani, tupi e tamoios".[12] A referência aos caboclos, bem como às danças e aos cantos com alusões indígenas, indicava o perfil social específico dos integrantes do clube, cujos contornos eram certamente bastante diversos daqueles presentes no Club Recreativo Mar e Montes. Isso é evidenciado também em uma notícia publicada pela *Gazeta de Notícias* ainda em 1906. Após visitar sua sede, na rua do Barroso n.17, o repórter louvava sua diretoria, reproduzindo algumas das quadras que o grupo cantaria "em suas passeatas pelas ruas da cidade":

> Prazer do Leme
> É que o povo ama!
> Mora no Paraíso
> De Copacabana!
>
> Melhores dias
> Sem tristeza,
> Tenha o povo
> Com grandeza!
>
> Oh! Abre alas, eu quero passar.
> Prazer do Leme,
> Que saiu para passear
> Vai matar baleia
> Nas ondas do mar.[13]

Logo de início, chama a atenção na letra a proximidade do discurso dos componentes do clube com uma Copacabana inequivocamente identificada com a ideia de "paraíso" – que apontava para o sucesso desse tipo de imagem entre grupos sociais variados. Logo a seguir, no entanto, tal representação se associa a um paraíso apenas desejado: os foliões do grupo cantavam a necessidade de buscar "melhores dias", ligando o retrato idílico do bairro ao imperativo de superar a "tristeza" que marcava a vida cotidiana do "povo". Esse ponto de vista particular é explicado por uma sugestão presente nos versos seguintes – nos quais o "abre alas" do grupo é logo relacionado a um ofício específico, o de "matar baleia nas ondas do mar", sugerindo a preponderância de pescadores entre os sócios do clube. Por mais que a referência pudesse ser imaginosa para muitos dos que cantavam a música, ela sugere a identificação com um *ethos* bastante diverso daquele que prezava, por exemplo, a realização de "expedições campestres".

Assim como os pescadores, outros grupos de trabalhadores do bairro buscaram, nos anos seguintes, se organizar em clubes recreativos. Era o caso, segundo as autoridades policiais responsáveis pelo controle desses grupos, dos "empregados do comércio", do Sport Club Brasiliense (de 1913); e dos "operários", que compunham o Oceânico Foot-ball Club (de 1915).[14] Fica clara, assim, a complexidade do quadro sociocultural de um território cuja representação era (e ainda é) recorrentemente relacionada a uma polarização entre afã progressista dos novos moradores e bucolismo passivo dos pescadores imemoriais. Nesse sentido, são igualmente reveladores os raros relatos sobre a presença de moradores nos morros do Novo Rio, em testemunhos dos primórdios de uma questão que se tornaria central nos debates urbanísticos da década de 1920: o crescimento das favelas.

No dia 2 de junho de 1907, um domingo, os leitores do popular matutino *Correio da Manhã* depararam-se com uma reportagem de capa pouco usual: sob o título "No morro da Babilônia", uma longa descrição largamente ilustrada exibia aos moradores da capital uma feição até então pouco (ou nada) conhecida do progresso que se espraiava rumo ao litoral – a presença maciça de "ranchos", "casebres", "mocambos", "cabanas" e "choças" no morro sob o qual se construíra o Túnel Novo.[15]

Com uma detalhada narrativa a respeito da prodigalidade da natureza nos arredores – fortemente ligada à questão mais ampla das "montanhas agasalhadoras" que vinham abrigando a "pobre gente sem lar", "expulsa do casebre em que vivia por intimação do Progresso" –, a reportagem faz uma associação entre a ocupação do morro da Babilônia ("atualmente, um dos preferidos da pobreza") e o processo mais amplo de estratificação social do espaço na cidade. Após uma desgastante subida por entre flancos da montanha e deslumbrantes cenários naturais, o repórter passa a narrar o encontro de sua equipe com os habitantes locais, ressaltando a "boa acolhida" com que foram recebidos.

O "caboclo" José Carlos de Andrade, por exemplo, após oferecer água e laranjas de seu pomar, revelou ser morador do local há nada menos de catorze anos. Ex-praça do batalhão de engenheiros, declarou ter decidido "recolher-se à montanha" com sua "companheira" em função das dificuldades financeiras enfrentadas após a baixa do Exército. Disse ainda que, para manter-se, vendia bengalas de pequiá, além de aipim, batatas e frutas "na Copacabana". Perguntado sobre a vizinhança, garantiu que o morro era imune a "pagodeiras", bebidas e danças, sendo, portanto, lugar pacífico.

O caso de José Carlos não parece ter sido uma exceção. Além dele, uma "vizinha viúva de um soldado" e outro morador, Antonio José Bernardo, também ex-praça do batalhão de engenheiros (este, veterano das campanhas do Uruguai e do Paraguai), confirmam a ligação da ocupação do morro com a situação dos antigos combatentes, a exemplo do que ocorrera na região central da cidade. Munidos do discurso do isolamento, os entrevistados endossam o tom da reportagem, segundo a qual o morro, apesar da pobreza, manteria uma relação direta com a pureza e a ingenuidade da vida pré-urbana, numa perfeita sintonia com o cenário que circunda os casebres. A imagem abaixo confirma essa perspectiva:

Imagem que ilustrou reportagem sobre os moradores do morro da Babilônia: Copacabana não era habitada só por pescadores e pela elite.

É interessante notar ainda que Copacabana aparece como um "lá-embaixo" até certo ponto distante, apesar das evidentes relações comerciais mantidas entre os moradores da Babilônia e os habitantes do bairro, o que nos permite entrever uma forma de experimentação do espaço à beira-mar bem diversa daquelas associadas aos pescadores e, evidentemente, aos segmentos de elite que chegavam ao bairro.

Outra forma de ocupação do território litorâneo, também silenciada pelos testemunhos hegemônicos, é aquela bastante praticada por trabalhadores que, ligados a ramos de atividade que não o pesqueiro, buscavam alternativas ao isolamento dos morros: a moradia em casas de pensão. Com exceção de uma ou outra menção às habitações insalubres que começavam a aparecer em Copacabana (despertando a atenção das autoridades), são raros os relatos que hoje trazem informações sobre esse tipo de habitação. A falta de dados mais precisos sobre o perfil de tais moradores não impede, contudo, que atentemos às pistas oferecidas pelo seguinte documento:

> Martinez & Soares, estabelecidos à rua Vinte de Novembro n.5 (Villa Ipanema), vêm, respeitosamente, suplicar a Vossa Excelência a relevação da multa que lhes

> foi imposta pelo sr. agente da Gávea. ... Os suplicantes, estabelecidos no ponto terminal da linha Ipanema, com casa de pensão com aposentos mobiliados, têm, naturalmente, pensionistas internos, isto é, hóspedes que pernoitam em seu estabelecimento e, sendo assim, natural é que, esses hóspedes, que se consideram em suas casas (como de fato estão) nas noites calmosas que temos atravessado, queiram mais longo tempo permanecer com as portas abertas. Foi o que deu-se![16]

Endereçado à municipalidade em dezembro de 1903, o pedido de absolvição da multa por parte dos donos da pensão nos revela não apenas a lógica de ordenação pela qual a região vinha sendo gerida (pregando "civilizatoriamente" a descontinuidade entre o espaço público e o privado pela normatização do fechamento de portas), como também as estratégias de sobrevivência de determinados segmentos, para os quais as frescas varandas dos sobrados não passavam de um sonho distante.

Aqueles testemunhos nos permitem perceber que, longe da unicidade com que é recorrentemente tratado o período inicial de ocupação do arrabalde, Copacabana já se prestava, nos primeiros anos do século XX, a diferentes formas de uso do espaço, por sua vez remetidas a um quadro de grande diversidade (para não dizer heterogeneidade) social. Vemos grupos de origens, atividades e estratégias diferenciadas ocupando um mesmo bairro e compartilhando, cada qual à sua maneira, o denominador comum oferecido pela ideia de "paraíso" – seja ele reproduzido pelo discurso do isolamento e da paz por parte dos moradores do morro, do entusiasmo associativista dos pescadores ou, ainda, do apreço ao bucolismo salubre ansiado pelos agentes do progresso.

...e os habitantes do progresso

Não menos importante que a desnaturalização do discurso do vazio é a percepção de que a ideia de "agentes do progresso" parte, igualmente, do pressuposto de uma homogeneidade de contornos expressionistas. Cabe perguntar então: quem eram, afinal, os habitantes do progresso? De que maneira praticavam (e, não em menor medida, construíam) o espaço do futuro idealizado pelo discurso investidor?

O periódico *O Copacabana – O Novo Rio*,[17] lançado em junho de 1907 como uma iniciativa pioneira da imprensa local, nos oferece uma porta de entrada privilegiada para o universo dos setores mais elitizados que, pouco a pouco, se instalavam no arrabalde. Com tiragem de 10 mil exemplares, edições de quatro páginas e publicação quinzenal (aos domingos), o jornal tinha como diretor o proprietário e redator-chefe Theotônio de Oliveira, nome presente em muitas das ações ligadas à urbanização do bairro e profundamente identificado com o estilo de vida moderno com o qual Copacabana passava a ser propagandeada cidade afora. Os doze anos de existência (1907-19) desse "órgão literário, comercial, noticioso e recreativo dedicado ao belo sexo de Copacabana" – conforme texto que aparecia estampado em sua primeira página – representa um valioso testemunho dos primórdios da articulação de uma elite praiana, revelando não

O COPACABANA

EXPEDIENTE

Pró Copacabana

O RISO

Concurso de belleza

Carta aberta

Voluvel

O TUNNEL VELHO

A TISICA

Visitem a Confeitaria Castellões, Avenida Central 109

Capa de *O Copacabana*, lançado em 1907: uma iniciativa pioneira da imprensa local que divulgava o estilo de vida moderno.

apenas os gostos e valores de um segmento social específico, como também os desafios da experiência da modernidade naquele contexto.

Uma das primeiras coisas que chamam a atenção no jornal é o fato de que, apesar de contar com colunas abertas à colaboração dos moradores de Copacabana, do Leme e de Ipanema, mantinha, especialmente no início, uma forte ligação com a vida em Botafogo. Além de grande parte dos anúncios publicados ser de estabelecimentos comerciais do bairro vizinho, as colunas sociais faziam recorrente menção a eventos sediados nos palacetes botafoguenses, num quadro que foi progressivamente sendo alterado por notas que festejavam a crescente autonomia comercial e social do Novo Rio. Para além da proximidade física e da consequente circulação de pessoas e produtos entre um bairro e outro, não é difícil imaginar os motivos da formação de tão "natural" relação entre o periódico e o bairro contíguo. Conforme já dito, Botafogo era, desde a segunda metade do século XIX, região privilegiada de moradia da elite do Império, constituindo zona de status e prestígio. Ambicionando atualizar tais predicados, os investidores de Copacabana buscavam fazer do areal o novo *locus* da civilidade – apresentando-a não como antagonista, mas como herdeira legítima (e sobretudo moderna) do prestígio outrora depositado nos símbolos da opulência da sociedade imperial.

Não é de estranhar, portanto, que uma das pautas frequentes de *O Copacabana* fosse a insistente alusão aos signos de distinção associados ao novo bairro. Um dos interessantes exemplos da forma como o periódico explorava o tema da civilização é a descrição da Missa do Galo celebrada por ocasião do Natal de 1907:

> Templo repleto, todo o bairro cheio, brindes a todo momento, senhoras, senhoritas, crianças, cavalheiros dos mais distintos. ... Vimos *toilettes* riquíssimas não só de senhoras e senhoritas, como também das mais gentis crianças. Até o dia seguinte, Copacabana esteve repleta de hóspedes e quando, ao entardecer desse formoso dia de Natal, vimos partir para a cidade o último bonde conduzindo os derradeiros retardatários, sentimo-nos sinceramente comovidos, assaltados por uma grande tristeza, uma saudade imensa da harmoníssima festa...[18]

O evento é narrado como um desfile de "senhoras, senhoritas, crianças, cavalheiros dos mais distintos", trajando "*toilettes* riquíssimas" e brindando a todo momento. Se por si só o testemunho já nos chega rico em sugestões e representações, uma comparação com o texto escrito por João do Rio a respeito desse mesmo evento nesse mesmo ano faz dele uma fonte ainda mais interessante. Em trecho transcrito nas primeiras páginas deste Capítulo, se bem lembra o leitor, a descrição feita por João do Rio sublinhava a heterogeneidade social do evento, marcado pela presença de trajes, cores, excessos, temperamentos e perversões diversos. Entre as "pretas com soldados" e os "rapazelhos do comércio" identificados pelo cronista é difícil reconhecermos aquele público ostensiva e homogeneamente elegante de que nos fala *O Copacabana*. Vemos assim a intenção do periódico de construir uma imagem distintiva para o bairro que, certamente, não passava pela valorização da presença de determinados segmentos sociais.

Não parava aí a declarada militância do semanário em prol da construção de signos de prestígio para a região. Em reportagem sugestivamente intitulada "Pró-Copacabana",[19] o jornal ironiza o destaque dado pela grande imprensa aos cariocas ilustres que, fugindo das altas temperaturas, veraneavam em "Petrópolis, praia de Icaraí, Santa Teresa etc.". "Olhem a grande novidade!", diz o redator, "pois, para Copacabana observamos quase diariamente a vinda de distintas famílias, que as que por aqui chegam a fim de veranear nunca mais se mudam, ficam durante o verão e durante o inverno." E para não deixar dúvidas sobre a propriedade de suas observações, encerra a nota com uma extensa lista de "ilustres senhores" que com suas famílias aportavam no Novo Rio.[20]

Festejando que "os intelectuais e o *grand monde chic* afluem às nossas praias à procura de novos ares e de vida nova",[21] os redatores davam as boas-vindas a visitantes com perfil socioeconômico bastante específico, alocando Copacabana no mapa dos divertimentos diurnos e noturnos da capital. Percebemos, assim, o silêncio do jornal com relação àqueles visitantes mencionados por Paulo Barreto e por Lima Barreto, que, atraídos pela oportunidade de ar fresco e divertimento a baixo custo, afluíam para aquelas redondezas.

Apesar da efusividade manifesta com relação aos visitantes, era na configuração de uma sociedade local de perfil não menos elegante que *O Copacabana* concentrava a maior parte de seus esforços. Festas, batizados e passeios variados eram recorrentemente noticiados em meio à menção a nomes que, em poucas edições, passavam a figurar para o leitor fiel como legítimos representantes da nata da sociedade copacabanense.

A "Seção galante",[22] única coluna presente em todas as edições do periódico, dá uma boa mostra desse universo. Por ela ficamos sabendo, por exemplo, da festa oferecida pelo sr. Henrique de Lima, "distinto guarda-livros da nossa praça", por ocasião do aniversário de seus filhos; da viagem a Buenos Aires realizada pelo sr. Manoel Lisboa, "estimado capitalista deste bairro", ao lado de sua esposa;[23] ou, ainda, que esse mesmo morador "transferiu a sua residência para o palacete da rua Nossa Senhora de Copacabana n.58". A seção dá também pistas sobre as redes de parentesco estabelecidas no bairro em notícias como a que festeja o restabelecimento do "dr. Leopoldo Bastos, sogro do dr. Cyro Costa", da "grave enfermidade de que foi acometido".[24]

É evidente, assim, a tentativa de estabelecer um discurso comunitário, apresentando aos leitores uma Copacabana reduzida àquela restrita rede de pessoas ligadas a valores, interesses e visões de mundo defendidos pelo jornal. Essa estratégia é reforçada ainda na intimidade com que a publicação se refere aos personagens que figuram em suas páginas (que correspondem, em grande medida, ao seu público leitor). A "Seção galante" do dia 1º de setembro de 1907 é um caso típico. Nela, o colunista festeja o aniversário do sr. Manoel Nogueira de Sá, o "Manoelzinho", "honrado negociante deste bairro" e proprietário do primeiro estabelecimento comercial local, o supermercado Bon Marché. "Manoelzinho" é apontado como aquele que "manda chamar o médico quando nos aperta a dor de barriga", quem "nos acode nas situações difíceis, quem resolve como juiz nas questões que possamos ter". Em suma, "sem o seu gracioso concurso, nada se faz e nada se resolve".

Tal espírito comunitário pode ser constatado também no trecho:

> Imagine o leitor que domingo passado diversos cavalheiros e senhoritas da nossa sociedade achavam-se em costumados passeios da tarde, despreocupados na praça Floriano Peixoto quando aparece o nosso amigo Alfredo Salazar, que, em companhia dos srs. Jayme de Andrade, Theotônio de Oliveira, Pedro Reginaldo Teixeira, Luiz Cavalcante, Mario Accyoli e outros, em poucos minutos improvisaram um baile que, pela sua intimidade, foi a delícia da noite. Todos incorporados, ligados pelos laços da mais cordial intimidade, reuniram-se sob o teto amigo da antiga pensão Coronel Silva, onde muito salientaram-se, concorrendo para o maior brilhantismo da festa, as graciosas senhoritas: Adolphina Tavares, Dulce Roxo, Laura de Ipanema Moreira, Julinha Roxo, Livia de Ipanema Moreira e outras cujos nomes não foi possível registrar. É também digno de registro o nome do sr. Romulo Braga, que substituiu, com muita distinção e arte, a ausência do pianista,

> proporcionando a todos ... belas valsas, polkas e *scotisch*. Oxalá que todos os bairros civilizados seguissem esse belo exemplo de solidariedade, lançado pela aristocracia moderna de Copacabana.[25]

O texto se inicia com a sugestão de que existe uma sociedade "nossa", estabelecendo um evidente laço de identificação entre o autor e o leitor da notícia, que se reconhecem num ambiente repleto de "cavalheiros e senhoritas". O cenário é um costumeiro passeio vespertino na praça Floriano Peixoto, que, ao lado da praça Malvino Reis e da avenida Atlântica, constituía um dos pontos de *footing* do bairro. O autor descreve um encontro fortuito entre moradores de Copacabana, os quais, favorecidos por laços de intimidade, improvisam um baile numa pensão situada em Ipanema com a presença de "graciosas senhoritas" cujos sobrenomes não escondem a ligação de suas famílias com o crescimento do bairro. Ficamos ainda a par do repertório musical do evento – valsas, polcas e *scottisch* –, que, animado ao som de estilos musicais de origem europeia, distanciava-se da popularidade de ritmos que guardavam influência da musicalidade africana, como o tango e o maxixe, muito comuns nos bailes promovidos nos salões das sociedades dançantes então constituídas pelos trabalhadores da cidade. Por fim, o colunista explicita a aproximação entre os elementos narrados e a ideia de civilidade, atribuindo a Copacabana o título honorífico de "bairro civilizado", sob cujos evidentes signos de distinção se abrigaria uma "aristocracia moderna".

Tal "aristocracia moderna", autorrepresentada por uma associação entre os valores dos novos tempos e a distinção com relação às elites imemoriais, contava, assim, com uma rígida cartilha de sociabilidade que buscava fazer do cenário atlântico o ambiente natural dessa engenhosa manobra simbólica. Na coluna "Passeando", por exemplo, ficamos a par dos hábitos dominicais de tão distintos moradores: às seis da manhã, "na forma do louvável costume", um banho de mar à altura da praça Malvino Reis; depois do "cafezinho" e da toalete, a missa na capela do Senhor do Bonfim; mais tarde, "em companhia de um elegante grupo de graciosas senhoritas e alegres rapazes", um piquenique no morro da Babilônia, "onde muito se divertiram todos, na mais franca, distinta e adorável intimidade"; às quatro da tarde, após o retoque das toaletes, uma ida à praia do Leme, à altura do restaurante Avenida Atlântica, onde se encontram muitas "senhoras, cavalheiros e crianças" que se distraem com os "divertimentos de corridas com obstáculos, grande pescaria em arrastão, pau de sebo, música, fogos de artifício etc., mandados executar pela Companhia Jardim Botânico"; em seguida, após uma aprazível viagem de bonde, um jantar no pitoresco Hotel e Restaurante Balneário de Ipanema; terminado o jantar, charutos e o deleite diante da beleza da noite para, por fim, tomar novamente o bonde rumo ao Palace Theatre, de onde só se retorna ao lar após as duas da madrugada.[26]

Como podemos perceber, o protótipo do domingo do leitor de *O Copacabana* é pontilhado de alusões a um estilo de vida que obedece a uma equação feita de três elementos-base: moderno, litorâneo e chique. Tal conexão é reforçada em outra edição de "Passeando", na qual o redator narra uma aprazível tarde de domingo iniciada com uma visita ao elegante salão do Instituto Nacional de Música, no Centro, onde estava reunido "o que de mais seleto possui a sociedade carioca". Finalmente, após assistir "a diversas fitas cinematográficas", dar "algumas voltas pela cidade" e ir à "Exposição", o cronista pegou um bonde e voltou para casa. A brevidade da descrição não impede de revelar um importante ingrediente dos anseios daquele segmento em seu esforço de construção identitária: apesar de acrescentar novos e exclusivos elementos à ideia corrente de status e civilidade (como as paisagens bucólicas e os ares salubres), a legitimação do discurso de distinção não podia prescindir da participação de suas personagens nos cenários tradicionalmente associados ao *grand monde* carioca. Assim, ao frequentar cinematógrafos, salas de concerto ou os pavilhões da Exposição Universal, os "modernos aristocratas" do Novo Rio orbitavam por diferentes redes sociais colhendo, aqui e acolá, signos que corroborassem a construção do seu ideal de uma civilização atlântica.

A mesma coluna se atualizava, edição após edição, introduzindo personagens e cenários ao mote da civilidade praiana e recorrentemente festejando o fato de que Copacabana "despiu-se do carrancismo que não lhe ficava bem e entrou numa jovialidade que deve ser d'ora em diante a sua graciosa toalete". Paulatina e orgulhosamente, o arrabalde deixava de ser "um ponto de reunião para os que moram fora e por aqui aparecem enxotados pelo calor e pela poeira".[27]

Vale aqui uma pequena nota a respeito do lugar dos banhos de mar na "aristocrática" rotina da elite copacabanense. Profundamente ligado ao discurso da salubridade, o hábito do banho matinal obedecia a uma rígida diretiva higiênica, nunca aparecendo associado a momentos de lazer ou de sociabilidade. Reforça essa perspectiva o fato de que o periódico, cuja primeira página trazia sempre duas ou três fotos de pessoas e/ou recantos do bairro, não tenha dedicado um único fotograma à atividade balneária.

Mas, ao contrário do que pode parecer, nem só de amenidades viviam os colaboradores e leitores do periódico. Reclamações endereçadas à prefeitura eram também pauta corriqueira, ocupando ao menos uma reportagem por edição. Baseando suas reivindicações no diagnóstico de um descompasso entre o distinto perfil da localidade e a pouca atenção dada a ela por parte das autoridades, *O Copacabana* apoiava campanhas ferrenhas pelo calçamento das ruas e, sobretudo, pelo ajardinamento da praça Malvino Reis. Argumentando que os poderes municipais lidavam com Copacabana como se fosse um "subúrbio atrasado", o periódico não se cansava de lembrar a seus leitores que "o valor d'um metro quadrado de terreno vale, hoje, uma fortuna no Leme".[28] Ainda em 1907, indignado com o pouco caso conferido ao Novo Rio pelo então prefeito Souza Aguiar, o redator alertava para o fato de que "um bairro como Copacabana, cuja população cresce a olhos vistos, e cuja concorrência diária é descomunal, não merece ser esquecido, como o morro do Pinto ou da Favella".[29] Ficam muito claras, assim, não apenas as estratégias de afirmação dos padrões de distinção por parte dos segmentos de elite que se mudavam para Copacabana, como também a necessidade de diferenciar seu bairro de territórios como os subúrbios e os morros, numa alusão aos mecanismos de consolidação da cada vez mais nítida estratificação social do espaço que se configurava na capital da República.

A extrema importância dada pelo jornal ao ajardinamento da praça central do bairro é paradigmática. Num momento em que as altas-rodas da sociedade carioca viviam os encantos da política de embelezamento, desfrutando os jardins e bulevares idealizados por Pereira Passos, o *footing* (especialmente o noturno) passava a ser item obrigatório. Ansiosos pelo reconhecimento de sua legitimidade no mapa da civilidade carioca, os moradores de Copacabana ressentiam-se do aspecto de sua praça, cuja aparência lembrava "um pasto para animais".[30] Nada mais distante do sonho da civilização… O tão esperado ponto de reunião e diversão para as famílias só seria entregue ao público do bairro em novembro de 1910, ocasião em que a praça passou a se chamar Serzedelo Correia, em homenagem ao "prefeito benfeitor de Copacabana".[31]

Praça Malvino Reis, hoje Serzedelo Correia, antes de ser ajardinada.
A luta por melhorias era pauta constante da incipiente elite local.

Cada vez mais orgulhosos dos sinais do progresso local, os colaboradores de *O Copacabana* zelavam pela divulgação de uma imagem homogeneamente civilizada do Novo Rio, aplaudindo o sumiço "como por encanto das choças humildes, casebres carcomidos e matagais", dando lugar a uma "carreira bonita de vistosas vivendas, entremeadas de palacetes e castelos de caprichosas formas".[32] Aquelas "caprichosas formas" se referiam, na realidade, a um conjunto formado por casas esparsas que, beneficiadas pela generosidade do tamanho dos lotes, eram erguidas preferencialmente em centro de terreno. Com grande diversidade de estilos arquitetônicos, não demorou para que surgissem construções que, apresentadas como "vilas" ou "palacetes", buscavam se associar às formas de moradia já sacramentadas pelas famílias abastadas de Botafogo.

Assim, fica claro que, embora haja esparsas menções a outras formas de ocupação do espaço litorâneo, as estratégias de legitimação da "aristocracia moderna" local não abriam espaço para a heterogeneidade. Se o cotidiano copacabanense incluía, inevitavelmente, redes de pesca, bailes populares e bengalas de pequiá, no plano das representações veiculadas pela elite tudo eram charutos, valsas e palacetes.

Apesar da certeza do sucesso que o tom civilizatório imprimiria ao bairro, o mesmo jornal nos indica a permanência da ideia de um território associado ao futuro e, em certa medida, ao vazio. Afirmando que o que faltava ao definitivo impulso do progresso da região era o reclame, pois muitos cariocas "desconhecem as belezas do arrabalde", *O Copacabana* não se cansava de publicar anúncios de vendas de terrenos, bem como de fossas e materiais de construção. Além de divulgar, a cada edição, as quadrinhas difundidas desde a abertura do Túnel Velho nos cupons da Companhia Jardim Botânico.

Apegados ao mote da crise da habitação, os redatores do jornal insistiam em lembrar ao leitor – e às autoridades – que Copacabana era a alternativa natural para uma cidade que não poderia seguir crescendo rumo aos "subúrbios, infectos e atrasados, com a série de dificuldades de locomoção e da vida". Assim, para que o arrabalde cumprisse seu destino de glória e triunfo, faltaria apenas que a população o visitasse, conscientizando-se das "grandes vantagens de uma moradia com bom clima perto do Centro da cidade" e percebendo, assim, que "prefeririam tudo isso às moradas acanhadas onde a saúde da família consome em médico e farmácia quase a metade das rendas". [33]

Anúncio de venda de terrenos em *O Copacabana*, que defendia a ideia de que a cidade deveria crescer para o sul, a fim de se evitar os subúrbios, "infectos e atrasados".

Vista de Copacabana em 1906, ainda com poucas construções: os primeiros defensores da criação de uma "elite praiana" começavam a se articular. (Augusto Malta)

Enquanto a profecia não se cumpria, restava aos redatores abraçarem uma campanha fervorosa contra vozes dissonantes, como a da "horda de rapazes desocupados" que se reunia nas proximidades da farmácia Montenegro (em Ipanema), extravasando "sentimentos pouco dignos da educação de um povo culto e civilizado como é o nosso". Poucos anos mais tarde, em 1912, uma nova ordem de problemas viria ameaçar a calma e a tranquilidade de tão distintos moradores: a velocidade dos automóveis. Dizendo-se horrorizado com a "balbúrdia perniciosa e assustadora de sangue com que o automobilismo está entristecendo o nosso bairro",[34] *O Copacabana* pedia, em nome das famílias locais, medidas urgentes ao então chefe de polícia, Belisário Távora. Afirmando ser raro o dia em que não se registrava um acidente de carro naquelas redondezas, o jornal fazia coro com um movimento que se alastrava pela grande imprensa da cidade, que, cada vez mais atenta aos reveses do progresso, fazia dos problemas da circulação de bondes e carros pauta diária em suas edições.

A despeito dos anseios de um segmento que se pretendia dominante no bairro e da efetividade de seus mecanismos de construção de representações sobre aquele território e seus habitantes, no plano da experimentação do espaço a realidade era, no mínimo, mais complexa.

3. Uma civilização à *Beira-Mar*

Imagine-se o leitor sozinho numa praia tropical, rodeado apenas de alguns palacetes e um enorme edifício em construção, vendo o bonde que o trouxe afastar-se entre as montanhas até desaparecer de vista. Diante de si, uma avenida pontilhada de postes de iluminação, eventualmente entrecortada por automóveis. Um pouco mais adiante, uma larga faixa de areia sobre a qual se espalham pequenos grupos de pessoas, em sua maioria jovens em traje de banho alternando-se entre a proteção das barracas e o frescor da água do mar. Na calçada construída junto da areia, pessoas em elegantes roupas desfilam duas a duas, três a três, num incessante falatório, enquanto observam atentamente o que se passa ao redor.

Tal narrativa descreve, sem grandes variações, o cenário encontrado por aquele que, numa manhã de 1922, visitasse a orla de Copacabana. Com mais de 22 mil habitantes,[1] o bairro oferecia a quem ali chegasse uma avenida Atlântica duplicada, largamente iluminada, e, sobre ela, a concretude da promessa daquilo que seria, dentro de poucos meses, "um dos mais lindos edifícios do mundo"[2] – o Copacabana Palace Hotel.

O visitante que, além de passear por Copacabana, acompanhasse atentamente a imprensa da capital, saberia ainda que aquele arrabalde já não era conhecido como Novo Rio e que tampouco continuava a figurar nos mapas simbólicos da cidade como uma área exclusivamente vinculada às representações de bucolismo e, sobretudo, de futuro. Ao contrário do que ocorrera pouco mais de uma década antes, quando os moradores do bairro clamavam pela atenção dos administradores, numa luta até certo ponto inglória, agora autores como Lima Barreto já protestavam dizendo que "os areais de Copacabana, Leme, Vidigal etc. é que têm merecido os carinhos dos reformadores apressados".[3]

No mesmo ano de 1922, Benjamin Costallat, autor cuja grande popularidade estava intimamente relacionada à sua identificação com o léxico dos novos tempos, publicava seu livro de crônicas *Mutt, Jeff & Cia.* Ao final do livro, numa pequena série intitulada "A fisionomia dos bairros", ele descreve uma Copacabana em cuja "sucessão dos palacetes" se abrigavam "hábitos

A orla de Copacabana em 1922: a bela avenida Atlântica, já duplicada e iluminada, atraía visitantes ao bairro, então habitado por cerca de 22 mil pessoas.

modernos" e uma "existência confortável".[4] Entre criados de casacas, muitos "*abat-jours*", "tapetes de preço", "quadros de mestres nas paredes altas", "salas que são salões" e "saletas que são salas", "muita claridade pelas janelas largas e muita luz jorrando dos lustres", o luxo repousa ao lado da higiene. E, como a não deixar dúvidas sobre a qual grupo cabia o privilégio de representar o bairro, Costallat arremata:

> E se, por acaso, ao longe, muito ao longe, há de quando em quando a manchinha humilde e esfarrapada de um casebre agarrando-se em ruínas aos costados dos morros, se algum garoto passa e pede esmola ... tudo se dissipa, a alegria renasce, o luxo retoma o seu bairro, apenas pelo grito autoritário de alguma buzina.

Apesar de bastante explícitos, os signos da moderna distinção associados a Copacabana não falam por si. Seu sentido profundo no conjunto de representações sobre a cidade só pode ser devidamente dimensionado se comparado à sua descrição do Catete e da Tijuca, que ajuda a situar a peculiaridade copacabanense naquele que passava a ser, nos vertiginosos anos 1920 cariocas, o mapa da cidade e da sociabilidade da capital republicana. No Catete o cenário é imerso pela névoa de poeira levantada pelos bondes e carroças que circulam incessantemente por ruas que "têm um barulho de ferro-velho dentro de uma velha lata de querosene". Em contraste com a elegância do *footing* praiano, por lá desfilam o "garrafeiro ansioso por garrafas vazias", o quitandeiro que se dobra "sob o peso dos seus repolhos", o peixeiro que passa aos gritos, o vendedor de vassouras enterrado sob espanadores "como um índio carnavalesco".[5]

Num evidente contraste com o quadro visceralmente urbano com que o Catete é apresentado, Costallat narra uma Tijuca que nasce conforme a "cidade vai morrendo". Com "casas sólidas e primitivas", "famílias com passado e cousas que têm alma", esse bairro aparece sob o tom do saudosismo e da melancolia, numa oposição ao caos da região central e à modernidade, tão veloz quanto superficial, observada na zona praiana. Na Tijuca, "entre aqueles muros simples", ainda se escondia

> a velha criada tradicionalmente brasileira, boa e preta. ... Não é a *fraulein* antiética, nem a *nurse* irritante, nem a *bonne* pernóstica. É uma velha preta, no máximo mulata, de carnes abundantes, com um olhar bom de cachorro fiel, que nos chama de "sinhô", com os seus dentes muito brancos.[6]

Vemos, assim, que mesmo maculado por suas ambiguidades, o "distante areal" chegava à década de 1920 sob os inabaláveis signos do luxo e da modernidade, ganhando um perfil de contornos já bastante singulares nos mapas subjetivos do habitante carioca. Cabe, portanto, resgatar os sentidos pelos quais Copacabana passou a ser pauta recorrente na imprensa e no imaginário dos moradores da capital para, a partir daí, compreender os caminhos da consolidação daquela incipiente (e até certo ponto frágil) "aristocracia moderna" como segmento majoritariamente associado à vida naquele arrabalde.

O *Beira-Mar*

Uma vez disposto a perambular pelo cenário com o qual se deparou, caminhando não apenas pela avenida Atlântica, mas também entre os grupos reunidos nas areias da praia, é possível que nosso visitante tenha notado a presença, aqui e acolá, de rapazes e senhoritas entretidos com a leitura de um periódico até então desconhecido por ele. Se, estimulado pelas muitas ilustrações e pelo título sugestivo, decidisse adquiri-lo, não teria dificuldade em encontrá-lo à venda no maior ponto comercial do bairro, a praça Serzedelo Correia, onde o supermercado Bon Marché se ocupava de sua distribuição. Desavisado, o visitante talvez se espantasse diante do preço cobrado pelas quatro páginas da publicação – afinal, com os duzentos réis a serem gastos poderia adquirir nada menos que dois exemplares dos principais matutinos em circulação. Olhando mais detalhadamente, no entanto, o comprador familiarizado com a imprensa mundana perceberia, sem esforço, sinais de que aquela não era uma publicação comum: o papel cuchê, usado apenas nas revistas mais elegantes da capital, não deixava dúvidas a respeito do segmento social em que aquele periódico buscava seu público. Com seu exemplar em mãos, o visitante poderia sentar-se num dos bancos da praça ajardinada e, caso não lhe importunasse o recorrente ruído do movimento dos bondes na estação ao lado, imergir nas páginas daquele que se anunciava, já no cabeçalho, como o primeiro jornal praiano do país.

O *Beira-Mar* começou a circular em 28 de outubro de 1922. Ao longo de seus 22 anos e 771 edições, o periódico buscou fazer jus ao programa a que se propusera desde o seu primeiro número: lançar-se como "órgão de defesa dos interesses dos moradores do bairro Copacabana, Ipanema e Leme". Articulando as três regiões atlânticas em uma única unidade territorial, a "CIL" (sigla para Copacabana-Ipanema-Leme, à qual seria incorporado o Leblon, poucos anos mais tarde), a publicação partia da pressuposição de uma unidade simbólica, cultural e discursiva entre os habitantes daquelas praias, atribuindo-lhes, desde o princípio, um nome comum. Os "cilenses" eram, assim, pauta e público daquele jornal, aparecendo, edição após edição, como um bloco social natural que emergia da poderosa conjugação entre o ambiente balneário e o compartilhamento de valores "aristocráticos".

Atento aos "assuntos locais" e "expungido, de modo irredutível, de tudo que possa interferir em cousas de política", o *Beira-Mar* investia na veiculação de "leituras amenas, chistosas e informações úteis", oferecendo-se como um órgão lúdico e informativo a leitores já devidamente atualizados pelos matutinos de grande circulação. Seu investimento declarado era, portanto, na articulação e divulgação da imagem de distinção e elegância com a qual aquela região já passava a ser referida nos maiores jornais da capital.[7] Percebemos, então, que enquanto os redatores de *O Copacabana*, dez anos antes, ainda lutavam pelo reconhecimento de uma unidade territorial urbana (o bairro) em meio à permanência da categoria "arrabalde", aqueles que davam forma ao *Beira-Mar* encontravam um cenário bem mais consolidado não apenas no que concernia à incorporação dos bairros atlânticos à malha urbana da capital, como também à sua associação a um *locus* de distinção.

Para compreender os sentidos da distinção evocada pelo periódico, é preciso conhecer um pouco da trajetória dos homens que o faziam, bem como de seu projeto editorial. Assim, é possível delinear, ainda que preliminarmente, o coletivo que respondia pelo vocativo *cilense* e, com isso, dar os primeiros passos na configuração daquele segmento já ampla e orgulhosamente vinculado à aristocracia atlântica.

O *Beira-Mar* surgira por iniciativa de um dos mais influentes personagens do bairro: o comerciante Manoel Nogueira de Sá, conhecido como seu Manoelzinho – cujo prestígio ficou assinalado, no Capítulo 2, na deferência com a qual ele era tratado já em 1907 pelos redatores de *O Copacabana*. Português nascido em 1884, seu Manoelzinho chegara ao Brasil com nove anos de idade, e a Copacabana com dezoito.[8] Homem de negócios, inaugurou, em 1904 (um ano após sua chegada ao arrabalde), um dos primeiros estabelecimentos comerciais do bairro – o Bon Marché, um mercado que não tardou em fixar-se como ponto de referência da região. Nos anos seguintes, a Farmácia Copacabana e o Café Pernambuco abriam as portas, completando sua rede de empreendimentos. Não foi apenas como venturoso comerciante, no entanto, que Manoel de Sá se destacou. Profundamente envolvido com as questões locais, seu nome aparecia com frequência nos abaixo-assinados dirigidos à prefeitura, chegando mesmo a encabeçar ações como a demanda de um serviço de salvamento para banhistas, em 1911, quando o serviço regular municipal ainda não havia sido estabelecido.[9] O proprietário do *Beira-Mar* era, como se vê, uma referência nos assuntos corporativos do bairro.

Com grande liderança entre os comerciantes locais, seu Manoelzinho tinha também grande prestígio nos círculos católicos da região, engajando-se, por exemplo, na criação da Matriz Nossa Senhora de Copacabana e organizando, divulgando e incentivando ações de assistência social promovidas pela irmandade. Atento à conquista da autonomia do bairro no que dizia respeito ao lazer, esteve à frente do projeto que resultou no primeiro cinematógrafo local, o Cinema Copacabana (que funcionou apenas em 1910), participou da fundação do Copacabana Club, em 1913, e foi personagem ativo na campanha pela instalação de coretos e teatros de bonecos (guinhol) nas praças do bairro. Reunindo influência, capital e competência administrativa, seu Manoelzinho era, em suma, um legítimo representante dos setores da elite que ocupavam o antigo arrabalde e tentavam, havia anos, afirmar para o bairro uma marca elegante.

Os predicados de seu proprietário fizeram com que a redação do *Beira-Mar*, situada no segundo andar do Bon Marché, acabasse por despontar como um centro de convergência dos interessados em assuntos concernentes ao progresso do bairro. Entre outras coisas, era para lá que se encaminhavam as reclamações dos moradores, assim como pedidos de resgate de pertences perdidos nos bancos da praia.[10] O novo jornal surgia como parte integrante de um conjunto maior de ações de cunho comunitário, atuando como poderoso agente de veiculação da imagem de um determinado segmento de moradores de Copacabana. Apresentando-se, "com justo orgulho", como "o semanário da elite praiana",[11] a folha não poupava esforços na confecção de um jornalismo permeado por referências de classe, ao mesmo tempo em que enraizava, de maneira muito firme, sua pauta no território atlântico.

O *Beira-Mar* nascia, portanto, de uma visceral identificação de seu projeto com seu público leitor. Ao falar no "*nosso* seleto e aristocrático bairro", na "*nossa* alta sociedade", no "*nosso grand monde*" ou na "fina flor de *nossa jeunesse dorée*", o periódico indicava que seu campo de atuação se concentrava sobre "a vida elegante das *nossas* praias".[12] A publicação era, assim, produto de um sólido sistema de troca de prestígio entre leitores e colaboradores, representando a autoidentificada "civilização praiana" diante da sociedade como um todo, mas também (e principalmente) diante de si mesma. Nesse sentido, podemos dizer que, diferentemente de *O Copacabana*, o *Beira-Mar* fora lançado sobretudo como resposta a uma demanda já consolidada do que propriamente como mais uma das tantas aventuras editoriais que pipocavam cidade afora, em geral de curta duração. Não é de estranhar que já na quinta edição suas cautelosas quatro páginas tenham saltado para oito e que em 1929 tenha pas-

Beira-Mar

Copacabana - Leme - Ipanema

EDIÇÃO DE HOJE 10 PAGINAS

Rio de Janeiro, 22 de Agosto de 1926

Anno IV — Numero 90

CONHEÇAMOS AS BELLEZAS DA C. I. L.

Quaes os leitores que já visitaram a ponta do Arpoador?

DALI SE DESCORTINAM AS MAIS BELLAS PAYSAGENS DE IPANEMA

VIAGENS DE OMNIBUS LENTAS

POR CULPA DOS PASSAGEIROS

NINGUEM LEVA DINHEIRO MEÚDO!

SILHUETAS DE COPACABANA

MIRAGENS

Capa do *Beira-Mar*, cuja redação, no segundo andar do mercado Bon Marché, virou local de encontro dos interessados no progresso de Copacabana.

sado de quinzenal a semanal, estendendo-se por mais de duas décadas. Com um projeto gráfico emprestado das folhas de grande circulação, sua capa trazia sempre um cabeçalho seguido por grandes blocos de texto, além de, infalivelmente, fotos e/ou ilustrações.

Não é difícil associar a publicação de Manoel de Sá às muitas revistas que vinham, desde os primeiros anos do século XX, povoando o imaginário urbano de leitores com variadas representações da cidade e, de modo geral, do tema da modernidade. As chamadas revistas ilustradas tinham no amplo uso de imagens, como o próprio nome indica, seu maior trunfo perante um público leitor cada vez mais cioso de seu tempo. Com um papel fundamental "na difusão de hábitos, costumes, valores e sociabilidades urbanas", revistas como *Careta*, *Fon-Fon*, *Selecta*, *O Malho* e *Para Todos*, para citar apenas algumas, investiam na construção da "visualidade e sensibilidade modernas"[13] através de uma narrativa que reverenciava insistentemente os mais diferentes aspectos da vida urbana.

Apesar de não compartilhar da estética oferecida por essas revistas (baseada, principalmente, numa combinação de capas atraentes, imagens inusitadas, diagramação elegante e uma nova linguagem jornalística apoiada no recorte, na colagem e no fragmento), o *Beira-Mar* tinha, além do papel cuchê, um poderoso ponto de interseção com tal proposta: um temário profundamente identificado com a "brasilidade" e a "modernidade". Se as revistas glosavam motes como moda, esportes, fotografia, cinema e automóveis, lançando sobre a cidade instantâneos da cada vez mais fragmentada vida na metrópole, o *Beira-Mar* reproduzia o expediente em escala local. A exemplo do que acontecia nas páginas das revistas, na folha de Manoel de Sá o espaço urbano, acrescido do adjetivo "praiano", tornava-se objeto de uma composição articulada por novas experiências subjetivas e objetivas, num amálgama entre divertimento, prazer, mobilidade, expansão e, não em menor medida, receio frente ao novo.

A despeito das muitas variações apresentadas ao longo do tempo, a linha editorial da publicação confirmava tais pressupostos: com a primeira página sempre dedicada aos assuntos prioritários da CIL (como reivindicações, acompanhamentos de obras etc.), o *Beira-Mar* explicitava sua identidade local e sua pretensão de órgão de representação do bairro. Na penúltima página estavam, infalivelmente, os indicadores profissional e comercial, seções que consistiam em listas de nomes, endereços e telefones úteis, ordenados por categoria (médicos, advogados, chaveiros, bombeiros, plantões farmacêuticos etc.). A coluna "Vida social" organizava informações relativas ao cotidiano dos moradores, como datas de aniversários, nascimentos, batizados, casamentos, partidas e chegadas de veranistas, além de abrigar uma pequena crônica mundana. A seção "Sports" se dedicava principalmente ao *football* dos clubes cariocas; em "Cinema" constava a programação das salas locais (o Atlântico e o Americano), além de algum material de divulgação comercial; a "Quinzena policial" denunciava desordeiros do bairro e repercutia o expediente do 30º distrito; e, de janeiro a março, os "Ecos da folia" ocupavam uma página inteira, reportando as atividades de clubes e blocos por toda a cidade. Somava-se às colunas fixas a publicação esporádica de poemas, folhetins, crônicas e comentários, além das abundantes fotografias de celebridades da política e das artes, bem como de moradores em flagrantes do dia a dia. Vemos, assim, uma estrutura que condensa ao princípio da localidade as premissas de um gosto moderno, conforme difundido e praticado por determinados segmentos da população da capital.

Tal projeto editorial não teria perdurado sem um grupo de colaboradores que fizesse jus às suas ambições. Um primeiro dado que chama a atenção é o fato de Manoel Nogueira de Sá ter indicado para o cargo de redator-chefe o médico Félix Guimarães, naturalmente morador de Copacabana. Afinal, nada mais adequado do que a escolha de um clínico para a redação do *Beira-Mar*, numa época em que a medicina tinha autoridade sobre o uso das praias de banho e a ciência dava o tom de uma das principais chaves de desfrute da vida moderna, o higienismo. Em 1925, o jornal era já uma publicação consolidada que saía regularmente a cada dois fins de semana, contava com uma considerável carteira de anunciantes e o prestígio da colaboração esporádica de alguns dos grandes nomes da literatura nacional de então, como Goulart de Andrade, Olegário Mariano, Gonzaga Duque e Cláudio de Souza.[14] Não menos interessante é o fato de, em maio de 1925, três anos após seu surgimento, o jornal passar a ter à frente de sua redação o escritor Manoel Theotonio de Lacerda Freire Filho, o Théo Filho, o que impulsionou o crescimento da publicação na segunda metade da década de 1920: o tamanho dobrou, oscilando então entre dez e doze páginas, anunciou-se um aumento de tiragem e a periodicidade passou para o regime semanal.[15]

O sucesso se explica porque Théo Filho era um autor extremamente popular, profundamente identificado com o estilo de vida mundano, conhecido pelas longas viagens à Europa e por sua literatura voltada para temas modernos. Era, sem dúvida, um membro da jovem elite: cosmopolita, *bon-vivant*, frequentador de cassinos, balneários e transatlânticos, tinha a seu favor uma experiência de mais de quinze anos no mercado editorial, o que lhe rendera um bom trânsito entre fontes, escritores e jornalistas. O escritor contava ainda com a simpatia do público feminino, conquistada por meio da publicação de romances como *Dona Dolorosa* (de 1910) e *Virgens amorosas* (de 1921), protagonizados por mulheres afinadas com os novos tempos. Assim como a Copacabana que representava, Théo Filho era um nome ligado a tudo o que era novo, atual e moderno na esfera urbana.

De maneira geral, podemos dizer que o projeto editorial do *Beira-Mar* baseava-se numa leitura bastante singular da modernidade, que se traduzia numa insistente, quase obsessiva, relação com a ideia de "progresso" do bairro. Fosse sob a forma de exaltação ou de reivindicação, fosse num discurso ideológico ou material, esse foi, ao longo dos seus 22 anos de existência, o lema do periódico.

Chama a atenção, nesse sentido, a recorrência com que o *Beira-Mar* publicava textos dedicados a contar a história de Copacabana. Sob títulos como "Subsídios para a história de Copacabana"[16] e "O areal de ontem e o bairro elegante de hoje",[17] o jornal foi incansável na tarefa de conferir ao antigo arrabalde uma identidade baseada em uma trajetória orientada rumo ao sucesso da civilização. Exaltando o crescimento vertiginoso de sua população e veiculando, sem reservas, o discurso sobre a ocupação de um vazio de contornos míticos, o *Beira-Mar* não poupava alusões à "interminável restinga" que dominava a paisagem local às vésperas da chegada das linhas de bonde, mencionando, não sem orgulho, que as "cabanas cobertas de sapé serviam de abrigo a pescadores que viviam isolados da cidade".[18] O trecho a seguir, de 1933, manipula tais argumentos, mostrando a linearidade civilizatória sobre a qual se teria edificado a legitimidade da então inconteste elegância copacabanense:

> Quem vê a Copacabana de hoje, de ruas calçadas e cheias de bonitas residências, não crê que há pouco mais de quarenta anos de tudo isso só havia a praia... mas sem o asseio de hoje. Era um quase deserto a que não faltava nem a areia. ... Com o advento da República, soprando um vento de renovação sobre o Brasil todo e mais particularmente sobre a cidade de Estácio de Sá, Copacabana começou a sacudir a velhice prematura que a queria envolver. Nascida, a bem dizer, há apenas 41 anos, é, indiscutivelmente, entre os bairros familiares de nossa metrópole, o que maior entusiasmo desperta na admiração dos estrangeiros que nos visitam ou que aqui se estabelecem.[19]

Ilustrado com uma foto da avenida Atlântica em 1918, o trecho insere Copacabana no cenário mais amplo das transformações históricas por que passava o país, associando o perfil do crescimento do bairro aos "ventos de renovação" dos tempos republicanos. Mais que um caso isolado de progresso, o areal do século XIX se transformara ao gosto e à velocidade do Brasil moderno. Ainda nessa direção, o autor do artigo elege o ano de 1892 como marco fundador do bairro, numa alusão explícita aos efeitos da abertura do Túnel Velho sobre a urbanização do arrabalde. Antes marcada por uma a-historicidade de contornos míticos, num panorama protagonizado por "honrados e destemidos pescadores", Copacabana, tocada pela varinha mágica da Companhia Jardim Botânico, entrava, definitivamente, nos trilhos do futuro.

Mas nem só de história se fazia a legitimidade cautelosamente construída, edição após edição, nas páginas do *Beira-Mar*. Atento a cada novo sinal de desenvolvimento do bairro, o periódico foi incansável na tarefa de contar a seus leitores os fatos que faziam com que Copacabana, "hoje abrangendo na sua área total o Leme, Ipanema e Leblon", progredisse "de modo a tornar-se o bairro *leader*, o bairro moderno por excelência".[20] Noticiando a implantação de serviços de saúde pública, de higiene, de limpeza, de policiamento, de transportes etc., não deixava espaço para dúvidas entre seus seguidores: o crescimento dos bairros atlânticos só poderia ser comparado ao de São Paulo – "progressão não aritmética, sim geométrica, vertiginosa".

No mesmo sentido, a folha de seu Manoelzinho era pródiga no lançamento de campanhas por melhorias no bairro. Não houve edição em que não se publicassem protestos contra as más condições do Túnel Novo, a precariedade dos calçamentos ou a falta de uma instituição pública de ensino. É interessante notar que tais campanhas partiam de uma leitura muito clara a respeito do lugar da CIL no mapa social da cidade. Não se podia admitir, por exemplo, a "praga de muitos ruídos suspeitos", que, logo ao alvorecer, prejudicavam o sono "de sua população aristocrática". [21] Eram condenados, dessa forma, a carroça de leite que, percorrendo o bairro durante a madrugada, buzinava "de uma forma afrontosa para a gente que se preza e vive num centro civilizado", ou, ainda, os muitos burros, galinhas e ovelhas que andavam à solta, fazendo com que as "ruas de um bairro elegante" fossem "transformadas em verdejantes capinzais".[22] Percebe-se, assim, que, mais que um dado da realidade cotidiana, o progresso era visto como um direito historicamente adquirido, mas pelo qual era preciso zelar.

A esse respeito, destacam-se as menções, ainda que esporádicas, aos diversos segmentos sociais presentes no bairro. Pretendendo-se um órgão dedicado aos assuntos locais, o jornal de seu Manoelzinho não se furtava a incluir em seu discurso alusões à "simpática festa" realizada pelos porteiros do Cinema

Atlântico (à qual "os moradores de Copacabana, que se mostram sempre tão generosos, não lhes negarão o seu concurso"),[23] ou à tristeza causada pela morte de Jacaré, figura popular que deixava "uma lacuna entre os tipos de rua de nossos bairros elegantes" e cujo enterro, "de segunda classe", foi "custeado pelos moradores de Copacabana".[24] Mesmo que sob o signo da generosidade de uma muito bem-definida categoria "moradores de Copacabana", o *Beira-Mar* falava do ponto de vista de um discurso hegemônico, mas nem por isso homogêneo. Prova disso são as notas publicadas na seção "No reino da folia", dedicada ao Carnaval, na qual o cronista noticiava os acontecimentos dos inúmeros blocos da cidade, desde os mais populares, como o Flor do Abacate, do Catete, até os mais elegantes, como o Flor do Jasmim, formado pelas "encantadoras senhoritas da nossa elite".[25]

Era, contudo, na bandeira praiana que o *Beira-Mar* tinha seu maior diferencial – não apenas em relação aos demais periódicos da cidade, como também em relação a *O Copacabana*, para o qual os signos da distinção atlântica passavam por uma incorporação da paisagem litorânea, mas não de seu uso como parte fundamental do estilo de vida moderno-aristocrático. "Rumo à praia! Para alegria dos corpos, beleza da raça e fama da terra",[26] convocava a capa do periódico, numa glosa ao mote incansável de seus redatores. Reivindicando-se como "jornal de praias", "jornal praiano" ou "o popular semanário das praias do Brasil",[27] o *Beira-Mar* fazia justiça ao nome que levava estampado desde a primeira edição, afirmando sua vocação balneária.

Com o pressuposto de que "a praia é tudo em Copacabana",[28] o *Beira-Mar* manteve uma longeva trajetória baseada numa equação bastante evidente entre a divulgação (e defesa) de um estilo de vida praiano e a identificação com a problemática urbana. Entre a areia e o asfalto, o periódico lançava um verdadeiro projeto praiano-civilizatório, cujas bases só podem ser compreendidas em meio ao processo mais amplo dentro do qual se insere a iniciativa de sua criação.[29]

A descoberta do prazer praiano

Em 1907, *O Copacabana* dava a seus seletos leitores, sob a rubrica "d'um médico estrangeiro", uma espécie de cartilha de fruição das águas marinhas. De acordo com o dr. Debay,

> – Um banho só se deve tomar passadas três ou quatro horas da última refeição, a fim de evitar perturbações na digestão.
> – Nunca se deve tomar mais que um banho por dia.
> – É sempre conveniente conservar todo o corpo debaixo d'água.
> – O corpo nunca deve estar fatigado ao entrar para o banho.
> – O corpo deve entrar totalmente na água de forma que molhe bem a cabeça.
> – Durante o banho não se deve estar quieto. Aqueles que souberem nadar, praticarão esse exercício, e os que não souberem farão os movimentos idênticos.
> – O momento de saída do banho é anunciado pelo primeiro calafrio. Não se deve ignorar esses avisos da natureza.
> – Os banhos são úteis e saudáveis em todas as épocas do ano; no verão evitam a prostração que produz a alta temperatura; no inverno ativam as combustões orgânicas.[30]

Ao leitor da nota, provavelmente morador de Copacabana, tão gabaritadas recomendações certamente não causaram espanto. Acostumado ao discurso médico que permeava sua relação com o oceano à sua porta, incorporara os banhos de mar – costumeiramente seguidos de um copo de leite consumido diretamente em um dos tantos estábulos de seu bairro – às suas atividades regulares. O Novo Rio era, afinal, o éden da salubridade.

A associação entre o desfrute marítimo e o discurso médico não era novidade. Conforme visto no Capítulo 1, as primeiras iniciativas de investimento no longínquo arrabalde já destacavam as propriedades terapêuticas do banho de mar, apresentando entre as benesses daquele bairro a criar-se sua generosidade para com os convalescentes. Do dr. Figueiredo Magalhães aos capitalistas de maior vulto, passando pela Companhia Jardim Botânico, ninguém foi indiferente ao potencial curativo da água marinha.[31]

Apesar da fluência com que o carioca do último quartel do século XIX ligava os termos "mar" e "saúde", não iam longe os tempos em que tal correspondência parecia, no mínimo, improvável. Marcada pela atividade portuária, a zona praiana fora, durante séculos, ligada ao trabalho e ao descarte de mercadorias e, não raro, de corpos. Como nos lembra Gilberto Freyre, em cidades como Rio de Janeiro, Salvador e Recife, as praias não faziam parte do cotidiano dos moradores e visitantes, servindo como local de despejos "onde se descarregavam os gordos barris transbordantes de excremento, o lixo e a porcaria das casas e das ruas; onde se atiravam bichos e negros mortos".[32]

Deve, portanto, ter causado algum espanto a regularidade com que dom João, pouco após a chegada da família real portuguesa ao Rio de Janeiro, em 1808, pôs-se a tomar banhos na praia do Caju, em São Cristóvão, próximo à residência da família real na Quinta da Boa Vista. Iniciando um movimento que paulatinamente se alastraria cidade afora, ele depositava nas águas salgadas as esperanças de cura para seus ferimentos nas pernas, fazendo das águas limpas daquela região não incluída na rota portuária parte de sua rotina real. Ainda que estranha aos hábitos locais, a atitude de dom João não pode ser interpretada como sinal de exotismo nem de pioneirismo. Recém-chegado da Europa, sua crença no poder terapêutico dos banhos de mar se inseria na já vasta bibliografia produzida sobre o tema no Velho Mundo, onde o mar passara, desde o século anterior, a fazer parte da vida das classes mais favorecidas e, mais especificamente, da aristocracia.[33]

Alain Corbin nos dá boas pistas a respeito do processo mais amplo no qual se inseria a ousadia do monarca. De acordo com o autor, os avanços da oceanografia inglesa no século XVII, tornando cientificamente decodificável aquele cenário até então desconhecido, foram de suma importância para que, em meados do século seguinte, começassem a ser notadas as primeiras mudanças de comportamento com relação ao espaço marítimo. Elevando as vantagens da água fria e salgada para a saúde, a classe médica era a grande promotora das cada vez mais recorrentes excursões das elites ao litoral. Para crianças raquíticas, erupções cutâneas, mulheres estéreis, neurose ou outros males, a receita era uma só: o banho de mar.[34] Uma vez domesticado pela legitimidade do discurso médico, o mar passava a despertar, sob a forma de pudor, o "medo da violação ocular", fazendo do imperativo da privacidade e da distância social princípios básicos do usufruto marítimo. De trajes de banho a carruagens, todo um universo de objetos e práticas começava a integrar o repertório balneário, composto de uma complexa equação entre moralidade e salubridade. Tais hábitos não tardariam a transformar a praia em palco de uma sociabilidade específica, moldada pela codificação de costumes e pela elaboração de estratégias de distinção, relacionando "cuidados individuais pessoais" a "novos esquemas de apreciação", engendrando, assim, modelos inéditos de comportamento.[35]

Nos prenúncios do século XIX a "temporada balnear" já estava plenamente incorporada ao cotidiano da aristocracia europeia, dando início à popularização do prazer à beira-mar. Ao discurso terapêutico se somaria, sem demora, o desfrute hedonístico, fazendo com que o espaço da praia coordenasse, sem maiores contradições, os princípios da cura e do prazer, deixando, aos poucos, de ser o "território do vazio" para adentrar, irreversivelmente, o itinerário da civilização. Prova disso são os grandes hotéis de lazer, associados a cassinos e balneários, que começaram a pipocar na Europa do século XIX, impulsionando uma moderna modalidade de turismo que combinava termalismo, cassinismo e paisagismo.

É provável, assim, que dom João já tivesse conhecimento do valor terapêutico dos banhos de mar ao mergulhar suas pernas nas águas do Caju. Não menos provável é o fato de que tal postura, praticada reiteradamente por ele, tenha contribuído sobremaneira para que o cenário desértico das praias cariocas desse lugar aos banhistas que, ainda timidamente, passavam a ocupar o cenário praiano.

Em meados do século XIX não eram raras as menções de viajantes às praias cariocas, assim como os anúncios de hotéis que, sobretudo em Botafogo, tinham entre seus atrativos as facilidades propiciadas pela proximidade dos banhos de mar.[36] O anúncio do Grande Hotel Balneário de Botafogo, na esquina da rua Marquês de Olinda, em 1883, por exemplo, deixa evidente o sentido dessa transformação. Oferecendo "habitação higiênica e confortável", destacava o "serviço dos banhos", que, organizado com "luxo e ciência", garantia estar em consonância com os "hotéis balneários marítimos" dos Estados Unidos e da Europa.[37]

Era, no entanto, na região central da cidade que os adeptos dos banhos matutinos se encontravam. Praias como a do Boqueirão ou da Santa Luzia serviam "tanto aos ricos como aos empregados do comércio que tinham que entrar cedo nas lojas e escritórios".[38] Com uma rotina que se repetia diariamente entre as três e as oito horas da manhã, milhares de pessoas acorriam às benesses da água marítima aproveitando-se, ao final dos banhos, das "numerosas barracas-botequins estabelecidas nas imediações" para tomar o café da manhã. As trocas de roupas eram feitas em "quartinhos de madeira, sem conforto, dotados de um banco e um espelhinho, em corredores compridos, cheirando a maresia". Na década de 1870 já eram sete estabelecimentos desse tipo só no Boqueirão, administrados por italianos e franceses, e cujo crescimento nas décadas subsequentes só veio mostrar a enorme popularização da prática balneária entre os habitantes da capital.[39]

No Centro, casas de banhos como a da praia de Santa Luzia serviam a ricos e a empregados do comércio: a prática balneária se popularizava.

Na alvorada do século XX, os investimentos na expansão urbana rumo aos bairros atlânticos confirmavam essa tendência. Copacabana, símbolo maior de tal movimento, nascia sob o signo da salubridade e da balneabilidade, numa época em que esses critérios já tinham espaço consolidado entre os argumentos em prol da civilização. Não por acaso Pereira Passos, à frente do projeto de remodelação e embelezamento que acometeu a cidade nos primeiros anos da década de 1900, não apenas expandiu o acesso àquele arrabalde (com a criação da avenida Beira-Mar e a abertura do Túnel Novo), como inviabilizou as antigas praias de banho, incorporando-as às obras da linha do cais. O recado não poderia ser mais claro: a cidade civilizada crescia rumo ao sul, e as práticas condizentes deveriam acompanhar o novo mapa da elegância.

João do Rio, em 1911, deixou um precioso testemunho sobre tal processo de transferência de hábitos balneários da zona central para os bairros atlânticos. De acordo com o cronista, os primeiros banhos aconteceram nas barcas da

Ferry, "com cordas, em pequenas cabines – uma verdadeira complicação". Mais tarde, com a construção das casas de banho no Boqueirão, estava estabelecido "o traço de união entre o mar e a urbes", num período em que "banhista* era uma profissão de tão largos proventos quanto a de motorista". A popularidade dos banhos vinha a galope:

> Com escuro ainda, antes das quatro, tomavam banho grátis, despindo-se na areia os paupérrimos. ... Com o subir do sol vinha chegando a gente de mais dinheiro na invasão dos empregados do comércio. ... Das oito às nove horas era positivamente a apoteose, no mar, nos estabelecimentos, no café. Nos estabelecimentos era a entrada e saída, o vai e vem febril, corridas de gente molhada, corridas de gente já vestida, cumprimentos, risos, apertos de mão, a cordialidade dos ajuntamentos, que leva às ligações duradouras, ao amor.[40]

"Nada, porém, é eterno", lamentava João do Rio. Nos novos tempos, quando esportes como o remo e a natação faziam do oceano um lugar de práticas alinhadas aos preceitos do progresso, quem precisasse da terapêutica marítima ia a Copacabana, onde, ao lado dos primeiros palacetes, o desfrute balneário era compulsoriamente associado ao signo da distinção. Mas se a geografia dos banhos se alterava seguindo os trilhos da especulação imobiliária, a atitude dos cariocas perante o mar seguia a mesma do século anterior – fundamentalmente terapêutica. Conforme apontam os ensinamentos do dr. Debay, a balneabilidade não deveria exceder os limites de sua necessidade, numa relação marcada pelo comedimento e pela cerimônia. Com roupas de tecido grosso, em geral azul-marinho ou de debrum vermelho, calças até os pés, *espadrilles* de lona e touca, o uniforme balneário confundia-se com uma verdadeira armadura.

Não eram apenas as ordens médicas que ditavam a parcimônia com que o mar deveria ser usufruído. As recorrentes notícias de afogamentos e "arrebatamentos" passavam a ocupar cada vez mais páginas nos matutinos de grande circulação, mostrando que a difusão de tão salutar hábito vinha acompanhada de graves inconvenientes. Consideradas "perigosíssimas", as praias dos bairros atlânticos passavam a chamar a atenção não apenas pela beleza e salubridade de

* Os "banhistas" eram homens que acompanhavam as moças, segurando-as pelos braços enquanto estas tomavam seus banhos terapêuticos.

seus domínios, mas também pelo número crescente de acidentes fatais em suas águas. Motivada por tais desastres, em 1909 a prefeitura passou a regulamentar o funcionamento dos balneários cariocas, exigindo que possuíssem "uma sala ampla e arejada, destinada a receber os afogados" e equipada com

> álcool de 40°, amônia líquida, ampolas de éter sulfúrico, solução de cafeína, óleo canforado, além de estoque obrigatório de tesouras, pinças de Laborde, abridores de boca, mordaças, pincéis para provocar vômitos, seringas, algodão hidrófilo, camisolas especiais de flanela, luvas de crina e escovas para fricções.[41]

A medida não tocava, no entanto, no cerne da questão: como *evitar* os inúmeros casos de afogamento que enlutavam famílias das mais diversas origens.

Em março de 1911, um acidente particularmente trágico estampou as páginas dos principais periódicos da cidade, dando início a uma série de reportagens sobre a questão. Ocorrida em Copacabana, a "grande desgraça" vitimara nada menos que "meia dúzia de pessoas estimadíssimas, que tinham, entre nós, posições preponderantes pela cultura e por um vasto círculo de amizades".

Logo pela manhã, como de costume, as distintas famílias do tenente Frederico Borges Júnior e do despachante da alfândega Mário Miranda, ambos moradores de Copacabana, dirigiram-se para a praia com trajes apropriados para o banho habitual. "Companheiros no banho cotidiano", entraram no mar após "ligeira palestra", desaparecendo pouco tempo depois.[42] Apesar dos esforços de José de Castro, pescador e exímio nadador que já salvara "mais de um imprudente", apenas uma pessoa sobreviveu e somente três corpos puderam ser resgatados. Além de José, outros cinco pescadores participaram do episódio, utilizando suas canoas na busca por corpos e expondo, aos olhos dos "milhares de espectadores",[43] a necessidade urgente de um "serviço público de salvamento na extensa e perigosa praia de Copacabana".[44]

A imprensa não poupou esforços na campanha pela profilaxia de acidentes relacionados ao mais novo hábito das elites locais. Indignados, diversos órgãos faziam coro com *O Paiz*, que esbravejava diante da constatação de que

> não há em país algum civilizado uma praia nas condições de abandono em que se encontra a de Copacabana, já por parte das autoridades, que não pensaram em proteger banhistas, já por parte do público, que nunca procurou dar àquele

> recanto o conforto, a alegria, o encanto que fazem de outras, muito inferiores em beleza no Velho Mundo, paragens verdadeiramente deliciosas.[45]

Mais que a "medida humanitária" que dava título à reportagem, tratava-se, como se pode perceber, de uma evidente medida civilizatória. Não por acaso, naquele mesmo ano um grupo de elegantes moradores do bairro criou a Associação de Sauvetage de Copacabana, retomando uma malograda iniciativa de 1900, quando habitantes locais fundaram a Sociedade de Socorros Balneários.

A associação entre o espaço balneário e os preceitos da elegância não era exatamente nova. Conforme visto no Capítulo 1, diversas ações pioneiras de investimento em Copacabana se valiam da dobradinha, inspirando-se em modelos europeus de ocupação litorânea para transformar a região na nova morada das elites locais. Foi, no entanto, apenas na década de 1910 que o binômio praia/elegância começou a despontar, aqui e acolá, como um projeto de inserção definitiva da capital nos rumos da civilização moderna. Fiada por

Barracão da Sociedade de Socorros Balneários, nos primeiros anos do século XX, na esquina da avenida Atlântica com a atual rua Siqueira Campos.

setores de uma intelectualidade identificada com um *ethos* cosmopolita, a valorização da praia como espaço de civilidade e modernidade tomou, sem tardar, ares de militância. À revelia dos próprios moradores (que, como constatado em reportagens de *O Copacabana*, viam na frequência praiana somente um hábito salutar), o arrabalde passou a ser pensado como cenário óbvio para a concretização de tal projeto, seja por seus atributos naturais, seja pela crescente suntuosidade de sua ocupação.

A revista *Atlântico – Magazine Mensal* foi uma iniciativa precursora nesse sentido. Fundada em 1913 e custando nada menos que seiscentos réis o exemplar (mais que o dobro do que a maior parte das revistas elegantes em circulação), o periódico levava a bandeira no nome. Contando com colaboradores como Olavo Bilac, Coelho Netto, Julia Lopes de Almeida, Lindolfo Collor e Mello Moraes Filho, *Atlântico* não escondia sua filiação com o *grand monde* carioca, o que se evidencia em suas pautas repletas de referências a cidades e personalidades europeias. Fazendo jus ao nome, o magazine afirmava que quanto mais se civilizam mais os homens amam e procuram o mar, o que se confirmaria pelo fato de que

> o Brasil se acha na longa faixa de litoral, porque é esta a parte do território realmente povoada e civilizada. Só aí há vida intensa, e conforto, e continuidade de relações sociais. Para nós, o mar é o símbolo da própria civilização, o grande caminho por onde nos chega o progresso.[46]

Lamentando que tal constatação não se traduzisse numa efetiva ocupação das praias pelo *high-life* nacional, o redator compara uma foto da avenida Atlântica ("a praia elegante no Rio de Janeiro"), onde se pode ver um banhista em meio a cerca de quarenta espectadores, à imagem de "uma praia francesa", na qual o mar está repleto de pessoas. Diante do contraste, sentencia:

> Aqui, no Rio de Janeiro, cercados das mais belas praias do mundo, não conhecemos o prazer das praias de banho. Para o carioca, o banho de mar não tem estação: é um medicamento, para as meninas anêmicas e cloróticas, ou um *sport* para os remadores. ... A própria Copacabana não é uma praia de banhos; atualmente, é um simples bairro excêntrico, e *chic*, da cidade. Há mais automóveis na avenida Atlântica do que banhistas nas areias da praia.

No mesmo sentido, em 1914 a *Revista da Semana* iniciava uma intermitente porém longeva série de três anos de reportagens que, assinadas por "Iracema", se dispunha a ensinar ao carioca os princípios comezinhos daquela que deveria ser "a vida na praia". Sob a legitimidade de quem conhecia profundamente Biarritz, Trouville e Ostende, a cronista abria a série lamentando que, entre nós, as praias desertas eram o triste testemunho da pressa e do pragmatismo que permeavam a relação de nossas elites com esse espaço. Defendendo a praia como lugar privilegiado da sociabilidade elegante, Iracema traça um verdadeiro plano civilizatório para o percurso que ia "do Leme à Igrejinha", dizendo que os *bars* que ali funcionavam deveriam ser pioneiros no provimento de condições de conforto, instalando cadeiras e para-sóis que convidassem as altas rodas da sociedade à fruição ao ar livre. O final do texto não poderia ser mais explícito:

> Sim, é necessário insistir nesta cruzada de civilização e de bom gosto; é preciso teimar no convite ao Copacabana Club para que inaugure na praia, aos domingos, um chá elegante; é indispensável decretar as tardes e as manhãs da moda nas areias douradas de Copacabana.

E, diante da foto da praia de Copacabana completamente vazia, a legenda arrematava:

> A culpa não é da *Revista da Semana* se a objetiva do seu fotógrafo não pôde deslocar para esta página um espetáculo de animação, de elegância e de beleza. A praia formosíssima lá está com seu areal em semicírculo à espera, pacientemente, de um destino melhor... Esperemos nós também, como ela.[47]

Ao que tudo indicava, a espera seria longa. Pouco mais de um ano depois, a mesma Iracema, apesar de entusiasmada com o animado verão da avenida Atlântica (pelas manhãs, "com os banhos de mar; às tardes, com o *footing*; às noites, com um verdadeiro corso de automóveis"),[48] voltava a queixar-se de que "não temos ainda o que se possa e deva chamar-se uma vida de praia. ... o que se vê no Rio pela manhã, à beira-mar, é uma população que por fantasia, em lugar de banhar-se no chuveiro, dentro de casa, vai banhar-se fora de casa na água salgada".[49]

Mais otimista era João do Rio, que, na mesma *Revista da Semana*, sob o pseudônimo de José Antonio José, festejava que, "enfim, parece certo que a paixão pelo mar entrou na moda! Com estes dias de intenso calor e de céu ardente, o interesse mundano não é a vilegiatura na montanha, mas principalmente as praias de banho". Mesmo reconhecendo a inexplicável falta de balneários na cidade ("quando devia haver dezenas"), o cronista dizia que a linha de Copacabana reproduzia um trecho de Biarritz:

> ... os que moram perto vão em traje de banho pelas ruas. Os que são ricos vão em traje de banho também, mas em automóvel. E os que moram longe e são pobres decidem-se a mudar o traje de passeio pelo jersey, e a vir para a água a pé. ... Este verão, meu amigo, trouxe definitivamente para o Rio mundano a paixão pelo mar! É de todas as modas a mais deliciosa.[50]

Descontado certo exagero, João do Rio parecia captar uma efetiva mudança de hábitos em curso na já famosa "Cidade Atlântica", conforme ele chamou Copacabana.[51] Em 1917, a própria Iracema deixava entrever algum otimismo, afirmando que, finalmente, o Rio estava "tomando posse de suas praias". Estendendo seu entusiasmo civilizatório (antes restrito a Copacabana) ao Leblon e a Ipanema, essa ferrenha defensora da vida nas praias aplaudia a inauguração do Country Club ao lado de outros indícios[52] de que, em breve, "a chamada cidade dos jardins, continuando a dilatar-se pelo litoral marítimo, para além da barra, poderá denominar-se, com propriedade, a cidade das praias".

Seu otimismo não era em vão. Se dois anos antes os cariocas viam as areias das praias como "uma espécie de terreno defeso, por onde se arriscavam apenas raras crianças pelas mãos de criadas estrangeiras e alguns solitários namorados", o cenário era, agora, bastante diverso: apareciam "as primeiras barracas de lona listrada e colorida, os primeiros para-sóis gigantes, e já nas tardes de primavera e de verão se frequentam as praias, como grandes e arejadas avenidas". Não faltava muito para que o ambicioso projeto da cronista se concretizasse, fazendo do Rio atlântico uma sequência de

> praias rutilantes, povoadas por uma multidão incalculável, como outras tantas Long Island e Biarritz, com os seus cassinos, os seus restaurantes, os seus estabelecimentos de banhos, os seus hotéis monumentais, os seus *villinos* e *chalets* de todos os estilos.[53]

Poucos meses após a franca declaração de fervor de Iracema, no entanto, uma nova tragédia voltava os olhos da população para Copacabana. Na manhã de 9 de março de 1917, o dr. Maurício França, "filho do distinto médico e conhecido industrial dr. Eduardo França", foi arrastado pelas ondas, morrendo logo após ser socorrido. O grande impacto causado pela notícia do "banho da morte"[54] evidenciava, mais uma vez, que o banho de mar, de capricho de poucos, tornara-se hábito amplamente difundido – e, como tal, deveria ser protegido pelos poderes públicos.

Sob o impacto da notícia, o então prefeito, Amaro Cavalcanti, sancionou, em 1º de maio daquele mesmo ano, o Decreto n.1.143, determinando a construção de seis postos de salvamento distribuídos pela praia de Copacabana em trechos considerados seguros para o banho. Cada trecho corresponderia a uma faixa de praia demarcada com bandeirinhas e guarnecida por uma embarcação no mar e um poste de observação na areia, onde trabalhariam os "banhistas", ou "auxiliares", como eram chamados os nadadores funcionários do município.[55] Como medida preventiva, o prefeito determinava ainda que "o banho só será permitido de 2 de abril a 30 de novembro, das 6h às 9h e das 16h às 18h. De 1º de dezembro a 31 de março, das 5h às 8h e das 17h às 19h. Nos domingos e feriados haverá uma tolerância de mais uma hora em cada período".

Não eram, no entanto, apenas os afogamentos que estavam na mira do prefeito. O decreto legislava também sobre o comportamento à beira-mar, exigindo "vestuário apropriado, guardando a necessária decência e compostura"; vetando "o trânsito de banhistas nas ruas que dão aceso às praias, sem uso de roupão ou paletós suficientemente longos, os quais deverão ser fechados ou abotoados e que só poderão ser retirados nas praias"; condenando "vozerios ou gritos" nas águas; e proibindo "a permanência de casais que se portem de modo ofensivo à moral e decoro públicos nas praias, logradouros e nos veículos". O uso das praias deixava para trás os tempos da parcimônia terapêutica, dando início a um longo período de discussões em torno dos novos estilos de vida e moralidades engendrados por sua definitiva incorporação à vida urbana carioca.

Poucos meses depois seria inaugurado o Serviço de Socorros Balneários, que consistia em quatro postos de salvamento com mastros de observação, telefones ligando-os entre si e o posto de socorros médicos, além de uma lancha para resgates.

Um dos seis postos de salvamento de banhistas implantados na avenida Atlântica, em 1917, pela prefeitura: o poder público passa a proteger os banhistas.

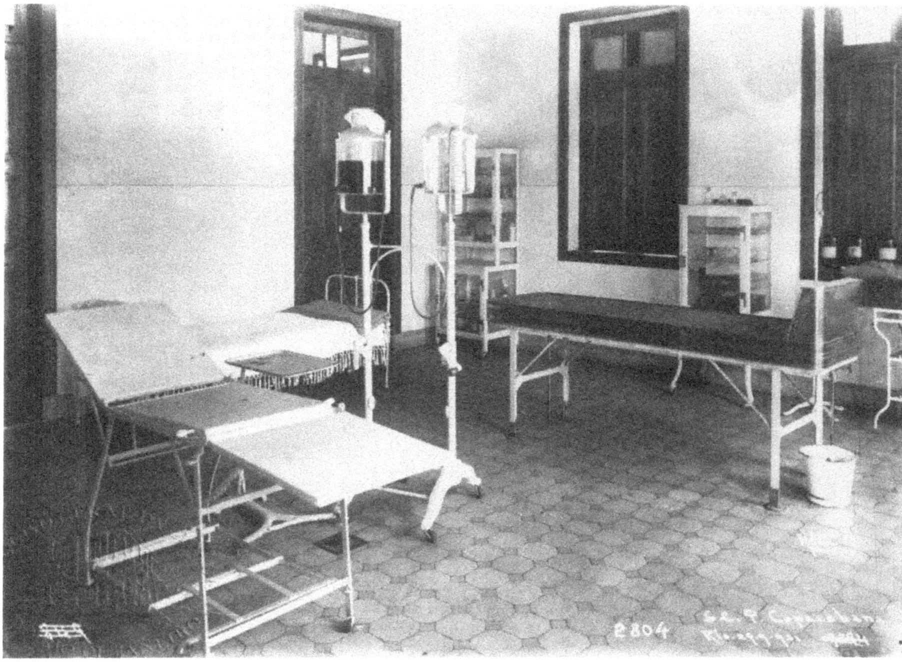

Interior dos postos de salvamento, com socorro médico: mais organização e mais segurança no uso das praias foram seguidas de regras de conduta. (Augusto Malta, 1921)

A chegada da nova década não deixava dúvidas sobre o lugar conquistado pelas praias – e, mais especificamente, pelos bairros atlânticos – no léxico da elegância e da modernidade. Fosse em charges, em instantâneos ou em anúncios de artigos voltados para o banho de mar, as páginas das revistas consumidas pelo *grand monde* carioca se rendiam ao uso da orla e, com ele, às novas formas de experimentação do espaço urbano. O Rio passava a reconhecer em artefatos como o *maillot*, as cabines de praia e os para-sóis elementos de distinção, vendo emergir um novo estilo de vida que, associado a um território específico e a determinados segmentos sociais, trazia para o rol de personagens urbanos uma figura até então marginal nas narrativas identitárias da cidade: o banhista.

Como podemos perceber, o projeto praiano-civilizatório defendido e difundido pelos redatores do *Beira-Mar* desde 1922 não pode, sob nenhum aspecto, ser resumido a um devaneio editorial. Mais que desejos abstratos de um pequeno

Banhistas passam a integrar a paisagem das praias e viram personagens de crônicas em jornais e revistas (1912).

Cenas do verão de 1919 pelas lentes de *O Malho*: o *grand monde* carioca se rende, cheio de apetrechos, ao uso da orla.

"Sereia carioca" (*O Malho*, 1919): charges ajudam a moldar um cotidiano praiano, cada vez mais colado aos hábitos das elites cariocas.

"As sereias das nossas praias" (*Revista da Semana*, 1925): o modelo de elegância e modernidade difundido pela imprensa envolvia um novo estilo de vida.

grupo de moradores de um longínquo arrabalde, o periódico condensava em suas páginas uma série de representações que se consolidavam dentro de um modelo específico de modernidade, para o qual Copacabana e suas adjacências eram estratégicas. Fruto de um processo de elaboração de mecanismos de distinção, o gosto pela vida balneária passava a ser parte inalienável de um estilo de vida referente a uma determinada posição no espaço social.

É impossível, no entanto, refletir sobre a complexidade de tal processo sem que atentemos às condições dentro do qual ele se deu. É preciso compreender as dinâmicas socioespaciais que permearam a incorporação de Copacabana ao universo da elegância carioca (e, mais que isso, aos itinerários da modernidade), viabilizando, por exemplo, que iniciativas como a criação do *Beira-Mar* aparecessem no cenário da capital.

"Onde o luxo, o conforto e a arte se reúnem"

Aquele mesmo visitante hipotético de 1922, ao se aproximar da enorme construção que se erguia, ainda em fase de acabamento, sobre a avenida Atlântica, logo se daria conta de que não se tratava de outro dos luxuosos palacetes destinados a abrigar mais uma das tantas famílias que afluíam ao bairro. As dimensões do empreendimento, a opulência dos materiais e os muitos idiomas falados entre os trabalhadores talvez fossem suficientes para que ele desconfiasse, sem demora, estar diante daquilo que seria, quando pronto, o que a "América do Sul possui de mais grandioso e luxuoso na arquitetura moderna".[56] Um olhar mais atento talvez o fizesse perceber algumas rugas de preocupação entre os responsáveis pela obra. Afinal, planejado para reluzir atlântico afora ainda naquele ano, o ritmo das obras denunciava que o palácio à beira-mar não acenderia suas luzes antes do inverno de 1923...

Quem atualmente transita por Copacabana não tem dificuldades em identificar a construção referida acima. O Copacabana Palace, o mais famoso hotel do Brasil, chega ao século XXI como parte natural da paisagem da Zona Sul carioca e como marco inabalável de uma já não menos natural associação da região a signos como status, cosmopolitismo e lazer. Destacando-se por sua dimensão e opulência, o edifício integra um panorama formado por um verdadeiro paredão de prédios de mais de dez andares que, conforme o ângulo a

Anúncio da inauguração do Copacabana Palace lista seus serviços: "Residência ideal para famílias. ... Luxuosos salões de banquetes e festas. Restaurante sob a direção de afamado chef francês."

partir do qual se olha, o tornam invisível a quem caminha pela praia. A situação encontrada por nosso visitante era, como é de imaginar, bastante diversa. Visível de qualquer ponto do Leme ou de Copacabana, em 1922 a construção de seis andares se destacava, soberana, sobre os palacetes que, com seus dois ou três pavimentos, reverenciavam a magnitude do novo edifício dando as boas-vindas à civilização que se impunha como monumento.

Para além do otimismo trazido pelo anúncio da edificação do hotel aos moradores locais, que viam na novidade uma prova definitiva do desenvolvimento do bairro, é preciso entender, no âmbito mais amplo das dinâmicas socioespaciais daquele contexto, as motivações e, principalmente, os significados da ousadia sobre a qual se ergueu tão vultoso empreendimento.

O Copacabana Palace foi construído por sugestão do então presidente Epitácio Pessoa, cujo governo (1919-22) enfrentava o desafio de repensar os contornos da nação em meio ao desgaste do modelo republicano e às discussões im-

O Copacabana Palace surgia como um monumento à modernidade num cenário em que ainda predominava a paisagem do areal. (Augusto Malta, 1923)

pulsionadas pela proximidade do centenário da Independência. Inaugurando uma década de profundos debates sobre os rumos políticos e identitários do país, sua gestão viu no emblemático 7 de setembro de 1922 uma oportunidade para reunir, sob a grandiosidade de uma Exposição Universal, diferentes momentos e personagens da história nacional, numa nítida tentativa de (re) articulação do binômio brasilidade/modernidade. Era uma agenda de busca por novos parâmetros de desenvolvimento e de elaboração identitária num momento em que, no plano internacional, os escombros da Primeira Guerra soterravam o otimismo em torno do todo-poderoso "progresso" e, no plano nacional, as greves operárias e a crescente tensão entre governo e militares punham em xeque a ordem que a República levava estampada na bandeira.

Com seus 2.500 metros, sua porta monumental situada na avenida Rio Branco, no Centro, e seus diversos pavilhões nacionais e estrangeiros, a Exposição Universal de 1922 condensava os signos de um projeto de nacionalidade valendo-se da história como discurso pedagógico. A Exposição era a materialização de um projeto de governo e, mais que isso, de nação, que partia de uma leitura muito particular da ideia de civilização.

Em meio aos preparativos para a ocasião, uma questão de ordem prática se impunha: era preciso alocar os ilustres convidados do evento em consonância com a imagem com a qual se pretendia que o Brasil fosse propagandeado mundo afora. Urbana e salubre, pontilhada de morros verdejantes e suntuosos palacetes, bucólica e moderna, Copacabana despontava como candidata ideal. Ali, defronte do oceano, respirando o ar puro da natureza junto aos ventos da novidade, os visitantes não duvidariam do modelo de civilização com que o Brasil buscava seu lugar no mapa das nações.

Procurado por Epitácio Pessoa, Otávio Guinle aceitou o desafio. Filho de Eduardo Pallasin Guinle, fundador e explorador da doca de Santos,[57] Otávio era membro de uma das mais tradicionais e ricas famílias do Brasil. Dono dos luxuosos Hotel Palace (na avenida Central, no Rio) e Hotel Esplanada (em São Paulo), seu nome aliava dois componentes fundamentais à empreitada idealizada pelo presidente: grandes somas de capital e farta experiência no ramo hoteleiro. Além de benefícios fiscais, Otávio Guinle recebeu licença para abrir um cassino dentro do hotel como meio de garantir a viabilidade de tão dispendioso investimento numa área que, até pouco tempo antes, não figurava nos roteiros turísticos elegantes da cidade.

Após comprar nada menos que uma quadra de terrenos na avenida Atlântica, o capitalista lançou no mercado títulos resgatáveis da Companhia de Hotéis Palace e contratou o francês Joseph Gire, arquiteto de ampla circulação internacional e responsável pelos projetos do Hotel Glória (concorrente direto do Copacabana Palace, inaugurado em 1922 com o mesmo fim), do palácio das Laranjeiras (erguido em 1913 para abrigar a família Guinle) e, poucos anos mais tarde (em 1930), do edifício do jornal *A Noite*, na praça Mauá (que com seus 22 andares ostentou por décadas o título de maior arranha-céu da América Latina). Inspirado em dois famosos hotéis da Riviera francesa (o Negresco, em Nice, e o Carlton, em Cannes), o projeto apresentado por Gire refletia a magnitude do que se ergueria por entre os palacetes de Copacabana. Em meio ao cimento alemão, ao mármore de Carrara, aos vidros e lustres da Tchecoslováquia, aos móveis franceses e aos cristais da Boêmia, nascia, com os 250 quartos do hotel, a firme sugestão de que aquele seria, sem tardar, o primeiro grande balneário brasileiro, herdeiro estético e ideológico de um estilo de vida identificado com os mais sofisticados metros quadrados do litoral europeu.

Mas não era apenas no âmbito nacional que o novo empreendimento de Otávio Guinle encontrava espaço. Afinal, também no plano municipal a estrutura do Rio de Janeiro reverberava, sem reservas, os muitos conflitos e ambiguidades que dinamizavam os debates em escala federal. A procura pelo equilíbrio entre o moderno e o brasileiro, inserido no contexto mais amplo de crise dos baluartes do otimismo da *belle époque*, traduzia-se, nacionalmente, num cada vez mais fervoroso embate entre diferentes concepções de modernidade que, longe de se limitar ao escopo das ideias, tentou firmar-se no campo das realizações concretas. Nesse contexto, preparando-se para as festividades do centenário, a capital da República via-se diante da missão natural de brilhar "como um sol na constelação dos estados",[58] apontando com seus traçados os caminhos rumo à civilização.

Levar à frente tais ambições não era, no entanto, tarefa das mais fáceis. Diferentemente do otimismo que, nos primeiros anos do século, circundava os defensores da "regeneração" e do "embelezamento" encampados por Pereira Passos, o debate agora girava em torno da falência de um modelo de desenvolvimento urbano e da busca por soluções para os graves problemas que se evidenciavam desde meados da década anterior. Com um crescimento populacional de mais de 40% entre 1906 e 1920, o Rio de Janeiro chegava às portas do centenário da Independência sob o signo da metropolização: por entre seus mais de 1 milhão de habitantes circulavam nada menos que 4.415 automóveis, além de 417 linhas de bonde; com cinquenta cinemas, nove teatros, vinte circos móveis, 24 jornais diários, vinte revistas semanais e dezessete mensais, além de 44 bancos e 46 companhias de navegação,[59] a cidade vivia ainda sob o fantasma da gripe espanhola (que havia poucos anos dizimara milhares de pessoas) e assistia, atônita, ao aumento das páginas policiais, ao crescimento desenfreado das favelas e aos cada vez mais frequentes casos de colisão e atropelamento. Antes propagandeada como *locus* inequívoco do progresso e da civilidade, a cidade passava, agora, a ser pensada nos termos do discurso reformista.

Sob os auspícios da técnica, a "questão urbana" tomava corpo nos debates oficiais e entre a população, pondo em cena uma nova gama de profissionais especializados que, partindo de uma concepção global da cidade, valiam-se da metáfora do organismo, emprestada do saber médico, para diagnosticar e, é claro, medicar o corpo da urbes. Nesse contexto, a questão mais geral da falta de infraestrutura passou a ser analisada por diferentes tipos de especialistas, fazendo da materialidade citadina um laboratório de discussões sobre modelos de progresso, de modernidade e, não em menor medida, de nacionalidade.

Somava-se ao discurso da inviabilidade orgânica do modelo urbano até então praticado uma evidente insatisfação com os rumos tomados no âmbito propriamente civilizatório ao longo da última década. O reformismo latente chegava também ao plano da moral, dando lugar a uma série de manifestações de desencantamento por parte de diversos setores da intelectualidade. Benjamin Costallat, por exemplo, travava uma verdadeira campanha contra os malefícios da "supercivilização", sugerindo que as picaretas do progresso haviam demolido não apenas casas, mas também as bases da tradição e da moralidade:

> De casa todos saíram à rua. A rua ficou sendo uma necessidade para os velhos, moças e crianças. E desse contato constante com a rua, com a promiscuidade da rua, com a canalhice da rua, com a publicidade da rua – perdeu a família brasileira o que lhe era mais íntimo, o que lhe era mais sagrado, o que lhe era mais sentimental; ... Quanto mais contato temos com os nossos semelhantes, com a heterogeneidade dos nossos semelhantes, piores seremos. Não são só doenças que as aglomerações provocam... O ideal, pois, seria que a grande cidade, com as suas vantagens, o requinte de seu progresso, tivesse um coração, um simples coração de aldeia![60]

Nas palavras do cronista fica evidente a crítica aos rumos de uma civilização que, ao apostar em demasia no universalismo cosmopolita, corria o risco de perder seu "coração", seu aspecto peculiar, capaz de definir o perfil singular da "aldeia" à qual deveria se adaptar tal impulso civilizatório. Sintomaticamente escrita em 1923, ano da inauguração do Copacabana Palace, a crônica se articulava, assim, a um descontentamento mais amplo que vinha se gestando entre diferentes parcelas da sociedade local em relação ao modelo de nacionalidade no qual autoridades políticas e intelectuais haviam apostado desde os primeiros tempos da República. Seu testemunho mostra que, para além do paradigma modernista, com suas diversas correntes, pensadores ligados a distintos campos de atuação começavam a desenhar e redesenhar os parâmetros da brasilidade. Não é difícil perceber, assim, que o terreno de debates sobre o sentido da nacionalidade extrapolava em muito, naquele momento, o espaço destinado a abrigar a Exposição de 1922.

Um dos foros privilegiados para pensarmos esse contexto de entrelaçamento entre reformismo urbano, saneamento moral, modelo civilizatório e identidade nacional é, sem dúvida, a polêmica que, desde o início da gestão do prefeito Carlos Sampaio (1920-22), permeou as discussões em torno da demolição do morro do Castelo. Cavalo de batalha da onda reformista que se alastrava sobre a capital da República, o debate mobilizava, numa panaceia ideológica, discursos técnicos, morais e patrióticos, explicitando a indissociabilidade entre a razão prática e o repertório simbólico. Entre o "monturo infecto" e a "colina sagrada",[61] o Castelo inspirava diferentes opiniões na imprensa e nos círculos intelectuais, envolvendo homens de letras, engenheiros e médicos numa contenda que punha em evidência os muitos projetos nacionais em disputa.

Marco de fundação da cidade, local de moradia de cerca de 5 mil pessoas distribuídas em mais de quatrocentas casas e poderosa referência no cotidiano dos cariocas, o morro do Castelo agregava, entre seus defensores, ideólogos avessos aos ditames do progresso e partidários de um modelo de nacionalidade menos colado aos índices europeus de civilização. Sob a liderança convicta de Carlos Sampaio, os que pregavam seu banimento do cenário guanabarino partiam de argumentos higienistas, estéticos e, naturalmente, civilizatórios. De acordo com o prefeito, o Castelo "produzia, por seu aspecto inestético e asqueroso, uma má impressão ao viajante, que, ao entrar na esplêndida baía do Rio de Janeiro, tinha a mesma impressão que se teria ao ver uma linda boca com o dente da frente cariado".[62] Como podemos perceber, nas entrelinhas do discurso de argumentação estética repousava uma discussão bastante mais ampla acerca da necessidade de submissão do pujante cenário natural da cidade à ordem da cultura. Ainda que profundamente valorizados como marcos indeléveis de uma nacionalidade original, os atributos naturais não deveriam representar obstáculos aos princípios de ordenação racional do espaço que norteavam a vertente de modernização urbana defendida por Carlos Sampaio.

O morro do Castelo condensava, assim, a problemática mais ampla da relação entre espaço e projeto civilizatório. Ainda nesse sentido, a crônica "A cidade branca", de Benjamin Costallat, publicada em meio à derrubada do morro, reúne muitos dos significantes em questão naquele projeto político-ideológico de modernização da cidade e da nação:

> Puseram um grande e velho morro abaixo e uma nova cidade, a cidade branca, surgiu – dirão daqui a alguns anos os cronistas futuros do Rio de Janeiro, referindo-se ao ano da graça de 1922. … Do bojo enorme do moribundo, entre o barro sangrento, como num parto monstruoso, vão saindo os elementos de existência da nova cidade! … Teremos, então, a cidade branca. … A futura cidade feita pela audácia, pela inteligência e pelo trabalho deste país, será uma cidade bem brasileira. Apesar de ser rapidamente invadida pelo "cabaré" francês, pelo "shimmy" americano e por outras epidemias mais, é de esperar que a brasileira cidade branca se conserve. … Ela de há muito é esperada! E com ela uma nova era![63]

A analogia não poderia ser mais cristalina: a derrubada do Castelo era, para o cronista, como um parto do qual nasceria a nova cidade – uma cidade virgem, sem vícios, que, isenta de passado, mirava o futuro. É nítido, ainda, que a alusão a uma cidade "branca" não era estranha aos contemporâneos que, apreensivos com as chagas das moradias populares instaladas no morro do Castelo, o identificavam como lugar majoritariamente ocupado por negros e mestiços. A cidade branca viria, então, suplantar não apenas os signos do atraso colonial como também toda uma era de imitações de modismos estrangeiros, emergindo do "barro sangrento" do passado como o resultado cirúrgico de um ambiente urbano feito da harmonia entre os costumes citadinos e os aspectos naturais. Se o Castelo simbolizava a origem mítica da cidade colonial, seu desaparecimento é aqui narrado como mito fundador de um novo modelo de nacionalidade, cujos contornos só podem ser pensados dentro dos marcos do reformismo que reunia, numa inextricável dialética, intervenção urbana e saneamento moral.

Com posicionamento radicalmente diverso, mas dialogando com um mesmo universo de significados, Lima Barreto dava seu veredicto sobre a questão com o sarcasmo que lhe era peculiar:

> Municipalidades de todo o mundo constroem casas populares; a nossa, construindo hotéis *chics*, espera que, à vista do exemplo, os habitantes da Favela e do Salgueiro modifiquem o estilo das suas barracas. Pode ser… O senhor Sampaio também tem se preocupado muito com o plano de viação geral da cidade. Quem quiser, pode ir comodamente de automóvel da avenida a Angra dos Reis, passando por Botafogo e Copacabana; mas ninguém será capaz de ir a cavalo do Jacaré a

Irajá. Todos os seus esforços tendem para a educação do povo nas coisas do luxo e do gozo. A cidade e seus habitantes, ele os quer catitas.[64]

A crítica do escritor às intervenções urbanas de Carlos Sampaio estende-se, como é visível, a um projeto político mais amplo no qual a cisão da malha urbana correspondia, sem qualquer traço de timidez, a uma cisão social. A menção à construção de "hotéis *chics*" e à fluidez do sistema viário nos caminhos que levavam à Zona Sul da cidade não era, portanto, fortuita. Ciente da nova cartografia simbólica que as reformas em curso imprimiam à capital, o autor aludia às muitas obras que, desde a gestão do prefeito Paulo de Frontin (janeiro a julho de 1919), vinham fazendo da região atlântica polo privilegiado dos investimentos municipais.

A exemplo de Carlos Sampaio, Paulo de Frontin formara-se no curso de engenharia da Escola Politécnica do Rio de Janeiro no final dos anos 1870, compondo, portanto, o grupo de engenheiros que, principalmente a partir da segunda metade do século XIX, tornou-se particularmente ativo no processo de (re)configuração do espaço urbano carioca. Associado às obras do "bota-abaixo" do

Avenida Atlântica em 1919, remodelada após as obras de Paulo de Frontin que visavam a protegê-la das sucessivas ressacas. (Augusto Malta)

Avenida Vieira Souto, em Ipanema, em 1921, com seus primeiros palacetes: rápida resposta aos investimentos feitos pela prefeitura na região. (Augusto Malta)

Leblon ainda desabitado em 1919, às vésperas do início das obras da avenida Meridional (atual Delfim Moreira). (Augusto Malta)

período Pereira Passos e, mais especificamente, à condução das obras da avenida Central, o nome de Frontin apareceu como indicação certa num momento em que o dinamismo e a eficiência eram critérios norteadores da política urbana da capital. Prefeito "densidade máxima", Frontin passou a ser conhecido pelos órgãos de imprensa que o apoiavam como "Hércules da prefeitura", que, com seus doze trabalhos previstos, mudaria em tempo recorde a fisionomia da cidade.[65]

Foi, no entanto, na orla litorânea ao sul da cidade que os projetos de Frontin tiveram maior sucesso. Além de duplicar e iluminar a avenida Atlântica, que vinha sendo castigada por sucessivas ressacas desde sua construção, o prefeito inaugurou ainda a avenida Meridional (atual Delfim Moreira) – dando vida ao até então desocupado bairro do Leblon – e a avenida Niemeyer (cuja abertura havia se iniciado três anos antes pela própria família Niemeyer). Consolidava-se, assim, um grande eixo viário que ligava o Leme a São Conrado (conhecido na época como praia da Gávea), feito do traço contínuo formado pelas avenidas praianas (Atlântica, Vieira Souto, Meridional e Niemeyer). Visando incorporar ao fluxo da expansão da cidade uma região até então pouco ocupada, Frontin dava corpo à crítica de Lima Barreto, possibilitando que cada vez mais automóveis desfrutassem a paisagem da orla e os ares marítimos.

Com uma evidente escala de urbanização que decresce de Copacabana rumo ao Leblon, as fotos das páginas 116 e 117 revelam que o caminho construído pelo prefeito destinava-se a consolidar aquele movimento iniciado ainda no final do século anterior, fazendo com que o crescimento da capital acompanhasse a orla oceânica rumo ao sul. O cenário desértico do Leblon poucos meses antes da construção da avenida Meridional explicita ainda que, mais que a resposta a uma demanda concreta, as ações de Frontin naquela região obedeciam a um projeto ligado a um modelo de ocupação urbana. A avenida Atlântica, agora remodelada, assumia a frente do bandeirantismo civilizatório, despontando no léxico da capital moderna como "colar de pérolas" a enaltecer as belezas naturais que a circundavam. A Copacabana da década de 1920 já não era, definitivamente, lugar de bucolismos.

Somando-se a tais iniciativas, em 1920 Carlos Sampaio realizou obras de saneamento e melhorias na lagoa Rodrigo de Freitas – até então habitada quase exclusivamente por "barracões" –, construindo a avenida Epitácio Pessoa e os Canais da Barra (atual Jardim de Alah) e da avenida Visconde de Albuquerque. Os bairros atlânticos abriam a década como a menina dos olhos da nova cartografia urbana, que, progressivamente, deixava para trás o tempo das projeções para encarnar, a cada ano, a materialização de uma nova ordem urbana. Copacabana passava a figurar como o novo modelo de experimentação urbana, o que pode ser comparado nas duas fotos a seguir:

Vista diurna de Copacabana em 1924, em ângulo que destaca a predominância da natureza no aristocrático arrabalde.

Vista noturna da praia de Ipanema em 1924, na qual sobressai a então recém-inaugurada iluminação noturna.

Na primeira imagem, a vegetação em primeiro plano emoldura a verdadeira cidade de palacetes erguida às margens do oceano. Na segunda, a lógica se inverte sem mudar seu sentido: as luzes da avenida servem de moldura à vastidão do oceano, num cenário no qual a beleza emerge da harmonia entre a natureza e a cultura. Era dentro desse universo de significados que a construção do Copacabana Palace encontrava espaço. Inaugurado em 13 de agosto de 1923, o hotel surgia como concretização de uma série de apostas num novo modelo de civilização que se expressava num igualmente novo mapa urbano. Não por acaso, em 1926 o *Jornal do Brasil* publicava um anúncio da Companhia Brasileira de Terrenos que, inspirado no modelo de especulação imobiliária que transformara Copacabana num padrão inequívoco de investimento, propagandeava um loteamento recém-lançado no bairro da Penha:

> Um monte de areia... o mar... o céu... um deserto a nos lembrar o abandono do imprestável! Ao longe, terminava a cidade, que nem sonhava transpor a terra íngreme. Naquele tempo eu era moço e também descria o valor daquelas terras! Se eu soubesse... se adivinhasse... Se tivesse tido a visão do seu progresso!... E no entanto continuo pobre! Ah, os maus conselheiros![66]

Os textos publicados no *Beira-Mar* em saudação à edificação do Copacabana Palace destacavam a consciência a respeito do programa dentro do qual se dava a recente valorização do bairro. Às vésperas da abertura das portas do hotel, um cronista afirmava que as "incomparáveis belezas naturais de Copacabana", casadas "às fantásticas obras do homem", tornavam-na "o mais encantador lugar do mundo". Como a reiterar os parâmetros da distinção praiana, o autor arrematava: "Salve, pois, o Copacabana Palace, fonte de todas as benemerências! De ti se vai irradiar o brilho de nosso aristocrático bairro!"[67]

Publicadas alguns meses antes no *Beira-Mar*, as "Impressões de um estrangeiro sobre Copacabana" reafirmavam o mesmo discurso. Nesse texto, Simão de Loureiro, diretor de *O Tempo*, jornal de Lisboa, dizia que "entre as inúmeras belezas que encantam o viajante que vem ao Rio de Janeiro, destaca-se Copacabana, elegantíssimo bairro, que não é um arrabalde, porque faz parte integrante da cidade, mas tem uma vida própria". Impressionado com as avenidas largas e arejadas e com os palacetes daquele "bairro aristocrático", o visitante afirmava que o Copacabana Palace só vinha a coroar tal cenário, representando o lugar "onde o luxo, o conforto e a arte se reúnem".[68]

4. Os aristocratas do Atlântico ocidental

Separada da freguesia da Gávea desde 1915, a Copacabana que entrava na década de 1920 tinha muito mais a festejar do que seu colar de pérolas adornado pelo Copacabana Palace. Agora uma unidade distrital formalmente reconhecida, os bairros atlânticos despontavam no cenário da capital federal como portadores de uma identidade urbana de contornos cada vez menos turvos ganhando paulatina autonomia no que dizia respeito a comércio, diversões, serviços públicos e, não menos importante, estatísticas. Os resultados do Censo realizado em 1920 são os primeiros dados numéricos oficiais acerca dessa parcela destacada do território carioca. Eles nos informam, por exemplo, que, dos 1.157.873 habitantes do Rio de Janeiro, 22.761 viviam em Copacabana e seus arredores praianos. A mesma fonte revela que desse montante 4.915 declaravam ser estrangeiros (entre os 239.129 habitantes da cidade vindos de outros países), e que a avenida Atlântica possuía nada menos que 116 construções, das quais apenas 32 eram térreas.[1]

É difícil, se não impossível, buscar um número aproximado dos habitantes identificados com os "modernos hábitos" e a "confortável existência" apontados por Benjamin Costallat em 1922. Podemos inferir, no entanto, que a autoidentificada aristocracia *cilense* estava, certamente, muito longe de abarcar a totalidade ou até mesmo a maioria dos residentes no bairro. Interessa, assim, compreender de que maneira aquelas representações outrora pouco coesas se reelaboraram sob os auspícios de um discurso que, respondendo ao vocativo *cilense*, tratava de se singularizar diante das altas-rodas da sociedade copacabanense e de outros segmentos da elite carioca.

"Porque nem todos são como nós"

Sob o pseudônimo de João da Praia,[2] um cronista do *Beira-Mar* oferecia, em outubro de 1923, o seguinte texto aos leitores do periódico:

> Copacabana é o sítio da saúde e, por isso mesmo, o lugar em que mais se nota atividade vital. ... O aspecto geral topográfico, o clima, os hábitos, os costumes,

> as construções, os trajes, os tipos são inteiramente diversos dos demais. Apenas o sotaque não tomou ainda feição própria, mas parece que evolui para isso. Nos bondes, nos auto-ônibus, trazem todos na fisionomia traços de quem vive uma vida sadia, sob um regime de desporto e de boa alimentação. E, com efeito, os médicos do Leme, da Igrejinha, de Ipanema e do Leblon já andam apavorados com a falta de clientes. ... Enquanto nos subúrbios cada semana é marcada pela abertura de mais uma farmácia, aqui muitas se fecham ou se transformam em perfumarias. É sem dúvida porque Deus, o higienista máximo, zela pela saúde de Copacabana.[3]

A crônica não poderia ser mais esclarecedora. Apostando na constatação de uma diferenciação visível e natural entre os moradores de Copacabana e os habitantes do restante da cidade, João da Praia começa por definir a vida aquém dos túneis por uma maior "atividade vital", o que fazia do copacabanense um tipo social específico. Mas o entusiasmo do autor ia ainda mais longe. Não satisfeito em elencar os critérios de diferenciação *in loco*, ele defende que os signos de distinção eram fortes a ponto de se inscreverem no corpo dos moradores da CIL, tornando-os reconhecíveis por toda a cidade. Fosse na elaboração de um sotaque próprio ou em fisionomias e traços reveladores de uma "vida sadia", os *cilenses* podiam ser facilmente identificados em qualquer parte, até mesmo na fugacidade de uma viagem de bonde. Numa clara atualização do discurso higienista que vinha, desde meados do século anterior, garantindo a valorização daquele arrabalde sob o mote da salubridade, o cronista não esconde seu orgulho ao falar da substituição das farmácias por perfumarias como sinal de uma evolução fiada pelos índices da civilização.

Com o argumento da superioridade inconteste, uma vez que inscrita na natureza (topográfica, climática e fisionômica), João da Praia articula, com destreza, os signos de uma distinção reivindicada (e justificada) nos termos do discurso científico. Num contraste marcante com seu máximo opositor simbólico, os "subúrbios", o Rio atlântico ressignificava a ideologia higienista, transplantando-a para o plano da estética e dos cuidados vinculados a um estilo de vida firmemente calcado na exposição do corpo. Belos, fortes e saudáveis, os membros da elite de Copacabana afirmavam seu prestígio para além dos elementos de cultura e civilização *stricto sensu*. Era com o próprio corpo que tentavam fazer jus ao título com que se apresentavam: uma verdadeira *aristocracia*, definida não pela hereditariedade, mas pelo sentido etimológico da palavra – o "governo dos *melhores*". Eleita pela natureza e por Deus ("o higienista máximo"), e seguindo à risca as cartilhas da ciência e da civilização, a aristocracia copacabanense parecia não ter dúvidas a respeito do repertório sobre o qual buscava formar sua unidade simbólica.

A continuação da crônica permite ver que a construção da imagem daquele segmento tinha ainda outra prerrogativa: uma vez eleito por Deus e pela natureza, constituía também, inequivocamente, a nata da sociedade.

> Atualmente, S. Exa., o sr. prefeito, é nosso conterrâneo, na verdadeira acepção da palavra. Pisa, como nós, a areia salgada destas plagas. Copacabana é, por certo, logicamente, a metrópole do município neutro.* ... Somos dos melhores contribuintes, temos a nosso favor a natureza, atendemos prontamente às exigências que nos fazem para o embelezamento da mais elegante cidade do mundo. É para os nossos lados que o estrangeiro contemplativo lança suas vistas ávidas de emoções estéticas. É aqui, enfim, que todos se deslumbram diante do mar, diante da montanha, sob o brilho deste nosso sol, que é o mais doirado de todos. E se tudo que é nosso tem um feitio tão especial, tão característico, temos o direito de exigir para nós também carinhos que não se prodigalizam indiferentemente, porque nem todos são como nós.

João da Praia abre o trecho lembrando que o então prefeito, Alaor Prata, morava em Copacabana para, em seguida, defender que o bairro era, "por certo", a metrópole da capital. Tomado em sua acepção etimológica, o termo *metrópole* designa "o ventre da cidade", donde percebemos o investimento do cronista na ideia de centralidade do bairro na vida urbana da cidade. As linhas que se seguem revelam os critérios empregados na defesa de tal centralidade: além da distinção "natural", largamente trabalhada no primeiro trecho transcrito, o autor fala em nome de um coletivo que reivindica seu lugar no rol dos "melhores contribuintes" e, não em menor medida, dos agentes do embelezamento da cidade. Percebe-se, assim, que o discurso evoca, ao lado dos

* Município neutro foi a designação da situação administrativa da cidade de São Sebastião do Rio de Janeiro entre 12 de agosto de 1834, quando foi proclamado o Ato Adicional à Constituição de 1824, e 15 de novembro de 1889, momento da proclamação da República.

signos naturais, físicos e civilizatórios, uma identidade de classe baseada nas evidências de que "nem todos são como nós". Mais que um dadivoso acaso, a orgulhosamente autoevocada distinção aristocrática dos *cilenses* repousava, sem ressalvas, sobre um sólido discurso de merecimento.

Passados três anos da publicação da crônica, outro redator do mesmo *Beira-Mar* reafirmava os termos da superioridade da elite atlântica numa rápida porém esclarecedora contenda com o vespertino *A Notícia*, que criticara o "desmantelamento e esquecimento dos subúrbios" perante os investimentos da prefeitura "nos bairros de gente rica", mencionando especialmente "a gente abastada de Copacabana, Ipanema e Leme".[4] Com a fúria de quem acaba de sofrer um atentado aos seus direitos naturais, o colaborador do jornal não disfarçava a indignação: "Ora, a prefeitura vive das taxas, dos impostos, e os que pagam os grandes prédios, os luxuosos palacetes não são os mesmos das casas pequenas, das habitações comuns." Defendendo que quem possui relíquias não as pode tratar sem os cuidados que merecem (pois, do contrário, seria o caso de "lançar pérolas aos porcos"), o autor garantia aos seus leitores que a CIL era o "salão de visitas" da cidade e que, portanto, deveria ser olhada "com o patriotismo ardente, febricitante dos que queiram que o nome do Brasil corra lá fora como um atestado de estética, de grandeza da nossa extraordinária terra".[5]

É difícil precisar até que ponto a unidade identitária advogada e articulada pelo *Beira-Mar* correspondia a um grupo, no sentido sociológico do termo. É possível perceber, no entanto, que, passado o período inicial de ocupação do arrabalde, quando investidores clamavam pela atenção de "capitalistas" e "jovens" e o perfil moderno do Novo Rio não passava de uma projeção abstrata, na década de 1920 tais categorias já haviam adquirido formas locais bastante nítidas. Não era mais necessária, por exemplo, a constante alusão a Botafogo (tal como acontecia nos tempos de *O Copacabana*), deixando claro que a elite atlântica passava a buscar as bases de sua legitimidade na cartilha da vida praiana, prescindindo do respaldo simbólico de grupos que a história se encarregava de tornar obsoletos.

De fato, os aristocratas da CIL pareciam ter uma ideia cristalina dos modelos de progresso, civilização e modernidade aos quais queriam se filiar, assim como das suas diferenças em relação ao antigo modelo da aristocracia de Botafogo. As recorrentes menções que faziam pelas páginas do *Beira-Mar* a balneários europeus e americanos evidenciavam que a excelência de Copacabana não se estabelecia pela comparação com praias nacionais. Apresentada como "irmã de Miami e Nice", de "Biarritz, Côte d'Azur, Deauville e outras praias famosas",[6] a praia carioca podia, na opinião sempre entusiasmada de Théo Filho, "se emparelhar às mais formosas do mundo, sem favor nenhum".[7] Havia ainda quem colocasse a praia brasileira em posição de superioridade, como Ramiz Galvão, para quem a curva copacabanense era "mais linda do que a Promenade des Anglais de Nice",[8] ou Sylvio Moreaux, que descrevia Copacabana como "a mais linda, a mais grandiosa, a mais poética praia do mundo, ao lado da qual empalidecem Miami e Palm Beach, Deauville e Biarritz".[9]

Ciosas de sua associação ao binômio urbano/praiano, as altas-rodas do bairro encontravam nas páginas do *Beira-Mar* uma verdadeira cartilha de seu modelo de civilidade e modernidade, traduzida na leveza da descrição de um dia comum nas areias daquela praia como no seguinte trecho:

> Os que prezam a saúde, a beleza e a força desceram para o oceano. … A branca faixa de areia apresentava os mais variados matizes. Aqui eram barracas de lona listada abrigando famílias de banhistas que davam a recepção costumeira, matinal, de domingo, tão elegante como a solene vesperal das quintas-feiras. … Ali são bandos de vistosas senhoritas em *maillot* de cores vivas protegendo-se do sol com sombrinhas muito enfeitadas e muito minúsculas. … Grupos alegres correm, jogam *tennis* e até mesmo *foot-ball*. Pelas ondas atravessam os nadadores destemidos que transpõem o limite marcado pela canoa do serviço de salvamento. Ao longe passam barcos veleiros de pescadores. Jangadas, botes, lanchas a gasolina são às vezes atingidas pelos banhistas. Um aeroplano voando baixo faz um barulho ensurdecedor e desvia as atenções para o ar. Velhos, moços, crianças, todos brincam, todos parecem rir mais, durante as horas de sol. E fica-se a pensar se é a gente forte que então se diverte despreocupadamente, ou se os desportos da praia é que os fazem assim. Em Copacabana, a praia tem uma feição muito característica e muito especial. Ela é o próprio bairro.[10]

O trecho mostra que saúde, força, elegância e praia faziam parte de um mesmo repertório no universo simbólico da elite copacabanense. Centrada na vida balneária, a aristocracia local via na conjugação entre a salubridade dos desportos, o bucolismo das jangadas de pescadores e o ruído cortante do aeroplano a mais perfeita tradução dos valores sobre os quais intentava construir e difundir sua identidade. Pode-se dizer, assim, que os aristocratas dos bairros atlânticos teciam para si uma representação baseada não apenas em sua posição econômica, mas também – e principalmente – num modelo de status de contornos bastante claros. Nesse sentido, é possível pensar nesse segmento social como um "grupo de status", na acepção weberiana, cuja definição se liga a critérios de honra expressos na expectativa de um estilo de vida específico por parte dos que desejam pertencer ao círculo.[11] Vejamos, então, os mecanismos de constituição de tal sentimento de pertença que garantia, na tessitura das práticas e das representações cotidianas, a reiteração de uma identidade coletiva com nítido referencial territorial.

Redes de solidariedade

Em 1919, o prefeito Paulo de Frontin recebeu em seu gabinete um documento cuja natureza em nada se destacava dos muitos outros que decerto se acumularam ao longo de sua gestão. Nele, 24 "moradores e proprietários em Copacabana", com o "intuito louvável de dotar este bairro com mais um jardim público", pediam que a prefeitura reconsiderasse as já previstas obras na praça 26 de Janeiro (atual praça do Lido) – o "que exigiria despesa não pequena em virtude do grande aterro necessário ao seu nivelamento" –, em benefício da "arborização e ajardinamento da praça Cardeal Arcoverde", que se achava "já quase completamente nivelada e em grande parte rodeada de belos e valiosos edifícios".[12]

A aparente banalidade do documento não resiste a uma leitura pormenorizada dos argumentos nos quais se pautavam os solicitantes de tão nobre causa. De acordo com os abaixo assinados, o pedido se justificava, em primeiro lugar, pelo fato de ter aquele logradouro "o nome do primeiro cardeal da América Latina, nosso atual e muito amado arcebispo,* que seria assim merecidamente homenageado". Além disso, a praça se encontrava "protegida pelos morros do Inhangá contra os ventos de alto-mar, que tanto prejudicam as plantas dos jardins e a arborização dos logradouros aos mesmos expostos".

* O pernambucano Joaquim Arcoverde de Albuquerque Cavalcanti (1850-1930), arcebispo metropolitano do Rio de Janeiro, foi proclamado cardeal em 1905.

Por fim, a solicitação sugeria que, caso o pedido não fosse atendido, ao menos se considerasse a troca de nome das referidas praças, uma vez que "o numeroso número de católicos da cidade atlântica" pretendia "perpetuar a benemerência" ao eminente arcebispo, levantando-lhe um busto na praça que tivesse seu nome e que melhor estaria "num logradouro já ajardinado".

Num primeiro plano, é interessante notar que a referência daqueles "moradores e proprietários" aos "belos e valiosos edifícios" que rodeavam a praça Cardeal Arcoverde não era vã. Conforme se vê na foto a seguir, de 1910, a região próxima a esse logradouro (à direita da imagem) reunia, desde o final da década anterior, grande número de palacetes, constituindo um dos principais polos de investimento imobiliário do novo bairro. A área correspondente à então praça 26 de Janeiro (na parte superior esquerda da foto), por sua vez, permanecia como um descampado em meio à crescente ocupação do bairro, já que aquelas terras continuariam em litígio até meados da década de 1920.

Copacabana em 1910. À esquerda, junto à orla, a praça 26 de Janeiro (atual praça do Lido) permanecia sem construções; ao fundo, à direita, a futura praça Cardeal Arcoverde. (Augusto Malta)

Percebemos, assim, que outros sentidos se escondiam por trás dos argumentos apresentados pelos solicitantes. Por mais que o justificassem pela conveniência do tributo ao arcebispo do Rio de Janeiro, tal pedido se inseria na lógica do capital imobiliário que, desde os primórdios da ocupação do arrabalde, no século anterior, vinha redesenhando a geografia local a partir da agência de setores específicos da sociedade civil em parceria com os cofres públicos. O ajardinamento da praça Cardeal Arcoverde representaria mais um elo dessa cadeia, tornando mais aprazível – e, portanto, mais valorizado – um trecho já largamente agraciado pelos interesses do capital privado.

Praça Cardeal Arcoverde com Posto de Salvamento em construção: região valorizada pelo setor imobiliário já em 1921. (Augusto Malta)

Não menos interessante é o argumento central utilizado para dar corpo à solicitação: a homenagem ao arcebispo que dava nome à praça. Destacando o "numeroso número de católicos da cidade atlântica", os abaixo assinados deixavam entrever um dos principais elementos de articulação identitária daquele coletivo vagamente identificado pela categoria "moradores e proprietários": a religiosidade. Com efeito, conforme visto no Capítulo 1, ao longo do século XIX aquela região era quase exclusivamente visitada por romeiros que por ali se aventuravam para alcançar a Igrejinha que abrigava a imagem de Nossa Senhora de Copacabana. Conhecida (e nomeada) em função de tal desígnio, Copacabana teve na mobilização em torno da formação de uma paróquia um dos principais fatores de articulação das pessoas que ali chegavam nos primórdios do século XX, guiadas pelo intuito de fazer do arrabalde o mais novo núcleo de civilização e de distinção da capital republicana. Vale destacar, nesse sentido, os esforços daqueles moradores recém-chegados em torno da criação da Irmandade do Senhor do Bonfim, que, com o auxílio financeiro dos fiéis da região, deu origem à edificação de uma modesta capela situada na esquina das ruas do Barroso e Barata Ribeiro em 1908. Poucos anos mais tarde, sob o empenho dos mesmos fiadores, a capela foi substituída pela matriz do Senhor do Bonfim, cuja edificação parecia finalmente fazer jus à "generosidade religiosa dos católicos de Copacabana".[13]

Matriz do Senhor do Bonfim, na esquina das ruas do Barroso e Barata Ribeiro, em 1922: a religiosidade era um elemento de identidade da alta sociedade praiana.

Um último argumento, por fim, amparava a solicitação. Ao frisarem que a praça Cardeal Arcoverde se encontrava "protegida pelos morros do Inhangá", estando, portanto, isenta da ação nociva dos ventos marítimos sobre a vegetação, os solicitantes exibiam ao prefeito um saber local especializado, baseado em uma larga experiência em meio à topografia praiana que tinha, como queriam demonstrar, características peculiares com relação a outras partes da cidade.

Forjando um "nós" católico e praiano, ao qual se agregavam fortes interesses imobiliários, os abaixo assinados esclareciam que a construção de uma unidade socialmente reconhecível para os moradores de Copacabana não servia apenas ao projeto editorial de um semanário de modestas pretensões. Era também (e, talvez, acima de tudo) uma estratégia de articulação civil, cultural e, em muitos sentidos, política.

Mas a análise do documento não estaria completa sem uma vista d'olhos sobre os nomes que figuram entre os solicitantes. Entre eles estavam, por exemplo, Joaquim Oliveira, então vigário de Copacabana, Afrânio de Melo Franco, conde e condessa de Paranaguá, conde de Agrolongo e Custódio de Viveiros. Nascido em 1870, Afrânio de Melo Franco se mudara em 1906, logo após ser eleito deputado federal, para "a casa-grande de Copacabana" que mandara erguer no ano anterior. Situada no número 806 da avenida Nossa Senhora de Copacabana, tratava-se de um palacete que serviu como ponto de encontro de políticos da República, sediando os bastidores de eventos como o período de interinidade do governo de Delfim Moreira, em 1918, e a campanha pela eleição de Arthur Bernardes, em 1922. Quinze anos mais velho que Melo Franco, o conde de Paranaguá – que residia no número 750 da avenida Atlântica[14] – se destacara já no século XIX como uma alta autoridade política do Império. Havia presidido as províncias da Amazônia (1882 e 1884) e de Santa Catarina (1884 e 1885), antes de submergir politicamente após a proclamação da República. Já o português conde de Agrolongo, nascido em 1853, chegara ao Brasil com dez anos de idade, firmando-se bem cedo como um importante industrial no ramo do tabaco. Custódio de Viveiros, então um jovem escritor e futuro colaborador do *Beira-Mar*,[15] se firmaria uma década mais tarde como um grande articulador do Integralismo.

Apesar de muito reduzida, essa amostragem não deixa dúvidas acerca da heterogeneidade daqueles sobre os quais se construíam as representações de identidade e de unidade da "aristocracia" local. Embora pudessem ser vistos de maneira indiferenciada como membros das elites políticas e econômicas da nação, eles estavam longe de compartir as mesmas atividades, crenças políticas, faixas etárias ou origens nacionais. A aproximá-los estava, de início, somente o fato de terem se encantado pelos atrativos do Novo Rio, mudando-se para Copacabana quando o bairro ainda era, na prática, pouco mais do que um areal.

Ao assinar aquele documento, no entanto, eles se colocavam, indiferenciadamente, na condição de defensores dos interesses do bairro – ou, ao menos, daquela parcela de moradores na qual se incluíam. No intuito de defender seus interesses e pontos de vista compartilhados, aqueles políticos, industriais e intelectuais de distintas gerações, origens e orientação ideológica partiam de elementos como a religião, o poder aquisitivo e a pertença territorial para sedimentarem um código de status comum. Era sobre esses elementos que se amparavam tanto seu pleito quanto a identidade que tentavam expressar através dele.

O lançamento do *Beira-Mar*, três anos mais tarde, deixou inúmeros registros que nos permitem ir um pouco mais longe na caracterização do perfil daqueles que, ao longo da década de 1920, atuaram como sujeitos ativos da articulação da imagem com a qual Copacabana passava a ser vista por toda a cidade. Ao narrar semanalmente as movimentações da sociedade por eles cunhada de *cilense*, os colaboradores do periódico deixavam entrever quais os perfis sociais que, através de um sólido sistema de partilha dos critérios de estima social, ancoravam aquelas representações cada vez mais firmemente associadas aos bairros atlânticos.

Pela coluna "Os que chegam e os que partem" somos informados, por exemplo, que João Clapp Filho, "figura de destaque pelo seu prestígio político, esmerada educação e qualidades morais",[16] voltava a residir no bairro após uma longa estada em Petrópolis. Filho de João Clapp, presidente da Confederação Abolicionista, o dileto morador do bairro e sua família eram pauta frequente da coluna sobre "vida social", sendo recorrentemente homenageados. De regresso de uma viagem ao Velho Mundo também retornavam a Copacabana "o grande industrial e capitalista" Joaquim Silva Cardoso e sua esposa, enquanto o sr. dr. Carlos Bezerra partia com a família rumo ao Paraná, para reassumir seu cargo de diretor de Assistência.[17] A mesma coluna avisava aos leitores que o comendador Ferreira Pinto seguira para Caxambu, em Minas Gerais, com sua família,[18] enquanto o dr. Assis Brasil[19] e o sr. Otto Schuback, que era "representante dos afamados fogões Junker",[20] fixavam residência em Copacabana. Este último parece ter estabelecido sem demora um grande círculo de amizades no bairro, pois, dois meses após sua transferência, o *Beira-Mar* registrou a presença de "ilustres famílias copacabanenses" na piscina de sua casa, em Petrópolis.[21] Também de volta a Copacabana estavam o dr. Augusto Olympio Viveiros de Castro, "ministro do Supremo Tribunal Federal",[22] e o "capitalista" Eduardo Duvivier,[23] que retornavam de Petrópolis acompanhados de suas famílias. A edição de 20 de abril de 1924 noticiava a mudança de mais três "ilustres" moradores para o bairro: o comandante Eustachio Martins Câmara, o "alto funcionário do Ministério da Agricultura" dr. Raimundo de Castro e o "alto funcionário do Tesouro Federal" dr. Carlos de Souza Dantas, todos naturalmente acompanhados de suas famílias. Igualmente festejadas foram a mudança do poeta Olegário Mariano para o bairro e a volta do demógrafo e sanitarista Bulhões de Carvalho, após uma temporada em Lambari (Minas Gerais). Ao longo daqueles anos, portanto, novos sujeitos eram incorporados pelos redatores do jornal à identidade *cilense* em construção.

Ainda que não se possa atribuir à totalidade dos assim chamados aristocratas praianos o mesmo prestígio social, financeiro e político sugerido por esses exemplos, o destaque que eles mereciam nas páginas do jornal indica o perfil que se desejava afirmar para os moradores do bairro. Essas notas revelam que ao adjetivo *cilense* somavam-se, quase espontaneamente, dois elementos fundamentais: os pomposos predicados morais e profissionais e, não menos importante, a presença inequívoca da família como fator de identificação e de legitimação do indivíduo.

Tais notas permitem também entrever práticas que, para além da diversidade ocupacional dos moradores do bairro, explicitavam valores comuns àquele grupo de status. Podemos citar, nesse sentido, a frequência com que são narradas viagens a Petrópolis, a estações mineiras de água (como Caxambu, Lambari e São Lourenço), à Europa (sobretudo Lisboa) e, progressivamente, aos Estados Unidos. Somados ao número crescente de anúncios publicados na língua inglesa e à importância dada pelo periódico aos assuntos de interesse da colônia portuguesa,[24] tais aspectos despontam como indícios não apenas da valorização de um *ethos* cosmopolita por aquele público como da presença considerável de estrangeiros na "aristocracia *cilense*".

Porém, mais interessante do que a mera listagem de nomes e sobrenomes são as inúmeras relações que se evidenciam a partir da leitura prolongada dessas notas sociais. É fácil perceber que, com o passar dos meses, as mesmas figuras aparecem em situações diversas, encontrando-se em eventos locais e estabelecendo laços que vão desde a assiduidade em *lunchs* e *soirées* oferecidos em suas casas até vínculos matrimoniais ou de compadrio. Era o que acontecia, por exemplo, em 24 de janeiro de 1924, na igreja Nossa Senhora da Paz, em Ipanema,[25] por ocasião do enlace entre Celia Macedo Soares e o dr. Fernando Guimarães ("filho do sr. desembargador Celso Guimarães, uma das figuras de maior relevo na magistratura brasileira").[26] Como testemunhas, os noivos contaram com Conrado Niemeyer – comendador em cujas terras estava a praia da Gávea e responsável, em 1915, pela abertura da estrada que ligava suas terras ao Leblon (atual avenida Niemeyer) – e José Linhares, o então jovem advogado que viria, em 1945, a assumir a Presidência da República por três meses.

Mais claro ainda era o caso de Joaquim Faustino Ramos, "honrado comerciante de nossa praça", que, no dia 18 de novembro de 1922, abria as portas de seu novo palacete, situado no número 432 da rua Barata Ribeiro, para que "pessoas de sua relação" participassem da cerimônia de bênção da residência, a ser oficiada pelo "reverendíssimo frei Domingos". Alguns meses depois, em 29 de março de 1923, o mesmo palacete abrigaria a celebração do matrimônio da "gentil senhorita" Catharina Faustino Ramos, sua filha, com o sr. João Dias Marques, "do nosso comércio". Realizado na igreja da Glória, o enlace teve por testemunhas civis o proprietário do *Beira-Mar*, Manoel Nogueira de Sá, e sua esposa, que serviram ainda de padrinhos do noivo no ato religioso.[27] A foto a seguir, tirada na ocasião e reproduzida nas páginas do jornal, não deixava dúvidas sobre a distinção que se tentava imprimir ao evento.

Distinção nas páginas do *Beira-Mar* em 1923: o casamento de Catharina Faustino Ramos com João Dias Marques foi festejado em palacete da rua Barata Ribeiro.

Em 8 de junho do ano seguinte, o periódico anunciava o batizado de Sylvia, "linda filhinha do casal", realizado na matriz do Senhor do Bonfim sob a bênção de seus avós, Joaquim Faustino Ramos e Alicia Faustino Ramos. Após um mês, o mesmo Joaquim Faustino Ramos figurava ao lado de vários dos presentes aos três eventos (os dois enlaces e o batizado) num abaixo-assinado que pedia ao dr. Francisco Sá, então ministro de Viação e Obras, a instalação de iluminação elétrica na rua Santa Clara.

Os exemplos de encontros e confraternizações se repetem à exaustão com diversos personagens da vida *cilense*. Reunindo-se em prol dos interesses do bairro, circulando em eventos sociais e participando reciprocamente de rituais da vida de seus conterrâneos, os "aristocratas" dos bairros atlânticos acabavam por estabelecer uma rede social baseada na indissociabilidade dos critérios de territorialidade e de prestígio. Tal rede se estabelecia em torno de indivíduos que, sob quaisquer aspectos, se inseriam no quadro mais amplo das camadas elitizadas da sociedade carioca. Em vista disso, os novos moradores de Copacabana são, não raro, definidos como uma "nova elite", "mais jovem e mais progressista", na qual se encontravam "industriais novos-ricos, médicos e advogados que tinham feito fortuna, assim como imigrantes agressivos que desejavam compartilhar de uma vida mais moderna".[28]

Conforme revelam os testemunhos, essa definição é, no mínimo, simplificadora. Longe de constituir um setor de perfil inteiramente novo, naturalmente surgido do frescor das areias atlânticas, a "aristocracia praiana" se articulava socialmente de um modo bastante complexo e diversificado, que, apesar de efetivamente reunido em torno de valores modernos, não pode, sob nenhum aspecto, ser resumido a uma "nova elite". É o que mostra, por exemplo, o fato de jovens industriais vinculados a ramos modernos de produção (como Otto Schuback) dividirem o espaço e o entusiasmo praiano com membros dos setores industriais tradicionais (como o conde de Agrolongo); ou de setores ligados à política imperial (caso do conde de Paranaguá) se colocarem lado a lado com representantes da ordem republicana (como Afrânio de Melo Franco).

Igreja, praia e clube

Muito além do espaço restrito dos palacetes, nos quais os moradores de Copacabana recebiam os familiares e amigos mais próximos, a sociabilidade da aristocracia *cilense* se exercitava preferencialmente em três ambientes: a igreja, a praia e os clubes sociais.

Conforme sugere a homenagem que os "proprietários e moradores" de Copacabana pretendiam prestar ao arcebispo Arcoverde, a religiosidade articulava uma gama bastante significativa dos valores e rituais sobre os quais se baseavam as estratégias de comunização de sua rede social. A matriz do Senhor do Bonfim e a igreja Nossa Senhora da Paz, sediando casamentos, batizados e comunhões, despontavam como templos da sociabilidade local, servindo não apenas à consolidação de laços de conjugalidade e de compadrio como também ao encontro habitual da elite copacabanense. São bastante reveladores os recorrentes anúncios do (intenso) movimento paroquial na matriz Senhor do Bonfim[29] ou as muitas notícias de ações de assistência social ali sediadas e invariavelmente organizadas pelas "mais distintas senhoritas de nossa elite".[30] Mas o grande evento era, sem sombra de dúvida, a missa dominical das onze horas. Ali, depois do culto semanal, dava-se um verdadeiro *rendez-vous* entre as famílias *cilenses*, conforme atestam alguns dos abundantes registros fotográficos publicados no *Beira-Mar*.

As imagens trazem senhoras, senhores, senhoritas, rapazes e crianças impecavelmente vestidos e em clima de confraternização. Chama a atenção, na segunda foto da página seguinte, o contraste entre a elegância dos trajes e a ausência de calçamento à frente da igreja Nossa Senhora da Paz, revelando que o ritmo do projeto civilizatório não era o mesmo nas diferentes regiões da CIL. Ainda assim, a imagem sugere um processo de setorização das atividades e da sociabilidade local: com uma igreja própria, os moradores de Ipanema já podiam prescindir dos serviços religiosos de Copacabana, num movimento que, em poucos anos, se estenderia também ao uso da praia.

Apesar de constituir um elemento central à construção daquele discurso identitário, a ida à igreja não representava um distintivo daquelas famílias frente ao quadro abrangente das elites cariocas. Era, assim, no espaço da praia que a aristocracia da CIL exercitava seu diferencial, marcando lugar nos mapas espacial e social da capital republicana. Não por acaso, em 1924, o *Beira-Mar* sentenciava: "Ir à praia é tanto uma obrigação elegante como frequentar o Municipal e os chás do Copacabana [Palace]. O Posto 4 é o reduto *chic* onde o *set* carioca se dá *rendez-vous*. Quem não vai ao Posto 4 não é elegante."[31]

Saída da missa na matriz de Copacabana (1924): ponto de encontro habitual das famílias da elite.

Após o culto na igreja Nossa Senhora da Paz (1923): com templo próprio, moradores de Ipanema já não precisavam ir até Copacabana.

Essa sociabilidade praiana, tal como praticada desde o início da década de 1920, acontecia de duas formas: pelo *footing* na avenida Atlântica, que dava continuidade a uma prática inaugurada ainda na década de 1900 pelos primeiros "aristocratas" locais, e pela efetiva permanência na areia. O anúncio de que por iniciativa do dr. Luiz Torre, "proprietário da Empresa Balneária que explora as barracas para banho em Copacabana", seriam implantados bancos de dez em dez metros na avenida Atlântica[32] nos aponta um forte indício da popularização da vida social à beira-mar. Com efeito, era na "hora dourada e fútil do *footing*"[33] que as belas senhoritas desfilavam suas toaletes e se faziam notar, dando forma, nome e sobrenome à juventude elegante e saudável da qual tanto se orgulhavam os entusiastas dos bairros atlânticos.

Se o *footing* reproduzia, ainda que com cores locais, um costume conhecido (e reconhecido) em toda a cidade havia cerca de duas décadas, a confraternização no espaço da praia consistia numa novidade sobre a qual os bairros atlânticos podiam reivindicar legítimo pioneirismo. Uma vez consolidado o hábito do banho de mar ao longo da década anterior (como visto no Capítulo 3), os anos 1920 assistiram a uma rápida ascensão da praia como local de práticas específicas de interação social. O seguinte trecho de crônica de Benjamin Costallat, escrita em 1926, é sintomático:

> A praia toma ares de uma recepção no Jockey Club.
>
> – Boa tarde.
>
> – Boa tarde!
>
> Mãos que se entregam molemente. Cabeças que balançam de leve, muito de leve, com medo de se despentear. ... Todas aquelas banhistas pintadas, com muito pó de arroz no nariz. ... Na praia, junto ao roupão, lá estão o *rouge*, o batom, o pó de arroz. ... Quanto ao banho, esse nunca vem. Elas já tomaram em casa, antes de sair...[34]

Não menos revelador é o fato de, naquela década, não haver revista moderna carioca que de dezembro a março não publicasse ao menos uma foto de grupos elegantemente reunidos na areia, em situação de sociabilidade e sem alusão a banho de mar. Nas fotos da página seguinte, publicadas durante o verão de 1928, vemos que o uso da praia já extrapolava, em muito, o discurso médico que até pouco tempo antes o monopolizava.

Na década de 1920, o *footing* consolidou a vida social praiana, iniciada na década anterior com a prática dos banhos de mar. (Augusto Malta)

As praias foram perdendo a conotação de local de tratamento médico e passaram a significar também reduto de lazer e de sociabilidades.

A figura da banhista ganhava espaço no imaginário e no cotidiano dos cariocas, estampando as revistas que veiculavam um estilo de vida moderno.

No mesmo sentido, em 1926, a *Revista da Semana*, principal baluarte da difusão da vida praiana na década de 1910, sugeria a adoção de barracas de praia que servissem não apenas ao abrigo dos raios solares como também à sesta, à mudança de roupa ou, ainda, à recepção de "amigas para tomarem um chá ou um refresco".[35] A sugestão se baseava no fato de que

> nos últimos tempos, para se tomarem banhos de mar tanto faz entrar n'água como não. A condição principal, essencial do banho moderno, é a permanência na praia. ... É forçoso, é indispensável "praiar". Todo banhista, cavalheiro ou dama, que se preza observa estes dois princípios fundamentais: vestir-se o menos possível e demorar-se o mais possível nas atitudes e conciliábulos da areia. Ali se combinam bailes e festas, se trocam os potins da véspera, se lisonjeia, se escarnece, se intriga, se *flirta*. Quem tem em alguma conta a sua elegância, o seu modernismo, a sua dignidade mundana ali comparece a gozar o espetáculo alheio e dar-se em espetáculo aos outros.[36]

O texto é explícito: a praia entrara, definitivamente, para o rol dos espaços privilegiados da sociabilidade elegante, rivalizando em pé de igualdade com os mais tradicionais pontos do *rendez-vous* carioca (como o Jockey, a avenida Central ou até mesmo o Teatro Municipal). Observando, deixando-se observar ou palestrando, o "praiar" chegava como verbo obrigatório ao novo dicionário da distinção carioca. Já distante do discurso higienista, o uso da praia respondia, aos olhos dos "aristocratas" de Copacabana, à cartilha da civilidade.

Por fim, reunindo elementos dos padrões de convivência religiosa e praiana, os clubes sociais despontaram, no final da década de 1920, como importantes polos agregadores das famílias locais. Precedidos pelo Country Club, em Ipanema (inaugurado em 1915), o Atlântico Club (no Posto 6), o Arpoador Club e o Praia Club (no Posto 4) abriram as portas de seus salões em 1927, oferecendo à comunidade *cilense* uma nova forma de usufruto da vida social à beira-mar. Embora a composição dos clubes fosse predominantemente jovem, sua criação e organização cabiam às famílias. Com uma identidade fortemente ligada ao mundo praiano, tais clubes zelavam pelo conforto de seus sócios instalando amplas barracas nas areias de Copacabana, mesmo fora da "estação balneária".[37] Atuavam também na organização de atividades esportivas (apesar de não participarem de competições oficiais) e, acima de tudo, promoviam festas e eventos como a "Festa da Sombrinha", a "Hora do Sorvete" e a "Festa da Ventarola", numa incorporação do temário tropical que permeava a identidade praiana do copacabanense.

Mais interessante do que a programação dos clubes era o tom com que os colaboradores do *Beira-Mar* se referiam à sua importância – o que nos dá boas pistas para compreender seu sucesso entre a elite dos bairros atlânticos. Apresentados como relevantes agentes "na evolução dos nossos costumes", esses clubes eram reiteradamente responsabilizados pela emergência de um "espírito de fraternidade" entre os *cilenses*:

> Os *clubs* são, por assim dizer, as molas do nosso progresso; eles nos conduzem e a eles é que devemos a expansão moral e intelectual das nossas famílias, que, em outros tempos, se encerravam entre as quatro paredes de uma reserva condenável. O Praia, o Atlântico e o Arpoador promoveram, pouco a pouco, a união da nossa sociedade, congraçando velhos e moços num mesmo círculo de simpatias, e fazendo com que o gosto pelos *sports*, pelas reuniões de arte e pelas palestras nos estimulasse para um desenvolvimento geral...[38]

Vemos, assim, que os clubes eram identificados com uma dinâmica social que, tendo na família sua unidade-base, associava o progresso moral e intelectual ao desenvolvimento do espírito de coletividade. Percebemos, com isso, que a formação de uma unidade *cilense* articulada em torno de padrões bem-definidos de sociabilidade e de sólidas estratégias de comunização era parte essencial do projeto praiano-civilizatório através do qual aquele segmento buscava se diferenciar em meio à sociedade carioca.

Pensar esse segmento em tais termos não implica, contudo, partir do pressuposto de que seus agentes compactuavam, em algum nível, com uma espécie de isolamento espacial ou social. Apesar de muito cientes (e muito ciosos) de suas especificidades, os *cilenses* circulavam ativamente por distintos territórios e mundos sociais sem que, para tanto, se vissem desafiados a abrir mão dos mecanismos de partilha que os mantinham vinculados à elite praiana. Pelo contrário. Conforme revelam os inúmeros testemunhos de viagens a Petrópolis, a Caxambu, à Europa etc., bem como as frequentes menções a idas ao Teatro Municipal ou à Confeitaria Alvear (ambos no Centro), a circulação por variados ambientes ligados às altas-rodas da sociedade carioca (e, em diversos sentidos, mundial) só reforçava os signos de distinção sobre os quais se baseava aquele grupo.

Pelas páginas do *Beira-Mar* os *cilenses* tinham acesso aos acontecimentos mundanos, seja da praia de Icaraí, em Niterói, seja do bairro da Tijuca, na Zona Norte. Em ambos os casos, o que se evidencia é a tentativa de articulação do público local com a categoria "elite" de forma mais ampla. Icaraí, por exemplo, não partilhava com Copacabana apenas a condição balneária, mas também padrões sociais semelhantes que faziam com que os moradores das duas localidades pertencessem à mesma "sociedade". No mesmo sentido, o fato de o Tijuca Tennis Club possuir uma coluna fixa no periódico praiano de Copacabana se explicava pela presença, naquele bairro, de muitas das tradicionais famílias cariocas com as quais os *cilenses* comungavam signos de distinção social. Mas as estratégias de legitimação de seu discurso aristocrático não se restringiam ao universo relacional estabelecido pelos *cilenses* com seus pares. Era também na interação com os "outros" que o discurso se construía, fazendo do antagonismo com determinados grupos e práticas um importante recurso afirmativo.

Uns e outros

Unidos em torno de critérios como religiosidade, estima social e padrões de sociabilidade, os *cilenses* baseavam seu sentimento de pertença em uma equação que somava à forte referência territorial evidentes distintivos de classe. Mas tais elementos não são suficientes para explicar a hegemonia de um discurso que, a despeito da grande desvantagem numérica de seus partícipes no quadro demográfico do bairro, se impunha com notável sucesso na consolidação de uma imagem elegante para Copacabana. É importante, assim, compreender de que forma aquele projeto praiano-civilizatório se construía sobre um permanente processo de negociação que, para além da parceria com determinados setores da sociedade, garantia o efetivo domínio social, e simbólico sobre outros.

Num primeiro plano, vale ressaltar a relação bastante peculiar estabelecida entre os *cilenses* e um segmento social já há muito conhecido dos visitantes e moradores de Copacabana – os pescadores. Conforme visto no Capítulo 2, esses trabalhadores foram incorporados pelos primeiros representantes daquilo que se configuraria como uma elite local sob o signo do bucolismo, garantindo sua legitimidade a partir de critérios como a antiguidade de sua presença naquelas praias e, não menos relevante, sua dissociação dos perigos atribuídos a outros segmentos das camadas mais pobres da população da cidade. Assim, apesar de não compartilharem dos mecanismos de pertença sobre os quais se formava aquela identidade aristocrática, os pescadores foram, desde o início da urbanização do arrabalde, tratados por meio de uma alteridade includente, expressa numa relação pautada pela distância social, mas, na mesma medida, por um respeito de feição tutelar.

Como mostram fotos veiculadas pelo *Beira-Mar*, os pescadores, ainda que absolutamente distantes dos critérios de distinção social dos *cilenses*, não figuravam como um grupo alheio a um elemento fundamental de sua identidade: a salubridade atribuída à vida à beira-mar.

Igualmente interessante é a franca incorporação da festa anualmente promovida pelos pescadores em homenagem a seu padroeiro, são Pedro, ao calendário da aristocracia praiana. Afirmando que aquela comemoração "já constitui em Copacabana uma tradição das mais apreciadas", os colaboradores do *Beira-Mar* estimulavam seus leitores a prestigiarem "os humildes e corajosos pescadores", garantindo que "a boa ordem, o gosto e a animação que se

Pescadores em Copacabana: identificados com um estilo de vida saudável pela aristocracia (a imagem foi publicada no *Beira-Mar* sob o título "Vida sã").

verificam nestes festejos que têm base na fé e bondade inatas do nosso povo, tem concorrido para que ano a ano aumente a concorrência".[39]

Vemos, portanto, que, por sua tradicionalidade, humildade, coragem, bondade, fé e gosto pela ordem, os pescadores eram integrados ao discurso praiano-civilizatório como legítimos representantes "do nosso povo", conquistando nele um forte papel normativo. Em meio às muitas transformações trazidas pela vida moderna, marcada pelo suposto risco iminente da perda de valores morais e das tradições, eles figuravam como depositários imemoriais de aspectos cruciais da "boa sociedade", anualmente reforçados pela convivência na festa por eles organizada de forma modelar. Sempre aberta com uma missa campal às dez horas e seguida de uma procissão até o Posto 4, a homenagem a são Pedro constituía, aos olhos da aristocracia local, uma "admirável demonstração religiosa", motivo pelo qual costumava contar com a presença de "crianças, moças e escoteiros", representantes de "nossa melhor sociedade".[40] As imagens publicadas na época revelam que, com efeito, o que interessava ao público leitor do periódico era sua própria atuação no evento, e não os pescadores. Como na foto a seguir, o destaque é dado a pessoas que claramente não se dedicavam à atividade pesqueira reunidas ao redor de barcos, enquanto os pescadores aparecem apenas como sugestão em meio à massa de pessoas.

As festas de são Pedro, originalmente organizadas pelos pescadores da colônia Z14, foram adotadas pela alta sociedade, inspirando reportagens e notas sociais.

A escolha dos protagonistas das fotos não é, certamente, aleatória. Os pescadores importavam aos *cilenses* não por suas características, feições, interesses ou necessidades próprios, e sim por representarem um elemento legitimador daquele discurso que zelava por um modelo de modernidade e de civilidade profundamente atrelado a um ideal específico de bucolismo. Ainda que reivindicasse a própria inserção material e simbólica na malha cartográfica carioca, a elite copacabanense não abria mão de seu diferencial em meio a um cenário cada vez mais marcado pela desordem citadina e, consequentemente, pela "nevrose" urbana. Além disso, a insistência com que evocava positivamente a antiguidade da presença dos pescadores denota uma tentativa de invenção de tradição,[41] na qual Copacabana, agora povoada por sua reluzente aristocracia, teria em sua marca de origem a bondade, a coragem e a honra atribuídas a seus primeiros ocupantes.

A benevolência com que a elite local tratava os pescadores não era, contudo, extensiva aos demais segmentos populares que ali residiam. Com efeito, era nas linhas das colunas policiais que costumavam figurar os trabalhadores pobres do bairro, servindo invariavelmente de modelo antagônico de comportamento e de conduta moral. *O Imparcial*, em nota publicada em 1919 na seção "Fatos policiais", contava, por exemplo, que o baile promovido por Alexandre Rufino em sua casa não acabara nada bem. Ali, enquanto "casais de empregados domésticos da região e soldados do Forte de Copacabana" se divertiam ao som de "harmônicas, violões e cavaquinhos", um dos convivas "entendeu de conquistar algumas das damas", faltando ao respeito com as senhoritas presentes e causando grande confusão. O episódio, ainda de acordo com o jornal, terminou com "ferimentos e prisões diversas".[42]

O texto evidencia a existência, em Copacabana, de um circuito de sociabilidade distante dos salões em que se reuniam os orgulhosos membros da CIL. Embora não compartilhassem dessas atividades, eles não deixaram de dedicar a elas certa atenção. No *Beira-Mar*, a "Quinzena policial", assinada por Oscar Mário, se dedicava exclusivamente a acompanhar os registros do 30º Distrito Policial (unidade responsável pelas ocorrências daquela zona). Em 6 de maio de 1923, a coluna contava que "a nacional Maria da Conceição, moradora da ladeira de Villa Rica n.30, por causa de umas laranjas, brigou com o amante Vitalino Coelho". A mesma edição noticiava, ainda, que "o operário Francisco Pontes, fervoroso adepto de Baco, depois de lhe render homenagem, quando se dirigia para a sua casa, na ladeira do Leme, caiu e quebrou a cabeça".[43] Em junho de 1925, "Manoel Godinho Mendes, residente à ladeira do Leme n.221, foi preso por suspeita de vender o chamado jogo do 'bicho'".[44] Já em setembro do ano seguinte os leitores ficaram sabendo que haviam brigado, "por motivos fúteis", "o cocheiro Manoel Dias, 25 anos de idade, morador à rua Constante Ramos n.166, e o varredor da Limpeza Pública José dos Santos, morador à ladeira dos Tabajaras n.42", em discussão que terminou com um golpe de canivete "na região peitoral direita de Dias".[45]

Os casos poderiam seguir à exaustão. Os exemplos mencionados são, no entanto, suficientes para explicitar o padrão de escolha e apresentação das ocorrências e personagens que movimentavam o 30º DP: os protagonistas, descritos como empregados domésticos, cocheiros, varredores, ou simplesmente "nacionais", eram identificados não somente por seus nomes, mas também por dados como profissão e nacionalidade. Mas para além de sua identidade profissional, quase exclusivamente remetida ao setor de serviços, são ressaltados comportamentos diametralmente opostos aos critérios de valorização moral sobre os quais se construía a identidade *cilense*. Fosse em festas com desfecho trágico, no uso desmedido de bebida alcoólica, na prática de atividades ilícitas ou em conflitos banhados a sangue, o que os episódios evidenciavam, pelo espectro da ótica aristocrática, era o avesso de um código moral de contornos muito bem-definidos. No papel dos "outros", eles davam o perfeito modelo do que *não* deveria ser feito.

Não passa despercebido tampouco o fato de que a esmagadora maioria das notas trouxesse como complemento imediato à apresentação do nome do autor do delito seu endereço de residência. É fácil notar, ainda que a partir daquela pequena amostragem, que a distância social entre aqueles desordeiros e malfeitores e as famílias elegantes do bairro não se revelava apenas por suas profissões. Era também na efetiva ocupação territorial que se dava a legitimação daquela distância, reservando-se às camadas populares logradouros como as ladeiras do Leme, da Villa Rica e dos Tabajaras, já então conhecidas por darem acesso a favelas do bairro.

De fato, a questão da ocupação dos morros passara, na década de 1920, a ser encarada como um problema grave por aqueles preocupados com a imagem elegante do arrabalde. Em reportagem de 1925, colaboradores do periódico local apresentavam a seus distintos leitores a favela da Villa Rica, na região da atual favela dos Tabajaras, ali descrita como a "chaga de Copacabana". Denunciando a "miséria, o desleixo e o abandono" naquela "espécie de corte dos milagres medieval", os redatores destacam a contradição que fazia com que aquele bairro, acolhedor "do que há de mais distinto na elite carioca, e em cujos terrenos se vê o que há de mais grandioso e aprimorado em construções", abrigasse, "a dois passos da praça Serzedelo Correia, que honra o nosso espírito progressista", tão calamitoso foco de miséria. A descrição é preciosa:

> A rua do Barroso segue numa reta caprichosa até o início da ladeira dos Tabajaras, quando então o terreno se torna ladeiroso, cheio de socalcos, de altos e baixos, levando incerteza aos passos do caminhante. Ainda ali persiste o bom-tom. ... Adiante a ladeira se torna mais íngreme, o terreno mais escabroso, falhando por completo o alinhamento, numa vaga semelhança com as estradas do sertão. ... A ladeira dá de repente numa curva e toma então o nome de Villa Rica. Deste ponto em diante o olhar vagueia indeciso por entre as árvores que bordam o caminho, e procura agora alguma coisa que lhe agrade. Nada. ... Por todos os lados para onde quer que os olhos se voltem, é a mesma cousa, o mesmo agrupamento de choupanas de barro, cobertas de zinco, sem harmonia nem estética, feitas *à la diable*. ... as criancinhas nuas, com os ventres enormes à mostra, brincam, esponjam-se na grama, ou mesmo na lama, de parceria com os porcos...[46]

Acompanhando a subida pela ladeira, o texto constrói um cenário no qual os índices de civilização decrescem a cada metro vencido, indo rapidamente da "reta caprichosa" às choupanas "feitas *à la diable*". Os elementos escolhidos pelos narradores sugerem a associação imediata entre *estética* e *civilidade*, no reforço de um discurso para o qual o domínio racional do espaço servia de índice inconteste de progresso. Nesse sentido, se no início de seu percurso "era um gosto ver" o alinhamento das construções a um determinado padrão de ordenação, mais adiante o olhar não encontrava nada que agradasse. Ali no alto, em meio ao agrupamento desordenado, seus parâmetros de estética não identificavam qualquer sinal da cisão fundamental entre natureza e cultura, o que vinha a se comprovar pela harmonia com que crianças e porcos confraternizavam na lama. Ao final do texto, os repórteres explicitam a distância que, a despeito da proximidade física, marcava a relação entre os moradores da Villa Rica e os orgulhosos *cilenses*:

> Descemos ligeiramente a ladeira, ao encontro do bairro *chic*, onde impera assombrosamente o bom-tom, deixando muito atrás a miséria, a pobreza, com todo seu funesto cortejo de angústia e desfavor. Corria do mar ligeira brisa, varrendo sobre os montes as impurezas.

O desfecho é emblemático: se no alto do morro as choupanas miseráveis se alinhavam sem qualquer respeito aos princípios comezinhos da higiene e da estética, no conforto das ruas do "bairro *chic*" aquele mundo parecia muito distante. O acesso à Villa Rica demandava não mais que algum esforço físico, mas a distância simbólica entre a barbárie e a civilização lhes parecia intransponível. Afinal, auxiliadas pela ação benéfica da natureza, as impurezas daquele cenário indesejável eram imediatamente varridas pela brisa marítima, inoculando os detentores do "bom-tom" dos perigos do contágio.

É interessante notar, no entanto, que, apesar do discurso de absoluta cisão entre a favela desordenada e o bairro elegante, a vida cotidiana se encarregava de entrelaçar aqueles universos territoriais e simbólicos num único e complexo sistema social. Pontilhado de palacetes, casas comerciais, hotéis e estabelecimentos dos mais variados, os *cilenses* se gabavam da manutenção de hábitos cuja viabilidade dependia, em seu nível mais elementar, da verdadeira multidão de trabalhadores que diariamente circulava por entre bem-alinhadas ruas e casas do bairro. Apreensiva com a mácula das favelas em seus domínios, mas igualmente atenta à relação de profunda interdependência construída com a classe trabalhadora que as habitava, a elite de Copacabana via-se compelida a refletir sobre a questão do "teto para as classes pobres".[47]

O contato entre os *cilenses* e os moradores dos morros era tão inevitável quanto problemático. Afinal, embora fossem imprescindíveis ao funcionamento dos mais diversos setores da economia local, ao se aboletarem em casebres, expondo-se diariamente à "falta dos meios higiênicos", os trabalhadores passavam a representar o perigo do contágio no seio de uma comunidade especialmente zelosa de sua associação à salubridade. Embora francamente favoráveis à remoção das favelas, os colunistas do *Beira-Mar* reproduziam ainda uma angústia que certamente afligia seus leitores: uma vez removidos, onde viveriam os muitos choferes, copeiros, cozinheiras e demais trabalhadores que viabilizavam seu dispendioso modo de vida?

Numa campanha que se arrastaria por alguns anos, colaboradores do periódico faziam coro pela construção de habitações populares ("pequenos edifícios de aluguel módico") em terrenos devolutos dos bairros praianos, defendendo que aquela seria "uma disposição necessária para o mecanismo da nossa vida doméstica". O dilema da habitação não era, portanto, apenas uma "chaga" no espírito aristocrático do bairro. Era também uma questão de ordem prática.

Os redatores do *Beira-Mar* não estavam sozinhos. Como analisa a socióloga Lícia Valladares,[48] a década de 1920 assistia à progressiva transformação das favelas num problema de ordem urbana e social, mobilizando jornalistas, médicos e engenheiros na busca por soluções. Já apontadas, desde a década anterior, como herdeiras diretas dos perigos morais e higiênicos atribuídos aos cortiços na virada do século, as favelas se multiplicavam cidade afora como lugar privilegiado da miséria e da indolência. Invariavelmente abordados a partir de uma representação de completo antagonismo com o contexto urbano, os morros apareciam como atestados do opróbrio em plena capital republicana.

Ainda mais emblemáticas eram, a esse respeito, as declarações feitas por Mattos Pimenta, membro do Rotary Club e nome-chave da primeira grande campanha pública contra as favelas, travada pelas autoridades cariocas na segunda metade da década de 1920. Em discurso pronunciado no Rotary Club em 12 de novembro de 1926 e reproduzido no *Correio da Manhã*, em *O Jornal* e, não por acaso, no *Beira-Mar*,[49] Mattos Pimenta afirmava:

> ... é mister que se ponha um paradeiro imediato, se levante uma barreira profilática contra a infestação avassaladora das lindas montanhas do Rio de Janeiro pelo flagelo das favelas – lepra da estética que surgiu ali no morro entre a Estrada de Ferro Central do Brasil e a avenida do cais do porto e foi se derramando por toda parte, enchendo de sujeira e de miséria preferentemente os bairros mais novos e onde a natureza foi mais pródiga em belezas: morros do Leme, de Copacabana e de Ipanema, praia do Leblon, margens da lagoa Rodrigo de Freitas, Gávea etc. ... libertadas de todos os impostos, alheias a toda ação fiscal, [as favelas] são excelente estímulo à indolência, atraente chamariz de vagabundos, reduto de capoeiras, valhacouto de larápios que levam a insegurança e a intranquilidade aos quatro cantos da cidade.

A metáfora não poderia ser mais propícia: como a lepra, conhecida por seu efeito antiestético e por sua elevada capacidade de contágio, as favelas disseminavam a miséria pela cidade, maculando não apenas sua beleza como também sua idoneidade moral. Nada mais distante dos dourados sonhos *cilenses*...

Em março de 1927, o *Beira-Mar* denunciava que "o morro da Babilônia está se transformando em favela", num evidente espanto com a multiplicação dos "barracões" que, desde o século anterior, vinham se acumulando naquele local. Relatando que, "ainda há poucos dias, o morro foi sacudido por violento tiroteio entre indivíduos dos piores antecedentes concebíveis", o repórter lamentava que "o elegante bairro do Leme" estivesse sendo invadido "por má espécie de habitantes",[50] mostrando seu alinhamento àquela perspectiva que não apenas associava os moradores das favelas à desordem local, como também operava uma cisão simbólica entre os territórios do morro e do "bairro". O mesmo sentido era reforçado na reportagem "A favela do Leblon", de 1929:

> O turista que, depois de passear pela avenida Atlântica, assesta o binóculo em outra direção, defrontando com um amontoado de casinhas de lata que parecem dançar o charleston nos terrenos devolutos, há de descerrar a boca, num hiato de estupefação. Quê?! No Leblon aquilo?! Uma cena de roça, ali?! Mas, por Deus, a prefeitura do Distrito Federal é cega?! Ou permite, em clandestino beneplácito, que os indigentes armem naquelas bandas as suas casinhas remendadas?! ... A estética do bairro sofre, naquele ponto, a quebra do seu ritmo aristocrático. ... Em pouco, nos terrenos da avenida Vieira Souto, do canal da Lagoa até onde morre a praia, se alastrará qualquer cousa semelhante ao Pátio dos Milagres da velha Paris...[51]

Vemos assim que, reunidas como exemplos do avesso da moralidade *cilense*, as camadas populares eram, com a nobre exceção dos pescadores, incorporadas àquele discurso identitário pela lógica da alteridade excludente, despontando como máculas à imagem que os setores mais abastados procuravam construir para o bairro. Os testemunhos revelam que a identidade *cilense* se baseava em padrões bastante rígidos de higiene e de controle dos afetos, afirmados por sua condenação sumária a quaisquer manifestações de excessos ou de desordem.

Vale ainda lembrar que a ambição dos aristocratas praianos pelo reconhecimento de sua distinção ia muito além dos limites do mapa social do próprio bairro, e que, portanto, não hesitavam em ampliar a abrangência de seus mecanismos de estigmatização para o raio municipal. Em 1927, por exemplo, uma nota denunciava a existência de um prédio desabitado na rua do Barroso, junto à ladeira dos Tabajaras, onde vivia "numa vagabundagem paradisíaca uma perigosa turma de desocupados". Aparentemente banal, o texto chama a atenção por seu título: "Isto o que é? Copacabana ou Saúde?"[52] – em referência ao bairro da região central conhecido pela presença de trabalhadores negros, especialmente ligados à estiva. Não menos reveladora é a reportagem que, condenando a atitude de soldados e oficiais embriagados que perturbavam a paz das "casas de família" do bairro, reclamava que os desordeiros "pensam que nosso aristocrático bairro é uma sucursal da Saúde ou do morro do Pinto".[53] Ainda mais lapidar é, sem dúvida, a crônica de João da Praia:

> Copacabana goza atualmente da justa fama de centralizar a elegância do Rio de Janeiro. ... O caso do domingo último, entre as 16 e as 18 horas, foi mais uma consagração à avenida Atlântica. Tinha-se a impressão de que os 7 mil automóveis desta cidade haviam passado por ali, sendo que, em dados momentos, não era difícil imaginar que cerca de 2 mil se cruzavam em cortesias mútuas. ... Na praça Serzedelo Correia, alguns *chauffeurs* de táxis, que não haviam conseguido fregueses e estavam disponíveis, faziam com as suas buzinas um ruído ensurdecedor e impróprio de um bairro civilizado como o nosso. ... Ora, nem no Engenho de Dentro permite-se tanta liberdade na via pública! Copacabana precisa de mais silêncio e de mais conforto. Ela o merece. Já nos bastam os estragos da feira de quarta, que transforma o coração do bairro aristocrático em subúrbio da Leopoldina.[54]

O cronista conclui o texto ressaltando a importância de manter "nossa linha de distinção", afinal, "à estética da terra deve corresponder o brilho dos seus hábitos". Estabelecendo, por critérios morais e civilizatórios, uma divisão da cidade entre um "aqui" (praiano, aristocrático) e um "lá" (suburbano, caótico), João da Praia reforçava o brilho dos hábitos locais no mesmo movimento em que condenava práticas por ele associadas a bairros da cada vez mais distante Zona Norte. Se os habitantes da CIL tinham, por natureza, um comportamento afeito à elegância das "cortesias mútuas", os visitantes indesejáveis deixavam sua marca na vida local, evidenciando ainda mais o diferencial entre a elite praiana e seus "outros" simbólicos. Normalmente atribuídas aos feirantes e aos choferes, aquelas formas indesejáveis de uso do espaço mobilizavam os brios de um segmento profundamente comprometido com a imagem aristocrática do bairro, dando corpo a uma verdadeira cruzada contra os frequentes "atentados aos nossos foros de recanto civilizado".[55] Fica claro, portanto, que, longe do discurso da homogeneidade com que os *cilenses* buscavam se apresentar, o cotidiano punha em contato diferentes formas de apropriação do espaço, acionando múltiplas e variadas estratégias de negociação da realidade.

5. Um estilo Copacabana

Em 1934, Álvaro Marinho Rego, um dos mais jovens colaboradores do *Beira-Mar*, publicou uma crônica sugestivamente intitulada "Para a morena de Copacabana". Em formato epistolar, o texto se iniciava com um genérico "Prezada leitora" e seguia narrando as inúmeras atividades com que sua suposta interlocutora preenchia um dia de verão como outro qualquer:

> Você já voltou do banho. Um delicioso banho na morena Copacabana. Pequena moderna. Tão morena como você. . . . Jogou bola. Peteca. Fez uma porção de exercícios, que devolveram a temperatura normal do seu corpo... Expôs-se ao sol. Encontrou-se com um amiguinho. Pediram um *cocktail*. Após o aperitivo ficaram a conversar. ... Agora você se despediu do amiguinho. Uma baratinha já a esperava à porta. Você pulou pra dentro. E... zig. O motor foi acionado. Daí a pouco, o auto deslizava pelo asfalto fervente. Avenida Atlântica... Rua Rainha Elizabeth... Avenida Vieira Souto... Avenida Niemeyer... ... Você chegou em casa às duas horas. Para o almoço. Atravessou a sala de jantar. Assobiando um desses sambas de Carnaval. ... Entrou no banheiro, envolta num robe. Perfumou-se toda. Botou pó de arroz, carmim, *rouge* e outras bugigangas indispensáveis à sua *toilette*. Depois desceu para o almoço. Findo este, recostou-se no *maple* macio, acendeu um cigarro. Ligou o rádio e começou o desfile interminável de modinhas.[1]

Entre a intimidade com o ambiente praiano, o gosto pelo coquetel e a fluência no repertório de Carnaval, a descrição despretensiosa de um dia na vida da jovem *cilense* nos permite entrever bem mais que os meandros da imaginação do autor. Inominada, a protagonista da crônica é apresentada como metonímia de um bairro que, àquela altura, sabia-se reconhecer em adjetivos como "moreno", "moderno", "praiano" e "esportivo". Se, como visto no Capítulo 4, outros tantos testemunhos revelam diferentes aspectos das relações vigentes no bairro, atentando para os mecanismos acionados pelos moradores que respondiam por uma imagem elegante, a morena de Copacabana, tal como idealizada pelo cronista, incorpora outro item ao quadro: enquanto sujeito portador de gostos, toaletes, hábitos e valores próprios, exibe determinado estilo de vida que, para além dos contornos morais sobre os quais se construía o *ethos* praiano aristocrático, tornava a copacabanense uma personagem típica em meio a outras senhoritas das altas-rodas cariocas.

A partir dos hábitos aos quais os *cilenses* buscavam se filiar é possível pensar como, para além de seu plano normativo, tal projeto praiano-civilizatório acabava por se expressar na forma como seus integrantes elaboravam sua pertença àquele universo de valores e, na mesma medida, sua individualidade.

Que venham os *maillots*!

Em pleno verão de 1922, Coelho Netto, com a autoridade de quem gozava da fama de ser um dos mais conhecidos romancistas brasileiros,[2] publicava em *A Noite* o texto "Pró-pudor", no qual, numa nítida fusão entre moral e estética, oferecia aos leitores uma imagem nada lisonjeira da paisagem humana nas praias locais:

> ... desde o de Apolo e Diana até o de Vulcano, careca, ventrudo e capenga; desde o artelho fino, a perna nervosa e elástica como a de Atalanta, que se vai desenvolvendo proporcionalmente, em gracioso relevo, pela coxa torneada em fuste de coluna etc. etc., e o colo levantado a prumo, com entono orgulhoso da sua beleza, até o batatudo, joanete, as panturrilhas em presuntos, coxas em forma de troncos, ventres em badanas frouxas bambaleando aos sacolejos em calções e por aí acima, tudo do mesmo teor.[3]

Sua crítica mordaz às carnes à vista se inseria num contexto em que, fosse através do discurso da salubridade, dos ditames da moda (que, na década de 1920, expunha, sem pudores, as pernas das jovens senhoritas) ou da associação do lazer a atividades ao ar livre, os corpos ganhavam rápido e significativo espaço no cenário carioca e, especialmente, na beira da praia. A indignação de Coelho Netto vem, assim, revelar o desconforto que aquelas transformações traziam às sensibilidades moldadas nos tempos das pudicas baetas, deixando claro que a recente incorporação das areias ao universo de experimentação urbana carioca não demandava apenas a atualização dos antigos mapas da capital. Junto com a nova fisionomia da cidade surgiam novas formas de uso do espaço e, não menos importante, de vivência da corporalidade.

A preocupação manifestada por Coelho Netto ecoava a velocidade com que as mudanças se impunham: se cinco anos antes o então prefeito Amaro Cavalcanti não enfrentara maiores resistências ao determinar que estavam "expressamente proibidos calções curtos acima dos joelhos e os calções de meia", tal norma agora cheirava a passadismo. Ainda que, respaldada naquela ordem jurídica, a polícia realizasse campanhas anuais de repressão visando assegurar a moralidade das praias e grandes periódicos – como *A Noite* – empreendessem verdadeiras campanhas pelo fim da "falta de pudor", entre os moradores da CIL a moda parecia ter mais legitimidade que a própria lei. À imoralidade e à promiscuidade a que os conservadores ligavam os trajes de banho, a aristocracia praiana respondia com a afirmação de seu mais forte princípio: o alinhamento aos padrões internacionais de civilização e de modernidade, a partir das características da realidade local.

Em nota publicada no *Beira-Mar*, por exemplo, o jornalista Custódio de Viveiros tachava de anacrônicas as motivações da repressão policial, defendendo que "na época que corre, é ridículo ordenar ao povo que não mostre as pernas".[4] Já o colaborador Mathias Euzébio, comparando práticas balneárias do Japão, da Escandinávia e da Holanda, concluía que seria impossível fixar pela lei "onde começa a moralidade e onde termina a impudicícia".[5] Théo Filho, por sua vez, evocando a autoridade de um assíduo frequentador das mais refinadas praias europeias, ia mais longe:

> Bárbaros, sim, bárbaros e selvagens são os policiais que, nas nossas praias, nessa quinzena que findou, se deram ao desfrute de deter senhoras e senhoritas, expondo-as ao vexame de um exame insolente e torpe. O que quer a polícia de Copacabana é que fora das praias tragam os banhistas paletó ou roupão cobrindo a roupa de banho, sob pena de serem detidos. Isso por aqui não precisa ter ares de Nice, Trouville, Dover, Miami, Palm Beach e outra qualquer estação balneária moderna. Precisa continuar a ser a Copacabana provinciana de 1910.[6]

É evidente seu esforço em vincular a luta contra a exibição dos corpos a uma atitude selvagem e, portanto, alheia aos mais básicos princípios da civilização. Nesse sentido, ao atribuir àquele tipo específico de moralismo o selo do atraso, sugere que às margens do Atlântico estaria a vanguarda de um modelo de civilização que, baseado numa elegância de ares cosmopolitas, poderia responder legitimamente pelo adjetivo "moderno".

Os colaboradores do jornal praiano não estavam sós. Também as revistas ilustradas, profundamente comprometidas com a divulgação dos modismos internacionais, faziam coro pela liberalização da exposição pública do corpo:

> ... no Rio de Janeiro a mulher, que é realmente bela, só ao pé do mar, ao banho, ao alvorecer, mostra-se tal qual é, demonstra aos olhos de quem quiser ver a modelar irradiação da forma perfeita. ... Na Europa, pelas mais afamadas estações balneárias, agita-se cada ano uma multidão exótica, composta na sua maioria de ingleses neurastênicos, velhas impertinentes e mocinhas tísicas. No Rio, pelas praias... Como é diverso tudo! É enfim a saúde vibrando no riso robusto da mocidade.[7]

Em tom menos combativo, o cronista da *Careta* associa a exibição das formas à revelação da verdadeira beleza nacional. Ligando tal prática ao "Rio galante", o autor sustenta que, distante da imoralidade degradante alegada pelos mais conservadores, os corpos desnudos são parte legítima do cotidiano dos mais sofisticados segmentos da sociedade. Indo além do argumento apresentado por Théo Filho, defende ainda que, mais que colocar o Brasil em pé de igualdade com os balneários europeus, as roupas de banho eram a prova cabal da superioridade do tipo físico brasileiro, cuja "saúde vibrando no riso robusto da mocidade" suplantava em muito a estética da "multidão exótica" observada no Velho Mundo.

O debate acontecia em meio à popularização do traje de peça única mundo afora. Criado para facilitar o exercício e a natação, o maiô se difundira pela Europa durante a década de 1910, entrando no decênio seguinte como a roupa balneária por excelência, ao incorporar ombros e pernas à paisagem natural das praias.[8] Num Rio de Janeiro ainda imberbe nas práticas que compunham o universo praiano, a novidade servia para diferenciar a aristocracia *cilense*, que fazia das areias um laboratório de hábitos que conjugavam os princípios do que entendiam ser a salubridade, a modernidade e a civilização.

A campanha em favor dos maiôs seria, no entanto, longa. Ainda em 1926, um cronista do *Beira-Mar* protestava diante da constatação de que em "todas as cidades civilizadas que têm praias de banhos, o *maillot* impera. Menos aqui". Chamando de "inestética" a roupa usada pela maioria das banhistas nacionais, ele clamava: "Civilizemo-nos, pois. Que venham os *maillots*."[9] Meses mais tarde, um colaborador de *O Atlântico* reforçava a convocatória, lembrando que "não causaria bom aspecto para nós, que somos um povo com ares de civilização, outra vestimenta na nossa Copacabana senão o *maillot*", afinal, o uso das antigas vestimentas, "além de ser assaz deselegante, seria também um atestado comprobatório do nosso grau de atraso".[10] No mesmo sentido, a imagem abaixo, publicada numa capa do *Beira-Mar* em 1923, não escondia a relação entre as transformações das roupas de banho e o processo mais amplo de evolução dos costumes.

Ao que tudo indica, a mobilização não foi em vão. A despeito das sucessivas campanhas de repressão operadas pela polícia, no verão de 1927 diversos cronistas comemoravam a popularização dos maiôs. Com um suspiro de alívio, Waldemar Bandeira, redator do "Binóculo", prestigiada coluna social da *Gazeta de Notícias*, dizia que "o *maillot* venceu definitivamente em nossas praias de banho. ... Ora, graças a Deus! Até que enfim o Rio paralelizou-se a todas as cidades civilizadas do mundo, onde há praias e damas que se banham". Àquela altura era óbvio: combater o maiô era, nas palavras de um redator do *Beira-Mar*, "confessar-se um fóssil".[11] Um colaborador do *Atlântico* ia ainda mais longe: "O Rio – Copacabana – civiliza, americaniza... Substituindo aquelas ultra-hilariantes roupas 'avoengas' de banhos de mar, surgiu petulante e vitoriosamente o *maillot*, deixando entrever a plástica de nossas formosas patrícias."[12]

Revista festeja a transformação da roupa de banho como vitória da modernidade, equiparando as praias cariocas às europeias no quesito civilidade. (Legendas da imagem: Há cinquenta anos; Há vinte anos; Há dez anos; Hoje: a vitória do maiô.)

Estabelecendo relação direta entre o Rio e Copacabana e entre o civilizar-se e o americanizar-se, o cronista atri-

Grandes lojas, como a Casa Colombo, passavam a anunciar a venda de trajes de banho e outros itens ligados ao desfrute da praia nos meses de verão.

buía ao traje de banho os signos daquele modelo de modernidade e de civilização ao qual buscavam se filiar os mais diversos defensores da exibição das formas em contexto balneário. Era, assim, numa complexificação dos sentidos do cosmopolitismo – outrora restrito à influência europeia e agora também sintonizado com a cultura americana – que os novos padrões buscavam se firmar, num movimento que via nas praias da CIL o cenário mais propício ao enraizamento de práticas valorizadas por setores que primavam pela velocidade, pela praticidade, pelo novo, enfim.

Não tardou para que anunciantes e chargistas adotassem a novidade, sacramentando a incorporação do maiô ao vestuário e ao imaginário urbano do carioca.

Conforme sugere a charge ao lado, os maiôs atualizavam, num estilo atlântico, as questões que guiavam a estética em desfile nas ruas sofisticadas do Centro da cidade. Se na avenida Central e na rua do Ouvidor causava escândalo aos mais conservadores a moda das sedas, das transparências e dos cabelos curtos *à la garçonne*, em Copacabana os trajes balneários se

Charges também incorporavam, com humor, as controvérsias causadas pela moda praiana, que deixava o corpo à mostra. (Legenda da imagem: Guarda – Perdão, senhorita! Isto aqui não é rua do Ouvidor ou Avenida, é uma praia de banhos!)

encarregavam de assegurar o alinhamento de sua aristocrática juventude aos mais rígidos padrões do polêmico requinte moderno. Não por acaso, em 1929 um colaborador do *Beira-Mar* constatou que "a escolha do trajo de banho de mar é, no momento, uma das mais sérias preocupações das mulheres elegantes".[13]

Mas não estava em jogo apenas a exibição de trajes da moda. Como revelam diversos testemunhos, o maiô era também valorizado por ser "a única vestimenta que se ajeita para o banho de mar, pois deixa os quatro membros desembaraçados, o que ajuda muito a natação". Além disso, e não em menor medida, pelo fato de que "com ele ficam logo devassados os defeitos e as belezas daquelas que preocupam os nossos olhos, evitando portanto um golpe azarado".[14] Não era outro o sentido da nota publicada no *Rio Musical* de 5 de julho de 1924:

> O banho de mar é sobretudo uma documentação de boas qualidades plásticas. Ali podemos escolher uma esposa sem o receio de quaisquer protuberâncias e

reentrâncias assimétricas, ocultas pelo vestido habilmente cortado. Também um marido, nesse século de eugenia, deve ser estudado nas praias.

Os comentários brincam com o que os *cilenses* levavam a sério. Com uma rede de sociabilidade marcadamente remetida ao espaço praiano, os aristocratas de Copacabana atentavam para as "boas qualidades plásticas", que se traduzia tanto na adesão aos trajes da moda quanto na atenção à construção de corpos igualmente legitimados pelos padrões internacionais de saúde e de beleza. Mais que um modismo aleatório, a febre dos maiôs correspondia à ponta de lança de um projeto mais amplo, que tinha na elaboração da distinção física da elite praiana um de seus principais alicerces.

"Tudo é feito por *sport*"

A relação entre o corpo belo e a diferenciação social não era nova quando o maiô ganhou espaço nas areias de Copacabana. Com efeito, o desenvolvimento da prática desportiva no Rio de Janeiro ao longo do século XIX marcara a progressiva adoção pelas elites locais não apenas de novas formas de lazer, mas também de novas formas corporais.[15] Em meio à primazia do discurso higienista, o padrão estético corpóreo passava a ser vinculado aos parâmetros da salubridade, num movimento que fazia da estética, da moral e da terapêutica um todo coerente. Inicialmente impulsionado pelo remo, pelo turfe e pelas regatas, não tardou para que o repertório esportivo da juventude mundana carioca se diversificasse, incluindo rapidamente a ginástica, a natação e o futebol.

Na década de 1920 já iam longe, portanto, os tempos em que as camadas letradas brasileiras viam no exercício uma atividade degradante. Em 1923, por exemplo, um colaborador da *Para Todos* afirmava:

> Essas *girls* norte-americanas, que tanto encantam os nossos olhos quando a sua figurinha é projetada na tela do cinema, devem grande parte das galas que as adornam aos exercícios físicos que praticam diariamente, constantemente, sem que a temperatura, as ocupações ou a preguiça lhes estorvem esse culto à saúde.[16]

Mais que a adesão ao padrão de beleza física, o que a nota sugere é que a prática desportiva proporcionaria um legítimo alinhamento à cultura americana, tal como propagandeada nas telas de cinema. Não mais exclusivamente ligados aos ditames da higiene, a educação física e os esportes passavam a ser consumidos como elixires de beleza e modernidade, capazes de lançar seus adeptos às glórias do progresso.

Não é de estranhar, portanto, que Copacabana, cuja história se construíra sobre aquelas mesmas bases que combinavam o higienismo, a salubridade e a distinção, prosperasse também sob o signo da desportividade. O *Beira-Mar* acompanhou cuidadosamente essa tendência, dedicando, desde o seu início, cerca de duas páginas por edição ao tema do esporte. As categorias *sportmen* e *sportwomen* frequentavam com desenvoltura as notas mundanas na valorização de um estilo de vida que se contrapunha radicalmente a tipos como a melindrosa e o almofadinha, negativamente vinculados ao uso de drogas, a uma aparência pálida e a hábitos excessivamente noturnos. Misturando, sem cerimônia, a pauta praiana e o mote esportivo, o semanário local investia na associação entre saúde e vida balneária, conforme esclarecia um editorial assinado por Théo Filho: "O *sport* é a vida. Façamo-lo na praia, sob a pompa gloriosa do nosso sol, diante do verde móvel do oceano, sobre as areias de nossas praias que tão propícias são para isso."[17]

Divulgando anúncios de professoras de "ginástica sueca" e abrindo espaço para os mais diversos eventos desportivos, as reportagens do *Beira-Mar* reverberavam, sem reservas, a opinião da educadora Maria Luiza Pitanga, segundo a qual "os banhos de mar e de sol, os diversos esportes, já bem introduzidos em nossa terra, têm contribuído para o aperfeiçoamento da raça".[18] Adaptando o discurso eugênico, que via no exercício físico um dos caminhos de construção de uma raça mais forte, a professora somava às suas vantagens os supostos benefícios da vida praiana, de modo a mostrar que as areias atlânticas não apenas colaboravam com a graça de suas senhoritas, como também ofereciam prestimosos serviços ao futuro da nação. A primeira imagem da página seguinte, publicada no periódico em 1927 sob o título "Mocidade forte!", endossava essa ideia. E caso o título, por si só, não fosse suficiente, a legenda se encarregava de explicitar o sentido da foto. Igualando a juventude *cilense* à perfeição física da Antiguidade clássica, o periódico inseria, visivelmente, a construção do corpo praiano na mais legítima tradição estética.

Legenda no *Beira-Mar*: "É a mocidade forte em Copacabana, que sabe gozar a praia em trajes de banho, entregando-se aos exercícios corporais que fizeram a grandeza do homem da Grécia e de Roma."

No mesmo sentido, as fotos abaixo, apresentadas na mesma edição do semanário com o título "Plástica venusina", vinham com a sugestiva instrução de que "dez minutos de ginástica diária, ao sol, dá às moças de Copacabana esta plástica venusina":

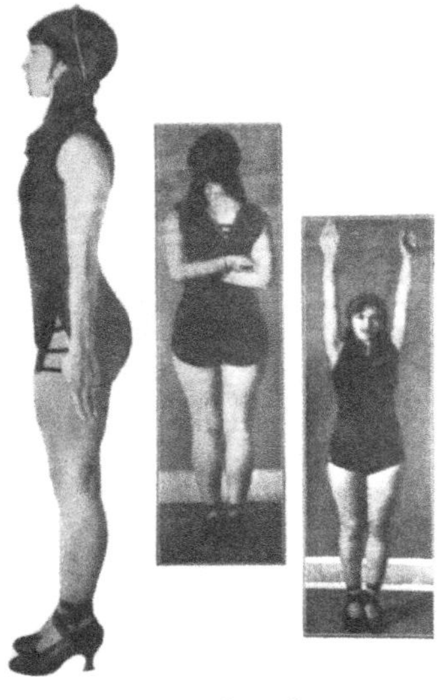

As moças eram incentivadas a fazer exercícios não apenas pela boa saúde, mas também porque a harmonia do corpo passava a indicar status.

Não era, portanto, somente a construção do corpo humano, brasileiro ou até mesmo carioca, que estava em jogo. Era com a fixação de mecanismos de aperfeiçoamento físico para a juventude copacabanense que se preocupavam os editores do *Beira-Mar*, fazendo de sua aberta militância pela prática desportiva nas areias mais uma estratégia de distinção territorial do que propriamente a adesão à campanha genérica pela salubridade do povo. Nessa mesma direção, a crônica "Atleta convencido" manifestava o modo imperativo pelo qual a questão do esporte se apresentava para a elite praiana:

> A vida em Copacabana deve ser puramente esportiva. Os nossos rapazes, que ao sol praticam tanto esporte, assim o acham. Hoje, tudo é feito "por *sport*". Dança-se "por *sport*", fuma-se "por *sport*", faz-se o *footing* "por *sport*". A dança já é indispensável aos perfeitos *sportmen*. O rapaz que só se preocupa com bolas de futebol, redes de vôlei, boxe, não é "completo", pois até a elegância eles já chamam de esporte. Em Copacabana, então, é onde se patenteia o esporte sob todos os pontos de vista.[19]

A ironia do cronista se constrói sobre a difusão desenfreada de um estilo de vida esportivo por entre os mais diversos tipos de atividade ligados à elegância praiana. Acusando o uso indiscriminado do termo "esporte" (*sport*), então não mais restrito ao vocabulário dos exercícios físicos, o autor denuncia sua transformação em metáfora aplicável a tudo aquilo que remetesse à juventude, ao lazer e, naturalmente, à distinção. Atribuindo aquela corruptela aos "rapazes" de Copacabana, a crônica reforça a adesão da elite local à irrestrita valorização da desportividade, sugerindo que, mais do que em qualquer outra parte da cidade, era ali que se processavam mais profundamente os sentidos da já difundida ligação entre beleza, saúde e mundanismo.

Outra mostra de que os signos de status ganhavam um perfil próprio ao chegarem às areias da CIL é a criação, em 1928, da Liga Amadora de Futebol de Areia (Lafa), com sede na rua Gustavo Sampaio, no Leme. Em um momento em que o futebol se popularizava rapidamente, dando origem a inúmeras ligas nos mais diversos bairros da cidade, os jovens de Copacabana davam ao jogo uma marca ainda mais visível de refinamento ao relacioná-lo aos hábitos praianos.[20] Não por acaso, os primeiros torneios da liga foram disputados entre times dos requintados clubes da CIL (Atlântico, Arpoador e Praia), além de outras agremiações menores, definidas pela distribuição dos postos de salvamento (times do Posto 2, Posto 4, Posto 6 e Posto 7). O editor esportivo do *Beira-Mar* aplaudia a iniciativa, alardeando a realização dos *matches* na areia como "o *sport* mais poderoso para o desenvolvimento físico da nossa inteligente mocidade".[21]

Longe de se restringir ao inabalável otimismo civilizatório do jornal de seu Manoelzinho, a associação de Copacabana a um estilo de vida genuinamente desportivo se difundia pelos mais diversos canais da vida mundana carioca. É o que veiculava a revista *O Cruzeiro*, às vésperas do verão de 1928:

> Os banhos de mar, que antigamente se abrigavam na baía, nas pequenas praias interiores de Santa Luzia e do Passeio Público, foram-se progressivamente deslocando até atingir os vastos areais de Copacabana, do Leblon e de Ipanema. E foi só então que, tendo invadido o palco condigno à sua expansão, o banho de mar se tornou uma escola de eugenia, e um espetáculo de alegria e beleza. O *sport*, a praia e a dança são, decerto, os maiores fatores do aperfeiçoamento físico em sua moderna concepção de esbelteza e de graça. Quem conheceu os velhos balneários da Guanabara e assiste, hoje, aos animados espetáculos matinais e vesperais de Copacabana, tem a impressão de que uma outra raça surgiu com o culto da saúde e da alegria.[22]

Apontando os bairros atlânticos como *locus* natural do bom-tom, o cronista sugere que a verdadeira realização da vocação eugênica dos banhos de mar não poderia ter se desenvolvido em outro cenário. Ao ligar a eugenia à alegria, à beleza, ao esporte, à praia e à dança (modismo moderno por excelência), o argumento se encerra com a sugestão de que das areias da CIL emergia nada menos que uma nova raça, que, atualizando um hábito tão antigo como o banho de mar, primava pela destreza com que o incorporava ao cenário da moderna civilização. Três semanas mais tarde, a mesma publicação dava sequência ao assunto, descrevendo a praia como um "imenso ginásio ao ar livre", onde "os dois sexos expõem a sua plástica aos beijos quentes do sol e aos abraços úmidos da onda". As praias, para o cronista, representavam nada menos que "recreio e remédio, ginásio e sanatório". Elevando "progressivamente o nível da energia física e mental do carioca", a praia de Copacabana era, no Rio de Janeiro de 1928, "o que era o estádio em Atenas".[23]

A vinculação dos bairros atlânticos àquele estilo de vida elegante-desportivo não se dava, contudo, de forma linear. Conforme já sugeria o protesto de Coelho Netto mencionado no início deste Capítulo, implicava um complexo campo de negociação que envolvia, entre outras coisas, o próprio sentido atribuído à

Em charge de 1927, J. Carlos brinca com a ambiguidade em torno do conceito de moralidade, que gerava polêmica na imprensa da época. (Legenda da imagem: – Isso é uma pouca-vergonha! Eu vi três marmanjões, com roupas indecentíssimas fazendo ginástica. – Pois nós não vimos. Vamos voltar?)

ideia de civilização brasileira. Brincando com essas disputas e desnudando com destreza as contradições que elas carregavam, o artista J. Carlos apresentou ao público da *Para Todos* a charge acima, sob o título “Banhos de mar”.

Incorporados na figura das três senhoras vestidas com todos os símbolos do passado, os setores que viam a exibição desmedida de corpos como sinal de indecência e imoralidade são aqui desmascarados nas ambiguidades do seu pudor. Num cenário que alude às ruas da CIL (conforme indicam o bangalô ao fundo da imagem e os banhistas de maiô à beira do mar), a indignação diante dos trajes esportivos se soma a uma não menos espontânea sedução pelo novo, expressa na vontade manifestada por uma das senhoras de espiar os "marmanjos" em trajes sumários.

O triunfo das morenas

Não era apenas com a exibição de músculos que deveriam se preocupar os soldados do pudor. Já no início dos anos 1920, os banhos de sol entravam na cartilha da elegância moderna, fazendo da pele bronzeada a mais nova condição do corpo praiano. Coxas, braços e costas encontravam, por fim, um motivo para mostrar-se sem reservas. Vale ressaltar que se os banhos de mar já gozavam, àquela altura, de larga fama na cultura médica e no universo praiano, o mesmo não se podia dizer da exposição aos raios solares. Popular na Europa desde meados do século anterior, o banho era, em verdade, recomendado, *apesar* do sol. Conforme atestam as rígidas orientações que cercavam tal prática, os horários indicados pelos detentores do saber científico se restringiam às primeiras horas da manhã e, em alguns casos, ao cair da tarde, na tentativa de driblar os efeitos nocivos do sol. O Decreto Municipal n.1.143, de 1º de maio de 1917, por exemplo, determinava que os banhos fossem tomados entre as seis e as nove horas e entre as dezesseis e as dezoito horas.

Mais do que uma proibição pautada pela literatura médica, a aversão à exposição solar era, antes de tudo, fruto de um hábito. Historicamente remetida ao trabalho braçal, a cor morena servia como marca distintiva dos segmentos mais pobres da população, numa associação que começara na Europa do Antigo Regime e atravessara o Atlântico sem maiores adaptações. Além disso, no Rio de Janeiro, o rigor da época estival contribuía para que ficar ao sol fosse, no mínimo, sinônimo de desconforto. No verão de 1917, pouco antes da inauguração dos postos de salvamento, diversos matutinos noticiavam o surto de insolações que acometera a cidade, provocando nada menos que trinta mortes em duas semanas.[24]

De fato, apenas no início da década de 1920 os banhos de sol começaram a se tornar comuns mundo afora. Em 1923, a estilista francesa Coco Chanel, com quarenta anos e na posição de uma das maiores personalidades da alta-costura internacional, adotava, no verão da Riviera francesa, a estética da pele tostada.[25] A partir dali não tardou para que balneários de todo o mundo aderissem à novidade, agora duplamente referendada pelos discursos da moda e da ciência. No *Beira-Mar*, o primeiro elogio dos corpos ao sol chegou aos leitores em 1925, quando o médico Alexandre Tepedino argumentou que "os banhos de mar, aliciados aos banhos de sol, constituem sem contestação apreciadíssimo recurso terapêutico em muitos processos mórbidos".[26] No verão seguinte, parecia não haver dúvidas de que a prática agradara aos distintos banhistas de Copacabana:

> Espie aquele grupo de moças morenas. Conheci-as o ano passado, oxigenadas todas e alvas como lírios. Eram o prazer dos olhos e a agonia dos corações. A moda, contudo, escravizou-as exigindo-lhes o tom de iodo. E é um prazer vê-las, pela manhã, a queimar-se impiedosamente expondo-se aos raios do sol. ... Se a parisiense decretou tal moda, a brasileira, com muito mais facilidade, acaboclar-se-á.[27]

O comentário não revela apenas a rápida mudança no gosto das banhistas – que de um ano a outro passaram da alvura dos lírios ao moreno do iodo –, mas também o imperativo da moda que, legitimada em Paris, fazia escola nas areias da CIL operando uma verdadeira revolução nos hábitos e na fisionomia das belas senhoritas da elite. Dois anos mais tarde, um cronista da *Careta* endossava a constatação, dizendo que "a polícia do Rio ... teve um acesso rubro de indignação moral, ao ver em Copacabana meia dúzia de pessoas tomando banho de sol".[28] Criticando a ação policial, o autor da nota lamentava o prejuízo da repressão ao banho "higiênico e moderno", lembrando que, longe de constituir uma afronta à moral, a prática tinha "nos tratados graves de medicina um nome absolutamente científico – helioterapia". É fácil perceber, portanto, que a primazia da moda não excluía, sob nenhum aspecto, o respaldo da ciência. Na conjugação dos dois discursos, os banhos de sol se popularizavam como "hábito higiênico" e, na mesma medida, como "costume perfeitamente elegante". Afinal, "em Atlantic City, em Palm Beach, em Biarritz, em Touquet, em Dauville, no Lido, o banho de sol é hoje mais elegante que o próprio banho de mar".

Conforme alerta ainda o cronista, a construção do corpo moreno operava também uma mudança profunda na forma de ocupação do espaço litorâneo. O novo hábito punha em cena banhistas que se demoravam longa e ociosamente nas praias, alargando o tempo dedicado ao desfrute litorâneo. À imprensa, cada vez mais interessada na modernidade moldada à beira-mar, cabia adaptar-se ao movimento:

> O ideal do banhista é obter essa cor tostada do bom tabaco de Havana e tê-la integralmente, dos pés à cabeça, sem zonas claras, ou, para ser mais exato, sem pudicas brancuras. E esse pigmento é a única roupa que se permite nas largas praias brancas do Lido. As boas normas protocolares de cortesia, no Lido, exigem hoje que se acompanhe dia a dia, com polido interesse, o lento processo de torrefação das nossas amigas banhistas.[29]

Poucas semanas depois, o já então conhecido literato Medeiros e Albuquerque louvava as "morenas triunfantes" das nossas praias num texto que expressava a mais perfeita harmonia ideológica entre os discursos da moda e da medicina:

> Os higienistas, ao contrário dos moralistas, estão muito contentes com as novas modas. ... a preocupação da saúde, que sucedeu muito inteligentemente a do fingimento de moléstia – o tempo em que o grande *chic* era parecer tuberculosa –, vai, nesta época de *sports*, dar um decisivo triunfo às morenas. O grande tipo *sportivo* é, por força, moreno. E o *sport* está mais do que nunca na moda.[30]

O texto relaciona, com fluente naturalidade, a saúde, o *sport*, o *chic* e a pele morena, conjugando-os numa mesma e positiva equação. Como antagonistas diretos da cientificidade, os "moralistas" aparecem também como opositores da vida moderna, marcada por uma distinção higienicamente sacramentada. No mesmo dia, *O Cruzeiro* apresentava aos leitores um evidente esforço de metonimização do tipo *cilense*. Aludindo às *técnicas do corpo*[31] adquiridas pela adesão ao estilo de vida praiano, o cronista indicava a distinção física da copacabanense como caracterização legítima da carioca, atribuindo sua especificidade ao fato de ter "no vestiário a sua roupa de banho" e de haver se adestrado "a caminhar pela areia com a mesma elegância com que caminha no asfalto".

Nesse sentido, a exibição de corpos morenos e robustos remetia não apenas a um modo de vida, mas a um tipo de civilização que, diferentemente do que sugeriam os arautos do moralismo, tinha no elevado controle dos impulsos o carimbo do bom-tom. Era nesses termos que, já profundamente associada à vida moderna e, sem demora, à ideia de brasilidade, a estética bronzeada compunha agora o temário das elites, deixando para trás o tempo em que pele branca era sinal de bom-tom.

Em 1930, o colunista social do *Beira-Mar* saudava a presença de Maria Laura Chagas num baile do Atlântico Club comentando que "o seu moreno-mate surgia, como uma flor bem brasileira, nas nuvens do seu rico vestido branco".[32] Em 1931, o periódico não hesitava em se referir à cor das "sereias praianas" como "esse moreno jambo tão característico das brasileirinhas".[33] A formulação de um padrão de beleza nacional incorporava, assim, o novo ingrediente fornecido pelo gosto do banho de sol nas praias atlânticas. Moldado pelos esportes, bronzeado e exibido na graça dos maiôs, o corpo praiano passara, sem demora, do protótipo da elite balneária para um modelo de nação. Salubre, eugênico e plástico, o copacabanense típico carregava no próprio corpo a inscrição de um estilo de vida que servia de cartilha para a modernidade dos trópicos, ampliando drasticamente os sentidos da distinção sobre a qual se construíra sua identidade local.

A vida em *bungalows*

Nem só no corpo se inscrevia a marca diferencial que vinha sendo forjada pelos aristocráticos habitantes de Copacabana. Em um dos contos que compõem o volume *Mistérios do Rio*, Benjamin Costallat assim se refere à fisionomia urbana da capital no alvorecer da década de 1920:

> O Rio sofria, então, a sua formidável transformação. De cidade provinciana transformava-se, em poucos anos, em capital cosmopolita. De cidade bem brasileira, com as suas chácaras como as da Tijuca e suas casas como as de Botafogo, sempre com a velha e esguia palmeira dizendo o número de boas e pacatas gerações que por ali passaram – o Rio começou a ser grande cidade internacional com Copacabana e com Leblon, construídos à americana, feitos de *bungalows* e de jardinetes simétricos e asfaltados.[34]

Anos mais tarde, em seu romance *O marido de Melle. Cinema*, o escritor apresentava a protagonista, Rosalina, discorrendo sobre sua profunda identificação com seu bangalô (*bungalow*), por ela apelidado de Poupette:

> Janelinhas de brinquedo, portas minúsculas em arco para deixar a cabeça da gente passar, pequenas lanternas coloridas, cortinas, cortininhas de criança. ... Poupette não tinha estilo, não tinha significação, mas era uma casa ... deliciosa e moderníssima. Absolutamente moderna, isto é, absolutamente incômoda para os seus moradores, mas absolutamente interessante para quem a via por fora.[35]

A atenção reiteradamente dedicada pelo autor àquele tipo de construção se baseava num dado de observação facilmente perceptível a quem no início dos anos 1920 passeasse por aquelas plagas: a rápida proliferação de um novo estilo de moradia que, já distante da austera suntuosidade dos antigos palacetes, atualizava os sentidos da distinção em construções que primavam pelo feitio prático e, é claro, moderno.

Os bangalôs, também chamados de *cottages* ou *chalets*, reproduziam o estilo normando, numa alusão ao bucolismo que, desde o início, se inscrevera no discurso de ocupação dos bairros atlânticos. Era o caso daqueles situados na rua Leopoldo Miguez, em Copacabana.

Bangalôs na rua Leopoldo Miguez, em Copacabana: estilo arquitetônico adotado no bairro fazia parecer obsoletos os palacetes de Botafogo. (Augusto Malta, 1928)

Remetendo a uma vida pitoresca e campestre, as novas residências impunham uma lógica de ocupação do espaço urbano que primava por um cotidiano voltado para a vida ao ar livre. Com muitas janelas, varandas e jardins, emergiam como a mais perfeita conjugação entre a influência estrangeira e a adequação ao clima dos trópicos. Já iam longe, àquela altura, os tempos em que a sisudez dos sobrados patriarcais dominavam o cenário urbano carioca, guardando para si os signos da magnificência patriarcal. Gilberto Freyre, numa descrição que, apesar de não se referir às construções do Rio de Janeiro, nos apresenta um excelente perfil dos padrões de moradia do patriarcado urbano brasileiro em meados do século XIX, fala em casas que se erguiam em franco antagonismo com as ruas, multiplicando-se em escuras alcovas e corredores: "... a luz só entrava pela sala da frente e um pouco pelo pátio ou pela sala dos fundos; pelas frinchas das janelas ou pela telha-vã dos quartos. Evitava-se o sol. Tinha-se medo do ar."[36] Nada poderia ser mais distante dos saudáveis anseios atlânticos, nos quais a privacidade não se opunha, de forma alguma, à luminosidade ou à sociabilidade. Às paredes grossas e aos quartos de dormir impregnados "de um cheiro composto de sexo, de urina, de pé, de sovaco, de barata, de mofo", os bangalôs vinham oferecer a leveza de materiais, o gosto pela luz do sol e a primazia do asseio.

Em 1919, o cronista Álvaro Sodré comunicava às leitoras de *Selecta* que "o amor moderno requer dois ídolos – uma baratinha e um *bungalow*, e este constitui entre nós a casa ideal para o nosso clima, e a nossa paisagem".[37] Em tom bastante similar, Álvaro Moreyra, sob o pseudônimo de Jacintho, afirmava que

> a arquitetura da cidade é em geral feia. ... Casas às vezes que têm um interior riquíssimo, como quase todas as de Botafogo, são feias e antiquadas e, pior, malconstruídas. Leme, Copacabana, Ipanema, sendo bairros novos, reúnem um maior número de construções novas. Porque a beleza duma casa não é diretamente proporcional ao seu custo. Há casas simples e relativamente baratas, muito mais bonitas que muitos palácios e palacetes caríssimos. O *bungalow* é o tipo que mais se adapta ao nosso clima, com os seus telhados longos e as suas varandas amplas. E entre nós, a preferência pelo *bungalow* já vai sendo enorme.[38]

Os testemunhos mostram que a adesão às moradias praianas não se devia somente à sua adequação ao cenário tropical. Era também na sua profunda associação ao novo que os cronistas pautavam seu indisfarçável entusiasmo, revelando que os bangalôs materializavam não apenas novas formas de vivência do espaço privado, como também os signos de um estilo de vida identificado com uma modernidade feita da velocidade das baratinhas.

Nesse sentido, conforme explica Álvaro Moreyra, a fama dessas construções se baseava na desqualificação dos ricos palacetes do Flamengo e de Botafogo, cuja opulência passava a ser percebida como sinal de anacronismo. Em substituição a eles (que, numa atualização dos sobrados patriarcais da região central, haviam abrigado as últimas gerações da elite imperial), os bangalôs de Copacabana surgiam como a moderna releitura da distinção aristocrática.

Os bangalôs possuíam quase sempre dois pavimentos, além de um pequeno jardim na frente e um quintal nos fundos. O primeiro andar comportava em geral o vestíbulo, a sala de visitas e a de jantar, uma saleta para escritório, a copa, a cozinha, a despensa e o lavabo. No segundo, ficavam os quartos, os banheiros e a varanda ou terraço. Os quartos dos empregados eram construídos em edículas, que também abrigavam a garagem e a lavanderia. A descrição, apesar de bastante fiel à composição de um bangalô típico, não faz jus ao seu principal diferencial – o estilo. É o que sugere, por exemplo, o seguinte anúncio publicado em 1932 no *Correio da Manhã*:

> Alugam-se os prédios acabados de construir à rua Santa Clara n.270 e 272, Copacabana, com todos os requisitos modernos. Além da entrada principal, com magnífico hall, possuem os prédios varanda, escritório, sala de visitas e de jantar, copa, cozinha e lavatório no primeiro pavimento, e no segundo quatro quartos, hall e banheiro, além de *garage* com quarto para empregados, quintal, jardim etc. Construção em pedra, luxuosa e de fino acabamento e no estilo *bungalow*.[39]

Conforme apontava também o sarcasmo com que Costallat se referia a Poupette, o que os bangalôs ofereciam a seus moradores ultrapassava os pré-requisitos arquitetônicos ao bom usufruto do ambiente praiano. A exemplo de Rosalina, os inquilinos daquelas novas construções da rua Santa Clara adquiririam o passaporte rumo a um estilo de vida que tinha na aparência pitoresca e requintada dos bangalôs o carimbo de sua pertença ao repertório moderno. A adesão àqueles signos demandava, no entanto, bem mais que o simples ato de habitar uma daquelas casas. O "estilo *bungalow*" a que se refere o anúncio transcrito vinha com a sugestão implícita de uma série de condutas que, como revela o cronista da *Careta*, faziam do moderno morar uma prática cotidianamente reforçada:

> Ter um *bungalow* em Copacabana é um sonho de muita gente boa. E, quando o *bungalow* se ergue na praia, olhando para o mar, a coisa é de um *chic* de meter inveja. Mas realizar esse lindo sonho para depois não saber viver dentro do *bungalow* é realmente de se lastimar. E quem tem tal vivenda não pode sentar-se à mesa em mangas de camisa, rodeado pela família com o mesmo descuido na *toilette*, tudo isto de ampla janela aberta, para que toda a gente assista à cena caseira, mais que burguesa. De onde se conclui que a primeira coisa que alguém tem a fazer antes de arranjar dinheiro para comprar um *bungalow* em Copacabana é aprender a viver dentro dele...[40]

A crônica assinala que a aquisição do bangalô correspondia apenas a uma das muitas práticas que credenciavam seu morador a integrar as altas-rodas daquela sociedade. Da indumentária adequada à rígida observância dos padrões de privacidade, a verdadeira distinção demandava algo além de polpudas contas bancárias. Nesse mesmo sentido, o texto sugere ainda que, ao despontarem como morada chique e moderna, os bangalôs se prestavam à atração de camadas ascendentes que, apesar de seu alto poder aquisitivo, não se enquadravam nos ditames da elegância balneária. Práticas e arejadas, tais casas pareciam feitas sob medida ao novo protótipo do homem metropolitano. Mais do que uma moradia, era todo um estilo de vida que era representado por aquelas modernas construções.

Os *cilenses* se divertem

A insistência com que a elite praiana propagandeava suas especificidades não significava, sob nenhum aspecto, seu afastamento das práticas que animavam os demais círculos da alta sociedade carioca. A consolidação do estilo de vida balneário-aristocrático implicava também, indiscutivelmente, a valorização de hábitos que passavam ao largo da peculiaridade *cilense*, como revela, por exemplo, o apreço da "morena de Copacabana" pelo coquetel, pela velocidade da baratinha e pelas modinhas carnavalescas. Com efeito, apesar da centralidade do espaço praiano na agenda do mundanismo local, o exercício da elegância balneária extrapolava em muito o raio das areias. Frequentando salas de cinema e confeitarias da moda, exibindo-se em *dancing rooms* ou buscando inserir os bairros atlânticos no animado circuito carnavalesco da capital da República, senhoritas e *sportmen* de Copacabana deixavam claro que sua afinidade com o *grand monde* não se restringia ao tom moreno que ostentavam em suas peles.

Um dos temas mais recorrentes na coluna social do *Beira-Mar* era a participação da juventude copacabanense nos diversos bailes que movimentavam a cidade. Na crônica "Jazz-band e fox-trot" (de agosto de 1923), Lauro Loureiro, colaborador do semanário, comentava o fenômeno:

> O Rio dança. Quem acompanhar os registros da vida mundana nos jornais verifica diariamente quão extensa é a lista dos chás-dançantes e dos réveillons. Mais convencido disso ficará ainda quem, viajando de bonde, de fora para o Centro da cidade, numa noite de sábado, passar por mais de um bairro. O aspecto do Rio nesses dias é interessantíssimo. Nos palacetes elegantes a gente chamada *chic* se retorce e fox-trota no meio dos salões feéricos de luzes, em trejeitos futuristas. Nas *kanangas* ou Sociedades Recreativas Flor... de qualquer coisa, a plebe também jinga ao som da música *yankee*.[41]

Ao reunir a "gente chamada *chic*" e a "plebe" numa mesma febre dançante, a crônica denuncia o caráter generalizado da moda que acometia a *jeunesse dorée* dos bairros atlânticos. Mas, para além do entusiasmo pela dança propriamente dita, o cronista chama a atenção para a natureza específica do modelo de entretenimento que proliferava cidade afora: era na cultura americana que se inspiravam as trilhas sonoras dos mais diversos salões cariocas, aqui caracterizada por um frenetismo de trejeitos futuristas. De fato, ao lado do foxtrote mencionado na crônica, ritmos como o shimmy, o jazz e o charleston se popularizavam sem dificuldade pelas noites do Rio de Janeiro. Em comum, o fato de se tratar de ritmos e danças formados no contexto da diáspora africana, que incorporavam as heranças musicais trazidas pelos escravos – marcadas pela presença de síncopes e quebras que, ao temperar a harmonia tradicional da musicalidade de origem europeia, criavam formas rítmicas logo associadas por seus entusiastas à modernidade.

Desse modo, o furor dos jovens locais por esses ritmos inseria a então capital brasileira num processo mais amplo de massificação cultural, por sua vez fortemente apoiado na difusão de um leque cultural remetido aos Estados Unidos. Num movimento impulsionado pela conjuntura internacional após a Primeira Guerra, o *american way of life*, caracterizado pela velocidade, pela praticidade e pelo consumo, somava-se com força à hegemonia europeia sobre a qual se haviam construído, nas décadas anteriores, os sonhos e as representações de uma *belle époque* tropical. Se Paris reinara soberana nos anseios estéticos e civilizatórios das décadas anteriores, os anos 1920 corriam sob a égide de novos parâmetros de cosmopolitismo, pondo a cultura americana na ordem do dia.

Não por acaso, em 1925 o *Beira-Mar* noticiava a formação da Copacabana Jazz, banda composta "de rapazes das mais distintas famílias de nossa CIL e do Rio de Janeiro".[42] Longe de se restringir a um tipo único de musicalidade, o grupo executava ritmos variados de origem negra – incorporando ainda, além dos já citados, o tango e o samba. Na mesma linha, poucos anos depois, em 1930, o bairro recebia cantores, compositores e grupos como Francisco Alves, Pixinguinha, Almirante e os Oito Batutas, os quais animavam as noites dos clubes locais com sambas e chorinhos que se misturavam, sem maiores reservas, ao mundo da aristocracia praiana.[43]

Capa de *O Malho* mostra um índio vestido com as cores da bandeira brasileira, admirando uma mulher repleta de signos da cultura americana. (Legenda da imagem: O sr. Medeiros e Albuquerque numa conferência afirmou que a América do Norte é um perigo para o Brasil.)

A difusão dessas modas musicais e dançantes não se dava, contudo, apenas através dos trombones das jazz-bands. Contribuía sobremaneira para o sucesso das danças ditas "modernas" a progressiva popularização do cinema, que entrava na década de 1920 sob forte domínio do capital americano. Apesar de as salas de projeção representarem uma opção de lazer do carioca desde a primeira década do século XX, no contexto do pós-guerra, com o colapso da indústria cinematográfica europeia, tal alternativa se redelineou nos termos da produção e da distribuição americana. Num movimento coroado pelo advento do cinema falado, que elevou o custo das produções, os estúdios de Hollywood chegaram soberanos ao final da década veiculando em seus filmes rostos, modas, músicas e hábitos próprios de seu país.

O público de Copacabana, que já havia presenciado duas malfadadas tentativas de construção de cinema no bairro – uma em 1909 e outra em 1915 –, alcançava os anos 1920 com duas salas à sua disposição, ambas na avenida N.S. de Copacabana: o Cine Americano, inaugurado em 1916, e o Atlântico, inaugurado em 1920.

O Cine Atlântico oferecia espetáculos americanizados ao público, que começava a ampliar seus referenciais culturais, até então basicamente europeus.

A foto acima estampa não só o intenso movimento que animava o Cine Atlântico nos primeiros anos da década, mas também as inúmeras referências daquele polo de entretenimento ao universo americano. Anunciando atrações como "Bailarina da Broadway" e "Cabarets de New York", a sala familiarizava a plateia com o que havia de mais atual ao norte do continente em termos de produção artística e de estilo de vida.

A adesão da aristocracia praiana às novidades modernas se deu, no entanto, a partir de perspectivas próprias, que impunham limites e formas peculiares para essas modas entre os *cilenses*. É o que mostrava, de modo especial, a relação que eles estabeleceram com o Carnaval. Se os cinemas e os *dancings* foram rapidamente incorporados ao cotidiano da elite balneária, o mesmo não se pode dizer dos festejos carnavalescos. Apesar da assiduidade da coluna "Ecos da folia", mantida ano após ano por K-rapeta no *Beira-Mar*, não eram poucas as evidências de que os festejos de momo demoraram a integrar o calendário praiano.

Geograficamente distantes dos pequenos clubes carnavalescos formados nos subúrbios e nos bairros habitados por trabalhadores negros que, no início da década de 1920, passaram a ser tomados por muitos intelectuais como um modelo para a cultura nacional,[44] os cronistas dos bairros atlânticos eram obrigados a contentar-se com notas sobre agremiações de outras plagas, enquanto lamentavam o desaparecimento dos antigos blocos da CIL. Atentos à importância que a festa popular ganhava entre os mais diversos segmentos da cidade, comerciantes locais organizavam batalhas de confete e cronistas do semanário promoviam eventos como o Dia dos Ranchos (festejado em 1925 e 1926 no salão do Cine Atlântico), buscando atrair a atenção dos foliões para Copacabana.[45]

Apesar dos esforços, às vésperas do Carnaval de 1927 os colaboradores do jornal lamentavam a "situação em tão populoso e aristocrático bairro", destacando a necessidade "da maior intensificação da folia" e afirmando que "a nata dos carnavalescos da CIL" deveria dar "ao povo carioca a impressão grandiosa de um rancho em que o luxo, a arte, a originalidade, a harmonia" se reunissem.[46]

O tom do protesto não esconde a especificidade do perfil que se buscava construir para o Carnaval de Copacabana. Ainda que sinceramente preocupado com a situação dos festejos nos bairros atlânticos, o cronista defende que a festa não deveria ser adotada à custa da elegância, que respondia pela marca distintiva nessa parte da orla. No final da década ganharam peso na folia praiana os banhos de mar à fantasia e os bailes de máscara realizados nos salões do Atlântico e do Praia Club, bem como no Copacabana Palace. A CIL parecia, enfim, ter encontrado seu lugar ao sol em meio às cada vez mais diversificadas atividades ligadas à festa de momo:

> As festas carnavalescas de 1929 se distinguem das festas carnavalescas dos anos anteriores pela influência do mundanismo e do *maillot*. Oh, sim, para não destoar da época do cinema e dos réveillons... Os instrumentos bárbaros, de origem africana, os tamborins, os chocalhos, os apitos e as lúgubres gaitas ... caíram de moda, e se foram refugiar entre as estações suburbanas mais recuadas, até que desapareçam totalmente. Agora, é o jazz-band quem enche de rugidos ... toda essa metrópole. Temos em 1929 um Carnaval puramente americano. ... Neste ano quem dita as leis carnavalescas é o *maillot*. ... Carnaval mundano e aquático, Carnaval dos salões e das praias de banho... Os nossos foliões se alegram porque, em 1929, as festas de momo pertencem mais a nós, aos balneários elegantes, que a outros pontos do Rio de Janeiro. Os banhos de mar à fantasia e os bailes de máscara são a nota do dia.[47]

Salta à vista a tentativa do cronista de legitimar o Carnaval de Copacabana pela exaltação de signos de distinção e de modernidade. Buscando diferenciar-se do modelo de festejo que vinha sendo defendido ao longo daquela década por vários setores das elites cariocas – marcado pela influência nos ranchos da música "bárbara", aqui apresentada como sinônimo de cultura africana –, o autor liga essas práticas a grupos sociais específicos: aqueles que habitavam "as estações suburbanas mais recuadas". No lugar desse modelo, associa o Carnaval moderno a um universo feito de *maillots*, praias, salões, cinemas e, claro, americanismos. Mais que uma excentricidade atlântica, o texto garante que tais características corresponderiam à "nota do dia", servindo de padrão aos adeptos do mundanismo, que se espalhavam por toda a cidade.

Da praia à literatura

Ainda que breves, os diversos apontamentos aqui transcritos acerca das práticas sobre as quais se construía um "estilo Copacabana" ao longo da década de 1920 deixam entrever os sentidos do protótipo elaborado por Álvaro Marinho Rego na crônica de 1934, que abriu este Capítulo. Baseada na consolidação de hábitos que ganharam corpo no decorrer do decênio anterior, a personagem da morena, por ele considerada sinônimo de uma genérica "prezada leitora" e até mesmo de Copacabana, emerge como metonímia de um estilo de vida que buscava somar aos sentidos da distinção os predicados da experiência balneária.

Assim, mais que um mapa para os valores e gostos em torno dos quais os *cilenses* elaboravam sua vivência cotidiana, a crônica nos chega como sintoma da fixação daquela imagem em meio ao público leitor, que já então reconhecia na morena moderna o retrato legítimo da copacabanense típica.

O colaborador do *Beira-Mar* não foi o primeiro, porém, a perceber que a consolidação de um estilo de vida praiano-aristocrático se prestava à elaboração de imagens literárias. Sua morena vinha somar-se a um número bastante respeitável de personagens que, havia alguns anos, ofereciam ao carioca letrado diferentes glosas sobre o mesmo mote. Não era, no entanto, a qualquer universo literário que se prestavam os cenários e os tipos da CIL. Uma rápida incursão pelo panorama ficcional do período revela que os bairros atlânticos inspiravam a obra de autores com perfil bastante específico, cujo interesse se voltava para as intensas transformações por que passavam a fisionomia e os costumes do Rio de Janeiro de então.

Destacam-se, nesse sentido, Benjamin Costallat e Théo Filho. Ao contrário do que pode sugerir o desconhecimento que hoje cerca seus nomes, não se tratava de escritores marginalizados pelas editoras nem ignorados pelo grande público. Eram, em verdade, responsáveis pelas maiores tiragens do mercado editorial brasileiro da época, gozando de amplo reconhecimento em meio à enorme massa de leitores que buscavam, na ficção, um entretenimento ao gosto e ao ritmo dos novos tempos. Desconsideradas por décadas pelos cânones da história literária nacional, as obras de Théo Filho e Benjamin Costallat visavam, sem constrangimento, alcançar o maior número de pessoas. Não era outro o motivo que os levava, por exemplo, a investir em edições de baixo custo e capas ilustradas e coloridas, numa época em que a sobriedade ainda reinava sobre a estética do padrão editorial no país.

Benjamin Costallat construiu sua fama a partir das crônicas semanais que publicava no *Jornal do Brasil*,[48] nas quais ensaiava os primeiros passos da fusão entre o estilo vertiginoso de sua escrita e a indisfarçável atração pela experiência do moderno nas suas mais diversas facetas. Ao levar o talento de observador do cronista para a ficção, tornou-se conhecido por criar narrativas inspiradas nos enredos do cinema americano, incorporando os novos padrões do cosmopolitismo, o que se constata já no título de algumas de suas obras, como *Arranha-céo*, *Mutt, Jeff & Cia*, *Cocktail* etc. Seus textos eram ainda profundamente marcados por uma visão crítica daquilo que identificava como a degradação dos padrões morais e estéticos da cidade, o que se traduzia numa literatura de contornos polêmicos. Resulta, desse esforço, uma galeria de personagens cuja verossimilhança parecia evidente a qualquer um que experimentasse o mundo representado em suas obras.

Era o que transparecia, de modo especialmente forte, no modo pelo qual o autor elegeu, reiteradas vezes, a Copacabana da década de 1920 como habitat de um certo tipo social. O sr. Martins Pontes, por exemplo, era deputado pela capital federal e ex-ministro da República. Vivia num palacete na avenida Atlântica, passava longas temporadas em seu bangalô na avenida Koeller, em Petrópolis, e possuía uma frisa no Teatro Municipal. Sua trajetória política, construída ao longo das duas primeiras décadas do século XX, fora meteórica: à custa de condutas de moralidade duvidosa, passara rapidamente de fazendeiro no interior do Piauí a detentor de cargos de grande prestígio no Rio de Janeiro. Sua filha, Rosalina, era a mais perfeita tradução da melindrosa.[49] Frequentadora de *dancings* e sócia do Country Club, seus interesses se resumiam ao *flirt*, às jazz-bands, ao *footing* e às *toilettes*. Depois de casar-se com Albertinho – um ex-dançarino profissional que se transformara num *cocotte* de luxo –, Rosalina mudara-se para um moderno bangalô na avenida Atlântica e passava os dias a dirigir sua baratinha vermelha pela cidade. Gastão Soares, amigo de Albertinho, vivia num palacete na avenida Atlântica, onde exibia bons automóveis na porta. Gabava-se de manter magníficas relações, de ter como esposa uma das mais ricas mulheres da cidade e de ser bacharel.

Além de habitarem o mesmo logradouro e de compartilharem um mesmo universo socioeconômico, os personagens citados têm em comum o fato de aparecerem nas páginas do romance *Mademoiselle Cinema*, de 1923, e de sua continuação, *O marido de Melle. Cinema*, de 1931. Ao investir em tais caracterizações (e caricaturizações), Costallat buscava relacionar seus atributos subjetivos ao ambiente que os circundava – donde o leitor conclui que Copacabana era, no universo literário por ele criado, definida por uma atmosfera de luxo, de velocidade, de modernismos e, sobretudo, de aparências. Representando Copacabana como *locus* não apenas de segmentos oriundos de uma elite de origem tradicional (como o sr. Martins Pontes), mas também de jovens pouco afeitos ao trabalho e afinados com as mais novas tendências da moda, o autor evidenciava que aquele bairro tinha diante da cidade uma fisionomia própria, cujas características iam muito além das belas paisagens que havia tempos estampavam o imaginário do carioca.

Ao servir de base para a elaboração de tais estereótipos, o círculo *cilense* alimentava, assim, uma poderosa imagem literária, capaz de fixar alguns dos elementos que passariam a definir o bairro e seus habitantes frente ao restante da capital. Definia-se uma relação dialética entre a experiência praiana dos aristocratas de Copacabana e as representações mais gerais sobre ela formuladas por Costallat. Por um lado, era a partir do estilo de vida por eles definido e defendido, em suas ambiguidades e contradições, que o literato dava forma a seus personagens; por outro, no entanto, ao transformar esse estilo de vida em matéria literária, ele reforçava e legitimava a autorrepresentação dos *cilenses* sobre sua própria peculiaridade, assegurando o destaque de sua condição.

Ao chamar a atenção para o sentido "moderno" de tais concepções – marcado até mesmo pelo ritmo narrativo rápido e entrecortado do romance –, Benjamin Costallat traduzia para um público amplo, não só do Rio de Janeiro, mas de todo o Brasil, o sentido da autorrepresentação moderna dos *cilenses*, ainda que por vezes a tematizasse de modo crítico. O interesse do público por essa abordagem era atestado pelo fato de que, em cinco anos, 75 mil exemplares do livro foram vendidos,[50] fazendo de *Mademoiselle Cinema* um dos maiores sucessos editoriais da história do país até os dias de hoje.

Processo semelhante aconteceu com Théo Filho, que, como Costallat, construiu uma trajetória literária intimamente ligada ao *grand monde* carioca. Sendo, como vimos nos capítulos anteriores, um *cilense* de primeira hora, assumiu a direção editorial do *Beira-Mar* em 1925, quando já gozava de um vasto currículo de obras de grande popularidade. Morador de Ipanema, entusiasta fervoroso da vida praiana, esse autor não se limitou a fazer dessa experiência um meio de definir os contornos de seus personagens. Com efeito, em 1927 ele mergulhava nesse universo para dar forma à trama de um de seus principais romances, que trazia em seu próprio título, *Praia de Ipanema*, a demarcação do mundo que se propunha a representar.

O romance, lançado com a ambiciosa tiragem de 8 mil exemplares,[51] tem como cenário um bairro ainda em formação. A trama gira em torno das desventuras de Otto O'Kennutchy, um jovem engenheiro de 26 anos, morador de "uma casa burguesa" em Ipanema (com "três janelas abertas para o oceano"), que passava seus dias na praia pensando na viabilização de um projeto que transformasse sua bucólica vizinhança numa "Newport sul-americana". Sua "Ipanema City" contaria com dois grandes hotéis e um luxuoso balneário, compondo uma "cidade de prazeres e divertimentos esportivos".[52] Nos delírios de Otto, Ipanema se transformaria numa "Miami moderníssima".

O romance se desenrola em meio ao fracasso do empreendimento do protagonista, que, diante da força do capital estrangeiro, se viu obrigado a abrir mão de sua Ipanema City. Considerando a megalomania do protagonista, não é difícil perceber a tentativa do autor de estabelecer uma relação com o mundo social que, entre petecas e bangalôs, se erguia frente aos olhos de toda a cidade.

Mais que as escolhas estéticas e estilísticas que definem os protocolos narrativos empregados por Costallat e por Théo Filho, importa aqui o fato de que, já nos primeiros anos da década de 1920, os bairros atlânticos tinham atravessado os túneis nas páginas de autores cujas obras eram reconhecidamente marcadas pela escolha de temas polêmicos, atuais e, acima de tudo, comprometidos com a agenda da modernidade. De lógica de distinção local, o moderno estilo de vida praiano havia sido alçado, através de livros como esses, a uma ambiência muito mais ampla de interlocução, na qual os signos de distinção articulados pelos *cilenses* nos limites de Copacabana passavam a assumir novos sentidos e significados.

O resultado é que, a partir desse período, não seria apenas nas páginas da literatura que aquelas imagens ganhariam força. Sem demora, os bairros atlânticos acumularam fama cidade afora, divulgando as delícias de um tipo de vida que passava a caber também nas ambições de novos sujeitos e segmentos sociais. Não por acaso, no mesmo ano em que Théo Filho publicava *Praia de Ipanema*, Francisco Rocha, um compositor pouco conhecido, lançava no Carnaval um samba com o singelo nome de "Copacabana":

Vamos depressa
Linda Mariana
Buscar as águas
De Copacabana

Enquanto a maré vai, vai
Enquanto a maré vem, vem
Na beira da praia tem, tem
Morenas bonitas, meu bem,

Tem moça *chic*
Tem almofadinha
Copacabana, o bairro
É da pontinha

Interpretados por Arthur Castro, esses versos, entremeados pelo ritmo contagiante da Orquestra Jazz Band Pan American do Cassino de Copacabana, incorporavam de forma própria vários dos elementos que caracterizavam os orgulhosos valores definidos nos anos anteriores pelos habitantes da CIL – como as vantagens do banho de mar, a beleza das morenas e a elegância dos hábitos praianos. Conforme sugere o convite do primeiro verso, o estilo de vida enraizado nas areias de Copacabana passava também a ser incorporado às opções de lazer de moradores de outras plagas.

6. Os castelos de areia

Em sua edição de 4 de outubro de 1930, a revista *Careta* provocava:

> Quem não sabe, por exemplo, que Copacabana cheira a ar marinho e a presunção? Que o Catete cheira a açougue, a poeira e a pensão barata? Que o Flamengo cheira a água de colônia ordinária e a pó de arroz falsificado? Que Botafogo é o mais cheiroso dos nossos bairros, porque cheira a gente rica?

Ao associar Botafogo à tradicional elite carioca, desprezar o Catete pela total ausência de elegância e criticar o Flamengo pela falsa sofisticação de seus moradores, o autor da crônica acabava por estabelecer, para aqueles que tentavam fixar uma imagem aristocrática de Copacabana, uma marca singular frente a outros grupos sociais de padrão econômico semelhante. Da mistura do "ar marinho" próprio de uma vida praiana com a presunção daqueles que se julgavam seus maiores representantes parecia já definido, para o olhar do rabugento cronista, o sentido específico do perfil exclusivo e refinado que os *cilenses* tentavam construir para o seu bairro.

Nos três últimos capítulos vimos de que maneira, no decorrer da década de 1920, os bairros da CIL se firmaram na cartografia carioca como cenário privilegiado de elegância e civilidade. Perseguindo três vetores de afluência progressiva de pessoas à região – o turismo, os edifícios de apartamentos e os numerosos visitantes advindos de outras partes da cidade –, resta então pensar os sentidos tomados por aquele discurso identitário diante da perda de um de seus principais referenciais simbólicos: o exclusivismo. Afinal, entre a popularidade e a popularização, a modernidade e a moralidade, os *cilenses* assistiam a uma franca identificação da capital federal com o *ethos* praiano, na mesma medida em que viam seus parâmetros de afirmação da identidade local paulatinamente ameaçados.

Uma Copacabana para o mundo

Publicados em 1928 e 1932, respectivamente, os guias *O Rio de Janeiro e seus arredores* (da Sociedade Anônima de Viagens Internacionais) e *South American Handbook* (lançado na Inglaterra) mostravam uma cidade certamente estranha aos visitantes que hoje a lotam nos meses de verão. Destacando o Centro e chamando a atenção dos potenciais turistas para praças, jardins, fontes, estátuas e cafés, as publicações ignoravam o Rio praiano – deixando entrever o longo caminho que essa parcela da cidade ainda teria de percorrer até se transformar em uma alternativa turística para os estrangeiros. Em 1937, tal ideia era reforçada pela *carte touristique* editada pelo governo federal, na qual os bairros de praia ao sul, hoje centrais em qualquer mapa turístico, apareciam a noroeste da imagem, numa posição evidentemente secundária em relação ao principal polo de atrações.[1]

Oferecendo um misto de glamour e exotismo, o Rio de Janeiro entrava na rota do turismo internacional cerca de meio século após o início de seu desenvolvimento na Europa e nos Estados Unidos. No além-mar, já em meados do século XIX essa atividade surgia como alternativa devido à disseminação de um modelo de individualismo que, impulsionado por novas formas de relação de trabalho (e, consequentemente, de lazer), incorporava a valorização da natureza e da paisagem como espaço de descanso em face da agitação da vida moderna.[2] Ainda que a inauguração do Copacabana Palace, em 1923, tenha sido um marco importante do investimento do poder público e do capital privado na inserção do Rio de Janeiro no mapa turístico mundial, a verdade é que, a despeito da observância aos mais rigorosos padrões internacionais de recepção, o hotel demorou a ser efetivamente ocupado por grandes montas de visitantes estrangeiros. Com efeito, no mesmo ano o país ganhava a sua primeira organização formalmente voltada para o estímulo do segmento, a Sociedade Brasileira de Turismo (que três anos depois daria origem ao Touring Club do Brasil), o que revela quão recentes eram as iniciativas de cunho nacional nesse tipo de negócio.

Mas, conforme sugerem os guias, não era apenas a falta de experiência logística no ramo que se apresentava como desafio a um hotel feito à imagem e perfeição de seus pares mundo afora. Também sua localização praiana parecia ser um empecilho. Como explicar tal constatação em meio a um cenário francamente favorável à valorização da vida à beira-mar em outros países? Afinal, se os próprios cariocas, inspirados nos europeus e nos americanos, investiam desmedidamente na divulgação do estilo de vida balneário, por que o litoral demorava a se apresentar como alternativa aos turistas? Os periódicos nos apontam boas pistas. Numa campanha que se alastrava pelos mais diversos veículos da imprensa, a virada da década assistiu a uma avalanche de argumentos que, sob a forma de protesto ou sugestão, davam seu recado: era preciso atrair os visitantes estrangeiros para os bairros atlânticos.

Na primeira de suas tantas reportagens dedicadas ao tema, as páginas do *Beira-Mar* convocavam seus leitores à reflexão:

> Os nossos irreverentes hóspedes sorriem ao notar que nada há aqui de brasileiro, excluindo os panoramas, alguns resquícios da prosódia tupi ou congolesa e uma vivacidade subequatorial inconfundivelmente indígena. Tirando a beleza morena das nossas conterrâneas e a afabilidade dos nossos homens de Estado, que impressões levam os estrangeiros deste país?[3]

O texto termina com um lamento pela falta de "senso prático intuitivo" dos brasileiros e com a afirmação de que os balneários poderiam ser ótimas fontes de renda para a municipalidade. A linha de argumentação adotada é bastante reveladora: num ambiente intelectual reiteradamente marcado pelas discussões em torno da busca da originalidade nacional, afirma-se que a ideia de brasilidade se resumia, para os visitantes que por aqui passavam, à pujança do cenário natural acrescido do sotaque indígena ou africano, da vivacidade tropical, da beleza morena das mulheres nativas e da cordialidade das autoridades. A ironia que perpassa o trecho não deixa dúvidas de que tal repertório parecia insuficiente. Seja nas entrelinhas daquele pitoresco panorama da nacionalidade, ou na sugestão que encerra a reflexão, fica evidente que o redator propunha a urgência de um esforço de dissociação do país da imagem exclusivamente exótica e pitoresca. Era preciso também investir em índices internacionalmente reconhecidos de civilização, sob pena de as benesses do turismo capitalista jamais aportarem em nossas terras...

Meses depois, o mesmo periódico explicitava a questão em termos bem mais pragmáticos. Perguntando-se "por que os turistas não procuram Copacabana, a mais formosa praia do mundo?", o cronista discorre:

> Já observaram que os turistas que nos visitam nada se demoram entre nós? ... O motivo, evidentemente, é a falta de conforto e liberdade nos hotéis e ausência de estabelecimentos de recreio em que se gaste dinheiro com prazer. ... Os estrangeiros que pousam o calcanhar no Brasil pouco se demoram, única e simplesmente por não lhe darmos a comodidade a que eles estão habituados. ... O Brasil é uma insuperável natureza, e não vai além da natureza, para os nossos visitantes. Olhada a paisagem, nada mais eles têm a olhar... e embarcam... para a Argentina...[4]

Aqui, novamente, não pairam dúvidas sobre a atração exercida por nossa paisagem natural sobre os turistas. A partir da reiteração desse fato inconteste, o que se anuncia no texto é a inserção do Rio de Janeiro (e do Brasil) numa espécie bastante peculiar de turismo que, baseada na contemplação, se caracterizava pela pouca demora dos visitantes entre nós. A exemplo do que sugeria o trecho anterior, isso se explicaria pela ausência de conforto e de opções de lazer diretamente ligadas ao gasto de dinheiro, numa clara associação da atividade turística a um tipo bastante específico de capitalismo e, na mesma medida, de individualismo. A caracterização do Rio de Janeiro como mero lugar de passagem para viajantes rumo à Argentina só reforça essa imagem, mostrando que, a exemplo do que encontravam às margens do Prata, os estrangeiros estavam à procura de padrões locais de civilização que, embora em cores próprias, lhes proporcionasse o acesso a padrões internacionais de conveniências e lazer. Não é um acaso que a famosa editora alemã de guias turísticos Baedeker fizesse do Rio de Janeiro, em 1914, um apêndice da edição dedicada à Argentina.

Com a ideia de que era preciso reunir às maravilhas da paisagem um forte investimento em infraestrutura civilizatória, o autor conclui:

> Se a prefeitura, de comum acordo com os nossos capitalistas patriotas, quisesse atrair a curiosidade dos turistas estrangeiros para o grande balneário que se arqueia entre o Leme e o Leblon – ora criando postos de salvamento novos, ora facilitando a construção de hotéis cassinos, ora incentivando o progresso local –, não estranharíamos que, dentro de uns três anos, dez ou vinte transatlânticos aportassem ao Rio de Janeiro, carregando um enxame de *yankees* buliçosos e risonhos...[5]

Por trás da profecia inscrita nessas linhas se articulava bem mais que uma simples proposta de cunho pragmático. O autor do texto se apoiava na revisão do modelo vigente da relação entre natureza e cultura, deixando entrever que a continuidade dos pressupostos que davam corpo ao projeto praiano-civilizatório requeria, no médio prazo, uma reforma profunda nos modos de ocupação do espaço balneário – sob pena de perderem o bonde daquela história, que tanto se empenhavam em acompanhar. Entre o localismo e o cosmopolitismo, não tremulavam apenas os contornos de uma ideia de identidade nacional; também a fisionomia dos bairros atlânticos (e, de certa forma, de toda a cidade) precisava responder às demandas do tempo.

Às vésperas do verão de 1929, os postos de salvamento de madeira começaram a ser substituídos por novos e modernos postos de observação, construídos em concreto armado. Diversos outros melhoramentos se acrescentaram: duas novas ambulâncias recém-aparelhadas, novos equipamentos e novas barracas para os salva-vidas. No início do ano seguinte, a CIL contava com pelo menos meia dúzia de hotéis: além do Copacabana Palace, o Washington Hotel, o Hotel de Londres, ambos na avenida Atlântica, o Hotel Balneário, na rua Siqueira Campos, o Hotel Ritz, na avenida Delfim Moreira, e o Hotel Leblon, na avenida Niemeyer.[6] Se as comparações com as mais famosas praias internacionais serviam, outrora, para legitimar o enaltecimento da beleza de Copacabana, a estratégia era agora empregada com outros propósitos:

> Em Ramirez, em Carrasco, as praias de Montevidéu, no lamentável balneário Municipal, de Buenos Aires, na esplanada de La Plata, elas campeiam, dando um ar cosmopolita e risonho à paisagem pobre que as cerca. Nós, não. Contentamo-nos com o que Deus nos deu, e se alguns hotéis não abrissem ao público suas cabines, as praias do Leme, Copacabana, Ipanema e Leblon seriam praias particulares, para uso exclusivo dos moradores das avenidas oceânicas. Isso é um erro, e um egoísmo prejudicial, porque justamente na afluência de forasteiros está a riqueza e a garantia de incessante progresso de nossos bairros magníficos, mas ainda demasiadamente fechados.[7]

Começava a ficar evidente que a ausência de turistas custava aos bairros atlânticos bem mais que os muitos dólares que deixavam de recolher. Custava-lhes, acima de tudo, o risco de sua associação a um isolamento que poderia, sem demora, traduzir-se por um irreversível provincianismo – o mais perfeito avesso do *ethos* cosmopolita de que tanto se vangloriava a elite copacabanense, desde seus mais remotos representantes. Mais que um investimento financeiro, a abertura dos bairros para o turismo internacional era, portanto, uma demanda inserida na lógica do capital simbólico sobre o qual se mantinha a orgulhosa distinção local.

Algumas semanas depois, o periódico insistia no tema, afirmando que "bem procederia quem trabalhasse por fazer de Copacabana o que ela, até agora, não é: um centro de turismo".[8] Os apelos, ao que parece, não foram em vão. Logo se anunciaria, para setembro de 1930, a realização do memorável concurso internacional de beleza, cujas formalidades aconteceriam nas suntuosas dependências do hotel de Otávio Guinle. O *Beira-Mar* festejava:

> O grande acontecimento que o Concurso Internacional de Beleza marcará na primavera próxima virá emprestar a Copacabana um prestígio considerável. Certamente, estrangeiros aos milhares visitarão o Brasil para acompanhar de perto a marcha dos trabalhos do júri estético, preferindo morar nos nossos apartamentos e hotéis, em que demorarão todo o tempo do certame.[9]

O entusiasmo do periódico não era de todo exagerado. De fato, a realização do concurso voltou as atenções da imprensa para Copacabana e, mais especificamente, para a varanda do hotel, que servia de passarela para a apresentação das candidatas. No dia 8 de setembro de 1930, para o completo deleite do público, o júri dava à gaúcha Yolanda Pereira a faixa de Miss Universo. O texto do álbum oficial do concurso assim descrevia a mais nova celebridade nacional:

> É a brasileira, em sua mais lata e justa personificação. É uma rima de canção cabocla encarnada num corpo de mulher. Seu moreninho-mate é a cor que deve ter toda patrícia para ser bem brasileira. ... Toda ela é Brasil. O desprendimento, a grandeza d'ânimo, a galanteria brasílica, tudo vive nela, elevando-a a Símbolo da Raça. Salve, Yolanda!

O trecho revela bem mais do que as feições da candidata poderiam sugerir. O enquadramento de sua pele alva, seus traços finos e seus cabelos negros no tipo ideal da "moreninha-mate" brasileira demonstrava um esforço que ia muito além dos interesses em torno do concurso. Avaliada por quesitos como beleza, graça, equilíbrio, proporção, formas e distinção, sua elevação a representante de "símbolo da raça" deixava transparecer um projeto de nação que buscava conjugar harmoniosamente elementos do exotismo local com os mais legítimos padrões internacionais de requinte e de civilidade. Nesse sentido, nenhum cenário poderia ser mais propício àquele espetáculo do que a exuberância tropical da praia de Copacabana, adornada pelo colar de pérolas de sua iluminação e pela opulência do Copacabana Palace. Não por acaso, apenas uma semana depois do concurso o hotel sediava um encontro entre os delegados do Terceiro Congresso Sul-Americano de Turismo.[10]

Somava-se à memória recente daqueles eventos a proximidade do início da estação calmosa. E o colunista da *Careta* sentenciava: "O momento, na cidade, pertence a Copacabana."[11] Não tardou para que os mais diferentes matutinos da cidade anunciassem uma novidade que vinha ao encontro das demandas dos sempre atentos *cilenses*: a instalação de pavilhões para banhistas na praia de Copacabana, "a exemplo dos que já existem em Biarritz, Estoril e Côte d'Azur". Com o sugestivo título de "O Rio – A cidade de turismo por excelência", o *Diário de Notícias* não poupava floreios à cena atlântica:

> ... o verão desce sobre a Cidade Maravilhosa. Nessa auréola mítica, na moldura encantadora desses altos motivos de legenda e de graça espiritual é que a estação calmosa surge, convidando-nos para o *footing* à beira-mar e os banhos nas praias elegantes da nossa urbes miraculosa. ... As praias do Rio – a metrópole vertiginosa por excelência – tornam-se então em pontos obrigatórios de reunião das mais altas figuras da nata da sociedade carioca. Este ano, o verão em Copacabana terá uma fisionomia nova que nos fará recordar as praias repletas de Biarritz, Hendaya, ou da Costa do Sol.[12]

Em uníssono com as campanhas que a precediam, a reportagem condicionava, contudo, o sucesso daquele panorama às novas benfeitorias que se anunciavam:

> ... a linda praia atlântica se pontilhará de vários grupos de pavilhões destinados à mudança de roupa, dotados de todos os requisitos de higiene e de conforto, como sejam assento, estrado, cabides, espelho, chuveiro de água doce e perfumada, tudo, enfim, que seja indispensável à perfeita comodidade do público aristocrático e fino que frequenta as alvacentas areias de Copacabana. De formas geométricas suges-

tivas e linhas coloridas, os pavilhões aludidos, que se destinam também à guarda dos vestuários, são extremamente decorativos e servem ainda de abrigo do sol.

As barracas, iniciativa da Sociedade de Fomento Turístico, "da firma Duarte & C.", conforme o texto detalha, deveriam ser instaladas nos Postos 4 e 6, atendendo à grande presença de banhistas naqueles pontos da praia. O benefício, entretanto, não estaria ao alcance de todos: para usufruir os "pavilhões pequenos", destinados à troca de roupa e providos de chuveiro, teriam de ser desembolsados nada menos que 2 mil-réis, o que correspondia a quase quatro vezes o valor do exemplar de uma revista elegante como a *Careta*. A iniciativa viria contemplar um dos maiores dilemas enfrentados pelos copacabanenses em sua ânsia por atrair turistas e visitantes para suas areias: como poderiam aqueles que não habitavam pelas redondezas frequentar a praia sem que, para tanto, se vissem obrigados a aderir ao "vergonhoso hábito" de "transitar pelas ruas da cidade, sejam elas quais forem, em trajes edênicos de banho"?

Apesar dos muitos aplausos, a ideia das barracas não foi adiante. As manifestações que provocou revelam, no entanto, que o discurso em prol do rompimento do isolamento da elite copacabanense não decorria de um gesto de altruísmo por parte de um segmento generosamente disposto a abrir mão de seus privilégios. Pautado em critérios muito firmes de moralidade e de elegância, seu objetivo era um só: atrair para a CIL aquilo que o mundo tinha de mais distinto. As palavras de Théo Filho a respeito do anúncio do empreendimento são elucidativas:

> Julgamos oportuno e interessante o presente empreendimento, porque, além de sua incontestável utilidade, torna a praia mais animada, imprimindo-lhe maior elegância e conforto, facilita o uso de banhos a pessoas que residem longe, porque evita que estas tenham de regressar à casa encharcadas, o que é anti-higiênico, e influi na boa impressão do *turiste*.[13]

Se os projetos relativos ao provimento de infraestrutura balneária pareciam entrar na ordem do dia, o mesmo não acontecia com outra questão contra a qual se debatiam os bandeirantes do progresso local: a falta de divertimentos (leia-se "cassinos") para visitantes estrangeiros. A associação entre turismo e jogo, insistentemente acionada pelos envolvidos nesse debate, não era nova.

A tríade "termalismo, cassinismo e paisagismo" já vigorava na Europa desde o século XVIII, quando se difundiram as viagens com fins terapêuticos pelo Velho Continente.[14] Foi, no entanto, apenas no século XIX que, de coadjuvante, o jogo passou a protagonista em diversos destinos turísticos, num movimento iniciado em 1861, com a inauguração do cassino de Monte Carlo, em Mônaco.[15] Em 1926, contudo, o governo de Washington Luís proibira o funcionamento das casas de jogo em todo o Brasil, afetando sobremaneira os lucros do setor hoteleiro.[16] Entrevistado pelo *Beira-Mar*, o proprietário do Hotel Londres, em Copacabana, relatou sua experiência:

> ... há três ou quatro anos nós assistíamos a um movimento extraordinário de visitantes da Argentina, Uruguai, Chile e mesmo da Europa. ... Os passeios pitorescos, os balneários, a beleza de nossas praias e principalmente as atrações do jogo é que prendiam os nossos amáveis hóspedes... Atualmente, nós ficamos apenas com as surpresas da perspectiva e com o ineditismo dos panoramas. Banida a atração primordial, cessaram os motivos que os traziam para cá.[17]

Conforme atestam as inúmeras referências ao tema presentes no semanário praiano, o jogo era visto como elemento constituinte do mundo balneário, a exemplo do que ocorria nas praias do Mediterrâneo. O cassino era, afinal, o lugar onde os estrangeiros podiam "gastar as suas libras ou os seus dólares em um divertimento aristocrático à altura de suas posses".[18] Sem cassinos, "sem barracas e sem outras atrações que não sejam as naturais", o turista sairia de Copacabana com sua "carteira intacta".

O ano de 1933 marcou uma guinada nesse quadro. Liberados pelo governo Getulio Vargas, os cassinos voltaram a movimentar a cidade, sediando não apenas apostas como também uma concorrida agenda cultural. Naquele ano foi reaberto o do Copacabana Palace e inaugurado o Cassino Balneário da Urca. No ano seguinte abriu as portas o Cassino Balneário Atlântico, no Posto 6 – com traços modernos e arrojados, o projeto espelhava o sentido que se tentava atribuir à iniciativa. A volta das casas de jogo atendia, portanto, a uma das principais exigências do modelo praiano elegante defendido pela elite local como padrão de ocupação de sua praia.

Também em 1933, outra novidade veio reforçar a crescente visibilidade dos bairros atlânticos perante o público estrangeiro: o ingresso do Circuito

Croqui do Cassino Balneário Atlântico, inaugurado em 1934 no Posto 6. Imponente, a construção seguia os padrões dos balneários de Palm Beach e Miami.

da Gávea no calendário internacional de automobilismo. Apesar de o trajeto oficial da competição incluir apenas a avenida Niemeyer e parte do Leblon, os pilotos usufruíam a estrutura turística de Copacabana. Em poucos anos, a antiga aspiração por atrações civilizadas dos cronistas do *Beira-Mar* parecia tornar-se realidade.

Os resultados desse esforço, no entanto, não foram exatamente os desejados pela elite de Copacabana. Por mais que esta tentasse afirmar seu potencial turístico pela similaridade com outros balneários europeus, era a marca algo indiferenciada de um exotismo tropical que ficaria fixada no olhar estrangeiro. É o que mostrava, no fim desse mesmo ano, o musical *Flying down to Rio*, produzido em Hollywood e em boa parte ambientado nas luxuosas dependências do Copacabana Palace. O que poderia ter entrado para a história como o momento de consagração mundial da CIL esbarrava num detalhe nada desprezível: as cenas externas levam o espectador por um passeio por diversas partes do Rio de Janeiro, passando por Pão de Açúcar, baía de Guanabara, Jardim Botânico, Jockey Club e Alto da Boa Vista. E nem sinal da praia de Copacabana...[19]

A exportação das praias cariocas como paradigma de um modelo de nacionalidade teria de esperar até o final da década de 1930 para se consolidar. A essa altura, contudo, a brasilidade reverberada pela imagem dos bairros atlânticos mundo afora já não seria exatamente aquela sonhada pelos *cilenses*. Em meio a tantas transformações, o projeto praiano-civilizatório parecia já não dar conta da complexidade de uma Copacabana que, anos mais tarde, ciceroneada pelo personagem de gibi Zé Carioca, se apresentaria ao mundo conjugada ao samba, à malandragem e à cachaça.

Lançado pela Disney em 1943, o filme *Alô, amigos* trazia o americano Pato Donald deslumbrado diante do cenário tropical, dançando junto com Zé Carioca ao som da celebração do "mulato inzoneiro", mencionado por Ary Barroso no samba "Aquarela do Brasil", de 1939. A imagem do traçado ondulado das pedras portuguesas sobre o qual apareciam os dois personagens não deixava dúvidas sobre o protagonismo atribuído naquele momento a Copacabana na representação de um cenário brasileiro por excelência.

Como queriam os *cilenses*, os bairros atlânticos haviam, de fato, atravessado continentes, atraindo turistas dos mais diversos cantos do globo. Entretanto, apesar de associada ao glamour, Copacabana passava a figurar como protótipo de uma nacionalidade cujos parâmetros escapavam, em múltiplos níveis, daqueles critérios sobre os quais se construíra a aristocrática identidade da elite praiana.

O Pato Donald e Zé Carioca se divertem na avenida Atlântica em *Alô, amigos*, filme que exportou uma imagem de Copacabana associada a samba e malandragem.

Os castelos modernos

Em 1929, chegava às livrarias mais uma publicação de Benjamin Costallat, já então consagrado como um dos autores brasileiros mais vendidos da década. Com o título de *Arranha-céo*, a obra trazia a seguinte introdução:

> O "arranha-céu" é um mundo em resumo. É um livro de crônicas. Dentro de seu bojo de cimento, como dentro das páginas de um livro como este, há um pouco de tudo. "Blagues" e tristezas, homens de pensamento e homens de ação, famílias e quartos de amor...[20]

O formato do livro não era exatamente novidade. Reunindo, como tantos outros volumes lançados pelo próprio Costallat, crônicas publicadas no *Jornal do Brasil*, oferecia ao leitor textos ligeiros que versavam sobre aspectos da vida na metrópole da Guanabara. O título e o texto da introdução não eram, no entanto, fortuitos. Sempre atento às novidades da urbes, o autor fazia da concepção da coletânea uma ode ao maior símbolo dos novos tempos: o arranha-céu. A carta de intenções é bastante clara nesse sentido. Definindo-o como "um mundo em resumo", Costallat procurava assemelhar sua coletânea a um arranha-céu, na medida em que aquele "bojo de cimento", na sua concretude mastodôntica, era capaz de abrigar nada menos que a diversidade humana tão característica do contexto urbano. Na única crônica ("A moral dos arranha-céus") que faz menção ao título da obra, o escritor afirma:

> A vida hoje é na rua. Em contato com estranhos. A família desapareceu. O lar, o amor do nosso amor, é uma noção vaga. ... A época é de arranha-céus. Uns por sobre os outros. Apertados e em promiscuidade. A mistura e a confusão. A Babel de todas as moralidades. Mas onde todo mundo se entende. Entende-se porque fala a mesma língua do egoísmo. Cada qual para o seu lado. Cada qual cuidando de si...[21]

A nostalgia e o moralismo que dão o tom do trecho não podem, sob nenhum aspecto, serem tomados como parâmetro para o sentimento que invadia os meios letrados e a população como um todo no que concernia aos costumes dos novos tempos. As linhas podem, todavia, nos servir de guia para a identificação de transformações que, alterando reciprocamente a fisionomia da cidade e os hábitos dos cariocas, permitem acessar alguns aspectos que caracterizavam a "vida moderna". Vemos, em primeiro lugar, a reiteração de algo que o próprio autor já havia assinalado em crônicas escritas desde o início daquela década: uma referência à predominância da "vida nas ruas", "em contato com estranhos", que remete não somente ao crescente dinamismo da vida urbana como também a novas formas de sociabilidade. Era outro modo de vivência da individualidade que "a época de arranha-céus" anunciava.

O público que encontrava o mais recente livro de Costallat nas livrarias apenas começava a se familiarizar com o tipo de construção que lhe dava título. Habituado, até meados da década de 1920, a edificações que raramente ultrapassavam os três andares, os cariocas viram surgir em 1925 aquele que é considerado o primeiro arranha-céu da cidade: o edifício do Cinema Capitólio, com dez pavimentos, situado no trecho resultante da demolição do antigo Convento da Ajuda, em frente à praça Floriano Peixoto, no Centro, formando um alargamento no extremo sul da avenida Central.[22] A região, então conhecida como bairro do Serrador (hoje, Cinelândia), fazia a ligação entre o Centro e os bairros situados ao sul da cidade. Representava, desde as reformas implementadas por Pereira Passos, no início do século, o ponto nevrálgico da capital moderna. Era lá que se reuniam, por exemplo, importantes signos do poder republicano (como a Câmara Municipal, o Superior Tribunal Federal, o Clube Militar e o Senado Federal) e da cultura (como a Biblioteca Nacional, o Teatro Municipal, o Museu Nacional de Belas Artes e diversos cinemas).

Não tardou para que Copacabana, já inscrita na cartografia local sob a égide da modernidade e da pujança econômica, entrasse na rota dos arranha-céus, despontando, sem demora, como sinônimo de moradia vertical. Situados primeiramente na região do Lido (que, além de possuir mais terrenos vazios, gozava do prestígio da proximidade do Copacabana Palace), em 1929 os primeiros "rasga-céus" começavam a se fazer notar naquelas imediações. Anunciando "o frisson do eterno e do grandioso utilizado às necessidades da vida prática", os redatores do *Beira-Mar* não perdiam a chance de constatar mais um trunfo de sua CIL como arauto do progresso nacional:

> O auto, o cinema, o aéreo e o rádio tomaram, de súbito, um avanço inesperado, marchando para o aperfeiçoamento quase diabólico da atualidade, em que a ima-

ginação e a experiência humana lograram atingir um grau de verdadeiro delírio na mecânica. ... A vertigem arquitetônica dos Estados Unidos fez-se uma inevitável e esfuziante epidemia internacional, e o Brasil deixou-se atacar pela doença do arranha-céu. ... O arranha-céu triunfou com a rapidez de todas as forças jovens: chegou, instalou-se e venceu. ... Em Copacabana, meia dúzia de edifícios "rasgadores de nuvens" se locupletaram nos terrenos que defrontam o oceano.[23]

O texto se inicia listando as grandes inovações tecnológicas dos tempos correntes, numa linha de raciocínio que insere os arranha-céus no rol dos símbolos inequívocos de modernidade. Em seguida, deixando clara a origem americana daquela novidade, o autor a caracteriza como uma "esfuziante epidemia internacional", situando sua aparição no Rio de Janeiro como parte de um processo em escala mundial – conferindo-lhe, assim, a legitimidade do selo do cosmopolitismo. O argumento se completa com a aproximação entre as novas construções e o vigor da juventude. Progresso, juventude, força e vanguarda – e Copacabana emerge como um vocábulo espontâneo em meio àquela ode aos novos tempos. O trecho vem ainda ilustrado com a imagem abaixo, cuja legenda reforça essas ideias.

A reportagem se encerra com a declaração de que os arranha-céus são "o gênero de habitação social-familiar mais compatível com os bairros elegantes", sendo, portanto, imprescindíveis à formação "do maior e mais suntuoso balneário do mundo". Dois anos depois, o *Beira-Mar* tratava o Leme como "Babilônia de arranha-céus",[24] afirmando que aqueles edifícios eram povoados

Foto publicada no *Beira-Mar* com a legenda: "Eis um grupo de altos edifícios ... que dão a esse canto de Copacabana um aspecto supercivilizado de praia americana."

em geral por estrangeiros que, dada a proximidade de sua moradia com o mar, gozavam de perfeita saúde. Associadas ao progresso tecnológico, à ousadia da juventude e a uma modernidade de feitio americano, as novas construções pareciam feitas sob medida para a ambição civilizatória do projeto da elite atlântica.

A ligação entre os arranha-céus e a vanguarda da tecnologia dos Estados Unidos não era apenas uma estratégia de divulgação por parte de seus entusiastas. Surgidos nos Estados Unidos (notadamente em Nova York e em Chicago) no final do século XIX, os edifícios com mais de cinco andares se consolidavam como resultado do desenvolvimento de um conjunto de inovações tecnológicas e como produto da crescente demanda por espaços de moradia nas metrópoles. Entre tais inovações, as mais relevantes foram, sem dúvida, a invenção do elevador (em 1852, por Elijah Otis) e o concreto armado (atribuído ao francês Joseph Louis Lambot, em 1850), que superava em muito a capacidade de sustentação da alvenaria. O concreto armado só teve seu uso amplamente difundido no final do século XIX, gerando profundas transformações nas técnicas de projeção e execução arquitetônicas.

No Brasil, embora os primeiros registros de construção em concreto armado tenham aparecido já em 1904, foi somente na metade da década de 1920 que o material começou a ser usado em larga escala. Tal difusão deveu-se sobretudo às iniciativas do engenheiro Emílio Baumgart, que, em 1923, abriu um escritório dedicado a projetos e cálculos a serem efetuados com a nova técnica,[25] cuja difusão alterava a paisagem cotidiana dos transeuntes cariocas. E mais: acarretava, por exemplo, grandes mudanças no mercado da construção civil (introduzindo materiais como o aço, sistemas hidráulicos e elétricos, além do próprio concreto e dos elevadores), no ensino e na prática da arquitetura e da engenharia, no universo jurídico (fazendo surgir elementos como o condomínio,[26] a "fração ideal", e nova legislação para construções) e no mercado imobiliário.

Nesse sentido, talvez a maior prova da difusão do concreto armado no Rio de Janeiro seja a criação do Código de Obras, lançado em 1925 durante a gestão de Alaor Prata. O documento foi o primeiro a levar em consideração a chegada da nova tecnologia ao mercado nacional, mudando o padrão dos edifícios, que agora poderiam ter mais de seis andares. Entre outras coisas, o novo código dividia a cidade em quatro zonas (rural, urbana, suburbana e central) e autorizava a construção de prédios contíguos, sem áreas laterais ou passagens, nos logradouros de caráter residencial das zonas urbanas. Definindo ainda que a altura da fachada deveria ser de uma vez e meia a largura do logradouro nas zonas residenciais e de duas vezes na zona central, as novas disposições acabaram por provocar uma rápida e radical mudança na fisionomia da cidade e, em especial, no Centro e em Copacabana.[27] Em crônica de 1928, o jornalista Berilo Neves deixou seu testemunho em torno do impacto causado pela popularização do uso do concreto armado na capital republicana:

> O arranha-céu é a expressão material do espírito moderno. ... De cimento são as casas em que vivemos; de cimento o solo em que pisamos; de cimento o fundo dos navios que nos transportam; de cimento os homens de músculos rijos e as mulheres de alma fria como o cimento. ... As nossas casas são grandes armários cheios de pequeninas gavetas. Em cada gaveta há uma família, um lar, um coração que sofre, ri, canta ou chora. Nenhum deles conhece o seu vizinho, nem sabe se ao seu lado se está celebrando um casamento ou um velório. Separa-os espesso paredão de cimento armado...[28]

O texto associa esse elemento e o "espírito moderno", expresso não apenas nos sentimentos, como também no corpo dos indivíduos. Da revolução material que efetivamente representava, por ser a base do novo tipo de moradia, o concreto armado acabava por representar também uma transformação profunda no manejo das subjetividades e, na mesma medida, do universo intersubjetivo. Agora, mediadas por paredes de cimento, as relações interpessoais de vizinhança ganhavam a feição do anonimato.

A concentração dos arranha-céus entre a região central e os bairros atlânticos deixava claro que, ao contrário do que acontecia em outros países (onde a verticalização se difundia como solução técnica para a questão da habitação), no Rio de Janeiro o edifício de apartamentos emergia como a moradia das elites e das classes médias ascendentes. Erguidos com materiais nobres e divulgados através de estratégias voltadas para um público de alto poder aquisitivo, os primeiros prédios altos do Rio primavam pelo esforço de oposição às antigas habitações coletivas, o que ficou mais explícito após a crise financeira de 1929, quando, a despeito do decréscimo de investimentos na construção civil, os arranha-céus continuaram a se disseminar pela cidade. As declarações dadas em 1930 por Eduardo Duvivier, diretor da Empresa de Construções Civis (pioneira na ocupação imobiliária de Copacabana no início do século XX, conforme visto no Capítulo 1, e uma das responsáveis pela construção de edifícios no bairro), são uma boa mostra dos critérios sobre os quais se mantinha a prosperidade nesse ramo:

> É preciso que se acentue, ainda uma vez, que Copacabana é o mais legítimo orgulho da Sebastianópolis e o éden carioca, não já pela sua natureza "perenemente aparelhada para as núpcias", mas, nos nossos dias, pela sua própria organização urbanística, tocada por um halo de elevada aristocracia.[29]

Duvivier evidenciava que sua segurança como investidor não se baseava na efetividade de uma demanda desenfreada por moradia, mas na associação daquele tipo de habitação a um estilo de vida moderno e elegante, do qual Copacabana despontava como cenário privilegiado. O empresário segue o argumento dizendo que, nos demais bairros em que sua empresa atuava, "quase todos os interessados opõem relutância aos preços estipulados para o aluguel" – fato por ele jamais observado em Copacabana, onde "preço oferecido é preço aceito". Em sua avaliação, essa seria a prova de que, ao contrário do que sugeria o senso comum à época, o grande número de edifícios na região concretizaria uma já perceptível "tendência migratória para Copacabana", o que se expressaria ainda em outro dado observado pelo empresário: naquela configuração, "um apartamento não fará concorrência a outro, e sim às casas de outros bairros...".

Rua Rodolfo Dantas, em Copacabana: construção de edifícios não visava solucionar crise de moradia e sim atender à demanda de modernidade das elites. (Augusto Malta)

Apesar de o tempo confirmar as previsões de Duvivier, o fato é que, em 1930, ainda no início da difusão dos arranha-céus pela cidade, esse novo tipo de moradia não concorria diretamente com as habitações tradicionais. Como relata a pesquisadora Lilian Vaz, os "appartamentos" começaram a figurar nos anúncios classificados em 1925, num formato que deixava evidente o seu caráter ainda indefinido. Numa fase que, segundo a autora, perduraria até 1933, a expressão "casa de apartamentos" era usada indiferenciadamente para hotéis, pensões e prédios de apartamentos (de uso residencial familiar), sendo suas unidades em geral oferecidas para aluguel e não para aquisição.[30] Além disso, num modelo que predominava especialmente na região central, os arranha-céus eram, em sua esmagadora maioria, mistos, abrigando tanto unidades residenciais quanto escritórios. O hibridismo funcional das novas construções sobressaía ainda porque as "casas de apartamentos" costumavam oferecer serviços aos moradores, num formato assemelhado ao que hoje conhecemos como "apart-hotel". O anúncio transcrito a seguir detalha essas características:

> Prédio novo em Copacabana. ... prédio com dez pavimentos podendo ser utilizado como hotel ou casa de apartamentos. O pavimento térreo destina-se ao restaurante, copa, cozinha, escritório e dependências; os outros pavimentos estão divididos em quatro apartamentos cada um, com um total de onze quartos e quatro banheiros em cada pavimento. Construção de acabamento esmerado, com instalações sanitárias luxuosas, vista para o mar em todos os quartos, telefone e fogareiro em cada apartamento. O prédio fica na rua Copacabana, 150, junto ao Copacabana Palace Hotel.[31]

Destacando o "acabamento esmerado", as "instalações sanitárias luxuosas", a "vista para o mar", os telefones "em todos os quartos" e a proximidade com o Copacabana Palace, o anunciante lançava mão de uma estratégia amplamente empregada no processo de difusão daquele espaço de moradia: a preocupação primordial com sua diferenciação dos demais tipos de habitação coletiva. É importante lembrar que apenas duas décadas distanciavam o advento dos arranha-céus da intensa batalha contra os cortiços empreendida por Pereira Passos e seus antecessores. Não menos relevante é o fato de que as "casas de apartamentos" apareciam concomitantemente ao crescimento vertiginoso das favelas pelos morros da cidade, condenadas precisamente pela promiscuidade reinante num ambiente de extrema proximidade entre os moradores.

No mesmo sentido, os anúncios faziam questão de atrair os possíveis interessados também pela menção aos rigorosos critérios na escolha dos inquilinos, revelando que a elegância dependia tanto da suntuosidade do edifício quanto dos padrões de moralidade a circular por seus corredores. É o que indica a seguinte nota, referente ao edifício Gaetano Segreto, na praça Tiradentes:

> A entrada tem o mesmo aspecto das portarias dos grandes e luxuosos hotéis. Um controle severo permite aos inquilinos livrarem-se de pessoas indesejáveis, que podem ser despachadas, mediante uma desculpa aceitável. Nos corredores não se nota bulício. Ordem e silêncio. ... Para tornar-se inquilino do edifício, o candidato enche uma ficha, declarando o seu estado civil, que deve ser casado, vivendo com a esposa. Não são admitidos solteiros nem viúvos.[32]

De acordo com o texto, os arranha-céus não eram vendidos apenas como local de luxo: baseada no binômio elegância e ordem, a legitimidade de sua associação ao moderno e ao civilizado passava necessariamente pela valorização de um padrão de moralidade que tinha na unidade familiar um de seus pilares.

Mas o grande desafio dos investidores, em seu esforço por dissociar os modernos arranha-céus das favelas e dos cortiços, concentrava-se no fato de aqueles serem, a despeito do luxo que ostentavam, moradias de natureza coletiva. Eram destacadas, nesse sentido, qualidades que remetessem à casa isolada, como garantia de que a mudança para o apartamento não implicaria uma alteração nos padrões de vida do inquilino e de sua família:

> Apartamento. No melhor ponto da esplanada. Aluga-se para pessoas de tratamento. Os melhores e mais luxuosos do Centro, com características seguintes: são verdadeiras casas por sua independência e divisão.[33]

A rápida verticalização da paisagem construída e a avalanche de anúncios não eram, contudo, suficientes para que no início da década de 1930 o carioca se sentisse habituado à novidade. Como indicam muitas das charges publicadas no período, os cartunistas souberam traduzir as incertezas e ambiguidades trazidas pelas novas construções, as quais, mais do que alterar a paisagem, representavam a introdução de uma mudança profunda na relação dos transeuntes com o espaço urbano. As anedotas revelam que a proliferação dos arranha-céus pela cidade acarretava ainda uma mudança significativa na relação dos habitantes com a natureza, atuando sobre um equilíbrio que, ao menos desde as discussões em torno da derrubada do morro do Castelo, consistia no cerne das políticas de intervenção na cidade.

A febre dos edifícios inspirava charges de todo tipo: Copacabana possuía, em 1935, o maior número de edifícios por metro quadrado da cidade. (Legenda da imagem: No quinquagésimo nono andar. – Mamãe, mamãe! Aquela estrela está mexendo comigo.)

Não menos revelador é o fato de o *Diário de Notícias* ter publicado por dois meses, em 1932, a coluna "A vida nos arranha-céus". Partindo do pressuposto de que "o jornal moderno tem uma missão educativa", a série se propunha a oferecer aos leitores "que ainda não se familiarizaram com essa particularidade da civilização vertiginosa" a oportunidade de saber mais sobre o assunto, "cujo conhecimento lhes pode ser útil na vida prática".[34] A partir de entrevistas feitas com os "gerentes" (conforme os porteiros eram chamados), o autor da coluna não poupava elogios à moradia vertical, afirmando, já na reportagem inaugural, que os apartamentos ofereciam

> o conforto igual às vivendas suntuosas que só os milionários podem possuir, daí a preferência que vêm conseguindo na capital carioca os grandes prédios que ficam ao alcance do médico, do advogado, do funcionário público, enfim, de todos quantos têm uma posição na sociedade sem haver acumulado fortuna.[35]

Destacando o asseio, a ordem e o "respeito mútuo de indivíduo para indivíduo", o texto definia com precisão o público ao qual se dirigia a nova menina dos olhos do mercado imobiliário: os membros da jovem classe média formada por profissionais liberais. E os divulgadores dos arranha-céus visavam sensibilizá-la reportando a novidade a um estilo de vida moderno e calcado em valores em grande parte estranhos aos segmentos mais tradicionais da sociedade carioca. Nesse sentido, Copacabana, reunindo a maior parte dos investimentos voltados para esse tipo de moradia, despontava não apenas como receptáculo natural das camadas médias ascendentes, mas também como universo produtor de setores progressivamente associados a símbolos e valores segundo os quais os apartamentos à beira-mar eram percebidos como um caminho de mobilidade social. É o que aponta outra edição da coluna, que, publicada na forma de carta de uma senhorita a seu noivo, reunia muitos dos signos da modernidade tal como idealizada pelos entusiastas das novas moradias:

> Meu prezado noivo: recebi sua carta em papel róseo tresandando a um perfume que já não se usa. … Quero manifestar-lhe meu desagrado com a franqueza da moça moderna. "Teu amor e uma cabana" fez sucesso em 1880. … Prometo-lhe um punhado de felicidade. Em troca quero vestidos de seda, automóvel e um apartamento em prédio moderno. Não esqueça o rádio e a geladeira elétrica. Devo

manifestar-lhe minha preferência pelo arranha-céu. Nele, a gente sente o apogeu da civilização contemporânea, contemplando das alturas o movimento das grandes artérias. Tenho horror à vida contemplativa das ruas suburbanas, longe dos centros de diversões. Providencie tudo isso, antes de darmos os primeiros passos no caminho da pretoria. Sempre sua – Magda.[36]

O pragmatismo quase cínico de Magda escancara a relação dos arranha-céus com um modelo de modernidade visceralmente conectado ao frenetismo de uma vida urbana cada vez mais dependente do dinamismo, da tecnologia e do espírito prático. A cisão operada pela personagem entre a "vida contemplativa" dos subúrbios e a agitação dos grandes centros urbanos explicita ainda os sentidos daquela divisão territorial da distribuição dos arranha-céus pela cidade, que punha Copacabana, outrora símbolo de bucolismo, como habitat natural das criaturas modernas que lotavam seus apartamentos. Outro texto da série reforçava essa ideia:

Copacabana, aquele recanto ameno da Cidade Maravilhosa, já não se contenta em ser bonito. ... Copacabana, joia da metrópole, é o diamante valioso que Deus nos legou, lapidado pelo esforço da nossa gente. Seus prédios gigantes são frutos da civilização, em harmonia com a beleza natural do ambiente. Salve, Copacabana![37]

Copacabana, desde a década anterior inserida na rota da elegância, entrava agora também nos orgulhosos trilhos da metropolização. Apesar da indubitável tentativa de conjugar harmoniosamente a modernidade representada pelos arranha-céus à beleza natural, apresentando a orla atlântica como produto acabado de um protótipo de civilização tropical, as contradições não tardaram a surgir. Foram muitas as reportagens que, na década de 1930, a despeito da forte campanha articulada por diferentes setores da sociedade, evidenciaram as ambiguidades trazidas pelo novo formato de moradia aos bairros da CIL, em cujo rastro vinha, além da certeza do progresso, os perigos do crescimento desmedido.

Os muitos elogios reservados aos arranha-céus por seus defensores não eram suficientes para suplantar, por exemplo, dúvidas sobre a propriedade da associação desse tipo de moradia aos padrões de elegância da elite. Perguntando-se "por que foi o rico morar em casa de pobre?", um jornalista do *Correio da Manhã* fazia coro a boa parcela da imprensa, que, destacando a promiscuidade inevitável dos ambientes de moradia coletiva, duvidava dos critérios sobre os quais se sustentava a legitimidade da nova tendência. O mesmo autor arriscava uma resposta afirmando que o "mal" vinha da origem:

> A primeira casa de apartamentos que se fez aqui foi a do Lafont, na avenida [Central] esquina de Santa Luzia, construída logo que se fez a avenida Rio Branco. Os apartamentos foram sempre, desde aquela época, destinados a milionários. No Brasil, o miserável quer ser pobre, o pobre rico e o rico milionário. Daí, quando veio a febre das construções de arranha-céus e apartamentos, não houve gente remediada que não quisesse bancar o morador de casa de apartamentos.[38]

O texto insinua que entre os moradores dos apartamentos não estava somente a nata da sociedade carioca, afeita aos mais rigorosos padrões de ordem, elegância e civilidade. Era aquela grande massa de "remediados" que ocupava os arranha-céus, cujo status advinha mais do alto preço cobrado pelos investidores do que propriamente do luxo inerente àquele gênero de habitação. O argumento parecia servir como uma luva a quem, como Théo Filho, temia pelo futuro de Copacabana, então já irreversivelmente associada à proliferação de edifícios. Lembrando que "os rasga-céus como regra geral são casas de moradia coletiva", o redator-chefe do *Beira-Mar* condenava-os pelo "crime de lesa-arte", criticando sua aparência e, sobretudo, os costumes nada sofisticados que abrigavam em seu interior, como o hábito de pendurar a roupa lavada nos fundos dos apartamentos, à vista de todos. De acordo com ele, o que se via no Leme fazia com que o bairro, famoso por ser o "coradouro da civilização", lembrasse "os casebres enfurnados nos matagais, longe do progresso...".[39]

Passada a crise do primeiro triênio da década de 1930, os arranha-céus entraram numa fase de franca expansão, num modelo de recuperação apoiado basicamente na oferta de unidades vendidas a crédito. Visando notadamente às camadas médias da população, os anúncios publicados a partir de 1934 revelam uma mudança no foco do mercado imobiliário, que, antes voltado primordialmente para inquilinos ou investidores de grande vulto (dispostos a comprar todo o edifício), concentrava-se agora na venda de unidades residenciais familiares. Nesse mesmo ano, algumas notas mundanas no jornal praiano davam sinais de que as mudanças haviam, de fato, transformado o perfil dos moradores dos arranha-céus. Antes ocupados principalmente por estrangeiros em veraneio, os novos edifícios eram agora palco de bailes como o oferecido pelos "moradores do Edifício Olinda, no Posto 6, à sociedade de Copacabana",[40] ou de festas como aquela organizada pelo casal Dulphe Pinheiro Machado no Edifício Piratininga, na avenida Rainha Elizabeth.[41] As famílias de Copacabana aos poucos se acomodavam, incorporando os edifícios e os apartamentos ao seu estilo de vida "aristocrático".

Tais mudanças representaram o prenúncio da vitória dos apartamentos como padrão de moradia urbana e ainda a consolidação de Copacabana como local preferencial do afluxo de moradores atraídos por esse modelo de habitação. Analisando o "espantoso desenvolvimento dos bairros praianos", um colunista do *Beira-Mar* comentava os dados da 4ª Subdiretoria de Engenharia da Prefeitura, segundo os quais Copacabana teve, em 1935, o maior número de construções por metro quadrado da cidade: enquanto raros bairros haviam chegado aos 20 mil metros construídos, Copacabana contabilizara nada menos que 77.671, cerca de 50 mil a mais que a Glória, segunda colocada na tabela.[42] Junto com o entusiasmo, os números traziam um diagnóstico: "A preferência pelo litoral é manifesta ... . Essa azáfama de edificações, ao sul da cidade, aumentou igualmente o tráfego ali, não só dos moradores como também dos banhistas, visitantes etc." Em 1937, o prefeito Olympio de Mello sancionou o Decreto n.6.000, de 1º de julho, atualizando as disposições da legislação de 1925 e ampliando a altura permitida para construções na orla.[43]

A fixação dos bairros atlânticos como síntese da moradia moderna vinha acompanhada não apenas do ânimo dos que viam nos números a prova inequívoca da vitória da civilização à beira-mar, como também da certeza de que "o arranha-céu, à parte o progresso que, incontestavelmente, trouxe para os bairros praianos, revestindo a sua elegância duma psicologia diferente e grãfina, trouxe também os seus inconvenientes e irregularidades".[44]

Em 1936, por exemplo, um colaborador do *Beira-Mar* reclamava da substituição, em Copacabana, Leme, Ipanema e Leblon,

> dos encantadores *bungalows* pelos arranha-céus, no bojo dos quais, em habitações superpostas, centenas de pessoas se comprimem, se esmagam, privadas de ar, impossibilitadas de ver a luz do dia e – ironia dos contrastes chocantes – de pisar um pedaço de terra.[45]

Copacabana em 1939. Conforme dizia um cronista da época, os edifícios se empoleiravam uns sobre os outros, "tudo arrasando: casas, higiene, bom-senso, beleza".

Praça do Lido na década de 1930: concentração de edifícios.

No mesmo ano, a *Revista de Arquitetura* constatava que Copacabana se desfigurava dia a dia com os "bisonhos arranha-céus" que se erguiam "em desvairada competição, empoleirando-se uns sobre os outros, tudo arrasando: casas, higiene, bom-senso, beleza".[46] No ano seguinte, o *Correio da Manhã* lamentava que Copacabana tivesse se transformado "num bloco maciço de apartamentos".[47] O entusiasmo parecia conviver com o medo da realização da profecia anunciada pela revista *A Casa*, em 1928, segundo a qual chegaria o dia "em que, fatalmente, os grandes edifícios de apartamentos, por falta de áreas disponíveis para a sua ventilação e insolação, formarão um aglomerado asfixiante de moradias insalubres e impróprias à vida humana".[48]

Tais transformações indicavam que as mudanças na paisagem arquitetônica do bairro levavam a uma não menos profunda mudança em sua paisagem humana, num processo que punha em xeque os termos da distinção conquistada por Copacabana no mapa simbólico da capital. Em 1938, anunciando que a estética do bairro estava ameaçada, um colaborador do *Beira-Mar* clamava um contundente "abaixo as cabeças de porco!". Alertando ainda que os "bairros de luxo" começavam a ser "invadidos pelas casas de cômodos", o autor dizia que em breve o bairro teria "novamente autênticos cortiços no meio de lindos *bungalows* e arranha-céus aristocráticos".[49]

Não menos alarmante era o prognóstico do jornal *A Vanguarda*, que afirmava que "depois da Tijuca, hoje sacrificada pela onda de casas de cômodos, cabe a vez a Copacabana, que mal acaba de nascer para o esplendor da beleza urbana, já vai entrando em um estado de agonia". Conforme o mesmo autor, bastava olhar para a avenida Atlântica para constatar o problema, pois ali, segundo ele, "cerca de 80% dos apartamentos" estavam já "transformados em cabeças de porco, de modo a tornar vexatória a residência de famílias pouco habituadas a essa promiscuidade".[50] Ainda em 1938, o *Beira-Mar* publicava uma imagem que, com traços surrealistas, expressava o desconforto e a vertigem causados pela multiplicação dos arranha-céus no bairro.

Os membros da orgulhosa aristocracia local viam na transformação da fisionomia do bairro a materialização das contradições de seu projeto. A relação das elegantes famílias com o fenômeno dos arranha-céus revela as reentrâncias de um discurso que, apesar de forjar uma identidade baseada em parâmetros bem-demarcados de pertença, não sobreviveria às ambiguidades trazidas pela

O artista Alberto Lima sintetizou em desenho uma alucinante Copacabana, deixando à mostra as contradições de um bairro que sonhava com a elegância e a exclusividade.

concretude do progresso. Com a contemplação das ambições de distinção e de modernidade, os arranha-céus traziam, a reboque, um enorme afluxo populacional e, com ele, a difusão de práticas que em nada se aproximavam dos padrões de requinte almejados na década anterior. Ao final dos anos 1930, parecia já bastante claro que não estava em jogo apenas a estética bucólica que fizera a fama do arrabalde. O aumento desordenado da densidade demográfica afetava também os pilares de uma identidade profundamente marcada pela coesão de uma densa rede de sociabilidade que tinha nas relações nominais e vicinais seus principais sustentáculos.

Nós vamos invadir sua praia!

Os transatlânticos e os arranha-céus não foram os únicos responsáveis pela rápida alteração do perfil de Copacabana na década de 1930. Se os turistas e os novos moradores ali chegavam mobilizados pelo aumento da oferta de serviços e divertimentos – incentivados, por sua vez, por um forte afluxo de investimentos na região –, não é de estranhar que visitantes de outras paragens descobrissem, sem demora, as delícias de um dia à beira-mar. No verão de 1929, por exemplo, um cronista do *Beira-Mar* descrevia o movimento do Posto 4 como "verdadeiras marés humanas" que saltavam, gritavam e riam na areia, "numa confusão de causar tonteiras".[51]

O projeto praiano parecia, no início da década de 1930, ter finalmente ultrapassado a barreira dos túneis. Faltava, contudo, a garantia de que seus cada vez mais numerosos adeptos estavam dispostos a contribuir com o caráter civilizatório sobre o qual se fiavam as certezas e as expectativas de seus ideólogos. A continuação da crônica mencionada anteriormente lembra que não eram poucos os desafios:

> Esse aspecto de concentração humana localizada ... é certo que empresta uma vida, um calor e uma alegria surpreendentes a Copacabana e a Ipanema, mas é certo, também, que tira a comodidade dos banhistas que ficam sem espaço suficiente para o livre movimento dos braços e das pernas. Muitos levam cotoveladas vigorosas que lhes põem equimoses na pele. Outros recebem pontapés dados por acaso, safanões sem destino. ... esse referver de criaturas, bem ou malvestidas, limpas ou sujas, de todas as cores e nacionalidades, afeia os balneários, que, assim, se assemelham a praias habitadas de focas e não a praias vaidosamente chamadas de elegantes. ... Balneários de capitalistas, de cozinheiros, de diplomatas, de *chauffeurs*, de artistas, em mistura, é possível que sejam democráticos, não, porém, elegantes.[52]

O panorama apresentado pelo cronista em nada lembra os remotos tempos em que o trunfo de Copacabana estava em sua oposição ao frenesi do Centro. Quem ali chegava, no final da década de 1920, certamente não esperava encontrar o cenário pitoresco que trinta anos antes fazia a fama local nas quadrinhas divulgadas pela Companhia Jardim Botânico. Um dia nas areias de Copacabana passava a ser sinônimo de diversão e, sem demora, de multidão. Como indica

Já em 1930, um dia de sol nas areias de Copacabana era sinônimo de diversão, mas também de concentração humana, frustrando os ideais de exclusivismo da elite local.

Conforme dizia um cronista, a multidão nas praias era tamanha que muitos acabavam recebendo "cotoveladas vigorosas", "pontapés por acaso" e "safanões sem destino"...

o trecho, as tão almejadas vitalidade e alegria que passavam a movimentar a vida praiana vinham acompanhadas do comprometimento de um dos pilares universais da distinção: o conforto. Sem espaço para o exercício da plena liberdade de seus movimentos, além de sujeitos ao contato indesejável (e nocivo) com estranhos, os banhistas elegantes se viam diante de um cenário que pouco se diferenciava das dificuldades de um passeio em qualquer rua disputada do Centro da cidade. Expostos ao incômodo e aos perigos do excesso de banhistas, os *cilenses* viam ameaçada não apenas a elegância de sua praia, mas também a integridade de seus corpos, que, agora sob o perigo das cotoveladas e dos safanões, poderiam ter a tão almejada perfeição de suas formas maculada por inestéticas equimoses.

À constatação do problema o cronista adiciona um diagnóstico. A ameaça não estava diretamente relacionada ao número de pessoas e sim à diversidade humana. A alusão a banhistas bem ou malvestidos, de todas as "cores e nacionalidades", sugeria uma indesejável mistura de classes atestada pela presença, naquelas elegantes plagas, de motoristas, cozinheiros e outros trabalhadores braçais – o que explica, por exemplo, a referência à animalidade das "focas" que habitam praias não tocadas pela civilização. Parecia evidente ao cronista que as areias já não se ofereciam ao desfrute exclusivo da elite praiana dos *cilenses*. Passados mais de vinte anos do fechamento das casas de banho de Santa Luzia e do Boqueirão, as classes populares encontravam um novo caminho para o mar, agora não mais sob os rigorosos ditames da cartilha da salubridade e sim do prazer e da sociabilidade à beira-mar. Se, por um lado, aquela "promiscuidade de elementos" dava a prova definitiva da fixação de tão elegante prática entre os habitantes da capital, ela servia também de sinal de alerta para aqueles empenhados num projeto no qual, como bem detalha o autor, a garantia da civilização passava ao largo da democratização. A continuação da mesma crônica escancara ainda mais os dilemas e as contradições enfrentados pelos fiéis escudeiros da identidade aristocrática com a qual se faziam representar os *cilenses*:

> Não somos dos que entendem fazer de Copacabana um lugar exclusivo dos ricos e dos estetas; o que defendemos é a ordem e a beleza social das nossas praias; … A fisionomia arquitetural de Copacabana, Ipanema e Leme denota bom gosto, simetria. Por que só as praias de banho não acompanham a linha de diferenciação que se verifica na arquitetura? … sejamos progressistas, "separando o joio do trigo", isto é, evitando a promiscuidade em nossos balneários. Eduquemos o nosso povo, para que os orgulhosos estetas de aquém e além-Atlântico não nos detratem.

A mensagem é tão cristalina quanto as ambiguidades sobre as quais se apoia. Recusando, de início, o rótulo de um exclusivismo baseado num corte de classe, o cronista clama pela "ordem" e "beleza social" das praias, atribuindo ao princípio da simetria a garantia da "linha de diferenciação" dos bairros atlânticos. Igualando a diversidade à promiscuidade, propondo diferenciar o "joio" do "trigo" e defendendo, ao final, um modelo de progresso fincado na educação do "nosso povo", nos dá um testemunho acabado das contradições em que se baseiam as aspirações de civilização da aristocracia praiana, deixando entrever as profundas fissuras de um projeto cujos alicerces não previam a convivência entre capitalistas e cozinheiros num mesmo espaço de lazer. Do contraste entre a defesa da educação como caminho de melhoria da situação e o diagnóstico naturalizado do problema com o qual abriu sua crônica, resulta a exposição das ambiguidades que sustentavam então as estratégias de conservação daquela identidade aristocrática em meio às intensas transformações observadas nos arredores de sua elegante vizinhança.

No verão seguinte, Théo Filho confirmava tal postura festejando o notável aumento no número de banhistas no Arpoador. Os novos (e, segundo ele, bem-vindos) frequentadores eram estrangeiros e moradores de outros bairros do Rio, que deixavam "filas de automóveis particulares" parados nas imediações do Posto 7.[53] O comentário do redator-chefe do *Beira-Mar* reforça o argumento de um exclusivismo baseado não no critério da localidade (reservando o uso das praias atlânticas para seus moradores), mas sim da paridade de classe, o que se evidencia na alusão aos carros particulares, então símbolo explícito de status. A nota de Théo Filho introduz, ainda, um elemento nada desprezível à análise daquele cada vez mais intenso movimento de afluência de visitantes às praias da CIL: a questão dos meios de transporte.

Se os banhistas elegantes chegavam à frente de seus não menos elegantes automóveis, contribuindo com as ambições aristocráticas da elite praiana, o mesmo não se pode dizer das centenas de trabalhadores que lotavam as areias nos domingos de verão. Já em 1929, reclamava-se que "os ônibus que servem Ipanema pela rua Visconde de Pirajá e avenida Vieira Souto não correspondem à densidade da população local". Argumentando que a "população entre Botafogo e Leblon cresce auspiciosamente"[54] e que "cada ano que passa, o aumento do número dos que procuram a praia de Copacabana para o refrigério do banho de mar explica-se não só pelo aumento da população local, como pela concorrência de moradores de outros bairros",[55] a folha local passou a encabeçar uma campanha fervorosa pelo aumento do número de ônibus que serviam a região. Se o afluxo populacional, fixo ou flutuante, era uma verdade contra a qual não se podia lutar, que fossem ao menos amenizados seus danos estéticos e funcionais.

Era o que sugeria também o apelo feito no verão de 1937 por um dos colaboradores do *Beira-Mar*, visivelmente incomodado com o aspecto dos "taiobas"

Banhistas chegam a Copacabana em um "taioba": as classes populares tinham agora um novo meio para chegar à praia, o que incomodava a elite local.

(bondes de segunda classe, também conhecidos como "caraduras", nos quais era permitido transitar em trajes de banho), que, aos domingos e feriados, despejavam "verdadeiras multidões na rua Siqueira Campos". Pedindo a substituição desses carros pouco elegantes por "novos e originais bondes balneários", o repórter solicitava que os "operários" fossem deslocados para "outros bondes que, naturalmente, não sejam grã-finos". Acompanhado do "eloquentíssimo" instantâneo reproduzido na página ao lado, o texto afirmava que Copacabana precisava de "bondes balneários à altura do seu progresso" e que era uma vergonha "para a nossa beleza que esses cacarecos ambulantes façam o *footing* pelas nossas principais vias públicas".

À altura da publicação da reportagem, os mentores da divulgação do modelo elegante de usufruto do espaço praiano pareciam já conformados com a ausência de cabines balneárias em Copacabana. Como mostra a foto, a circulação de pessoas em trajes de banho se tornara uma prática amplamente disseminada e, conforme sugere o foco do protesto, aceita. A exibição dos corpos entrava na pauta da cultura urbana carioca, fazendo da CIL seu principal polo de atração e de difusão. Diante daquele quadro, as esperanças civilizatórias dos guardiães da distinção local recaíam então sobre a reforma dos ônibus no qual desfilavam os banhistas – numa proposta que pregava não apenas uma transformação estética dos meios de transporte praianos, como também a separação entre banhistas e "operários" em seu caminho rumo aos bairros atlânticos.

Com efeito, não são poucos os testemunhos que nos deixam perceber que, à medida que a propagação do gosto praiano aumentava substancialmente a população de banhistas em Copacabana, cresciam os casos de conflito em torno da ocupação de espaço. Havia, por exemplo, reclamações sobre lanchas particulares que se aproximavam perigosamente das pessoas e protestos contra a presença de cães na areia. Apesar de algumas (como as dirigidas aos donos de lanchas) se restringirem à problemática do uso do espaço num contexto de grande adensamento populacional, não é difícil perceber que a maioria das situações de conflito se estabelecia sobre critérios pautados em um antagonismo de classe. É o que indica uma queixa relativa ao futebol praticado na areia por uma "malta de molecotes maltrapilhos e mal-encarados, que se empenham em verdadeiros *matches* e nada respeitam, atirando a bola à cara de quem quer que seja forçado a atravessar-lhe o campo de luta".[56] Passadas já mais de três décadas dos primórdios da urbanização de Copacabana, tratava-se, mais uma vez, de atualizar os discursos sobre a legitimidade da ocupação daquele território, agora nos termos da inegável popularização do antigo arrabalde frente aos mais diversos segmentos da capital republicana.

Não era somente na areia que a associação entre pobreza e perigo se fazia sentir. Também as ruas do bairro sofriam os efeitos das transformações que tanto afligiam seus antigos e distintos moradores, conforme revelam as muitas reportagens que, pouco a pouco, enchiam as páginas dos periódicos da cidade, noticiando roubos e assaltos a casas e transeuntes em Copacabana. Em 1935, abordando um tema que se tornara semanal, o *Beira-Mar* pedia medidas enérgicas contra o "completo domínio da vagabundagem nos bairros elegantes do sul, que constituem as nossas praias *chics* e sedutoras". O protesto se dirigia à "garotada" que para lá convergia diariamente "nas traseiras dos ônibus", a fim de percorrer as ruas de Copacabana, Ipanema e Leblon "a mendigar casa por casa". De acordo com os colaboradores do jornal, tal prática ameaçava o sossego das famílias, uma vez que era levada a cabo por "garotos insolentes, de aspecto nauseabundo".[57] Em uníssono com o que se observava em diversas colunas policiais cidade afora, o semanário afirmava que Copacabana e Ipanema se haviam tornado o "paraíso dos ladrões" e lamentava que, a despeito de se tratar de "bairros aristocráticos, onde o policiamento deveria ser impecável, é como se fosse o *far west*".[58]

Havia ainda os que, como Théo Filho, identificavam a origem daqueles episódios dentro do próprio bairro. De acordo com esse autor, era das favelas locais que vinham os "grupos de moleques maltrapilhos, insolentes, que tanto afeiam a nossa urbe praiana, dando-lhe um espetáculo deprimente".[59] Dizendo que as ruas de Leme, Copacabana e Ipanema estavam sendo "infestadas por bandos de garotos maltrapilhos, na maioria negrinhos, de todas as idades", ele evidenciava com seu preconceito, mais uma vez, que o estrangeirismo não atuava como categoria acusatória vinculada ao bairro de origem, mas sim à adesão aos princípios da estética e da moralidade da elite praiana.

Ao final da década de 1930, quando Copacabana contava já com cerca de 70 mil habitantes,* não pairavam mais dúvidas sobre a vitória do estilo de vida praiano entre os mais diversos segmentos sociais e culturais da cidade. O sucesso da associação de uma vida moderna à topografia dos bairros atlânticos, bem como aos hábitos de seus elegantes moradores, punha Copacabana no primeiro plano da lustrosa vitrine da nacionalidade. Não é de estranhar, portanto, que representantes de setores variados procurassem, em imóveis

* De acordo com o Censo realizado em 1940, Copacabana tinha, naquele ano, 74.133 habitantes.

comprados a prazo, em taiobas ou simplesmente na busca (literal) por um lugar ao sol, tomar para si os benefícios do progresso que os novos tempos punham ao seu alcance.

O projeto praiano-civilizatório vivia, então, os efeitos do paradoxo inerente ao próprio princípio ideológico da modernidade que lhe servia de mote: de tão sólido, desmanchava no ar. Apreensiva com o exotismo, o "aburguesamento" e a decadência estética e moral trazidos pelo turismo, pelos arranha-céus e pelos numerosos visitantes locais, a elite praiana testemunhava tanto o sucesso de seu projeto de divulgação dos hábitos balneários como (e talvez principalmente) os sintomas do esfacelamento dos parâmetros de elegância sobre os quais havia construído sua identidade aristocrática.

A marcha para o oeste

Anunciada como a "cidade das praias", Copacabana fechava a década como símbolo do "Rio cosmopolita", onde "se vive já a vida do século futuro, na vertigem do conforto moderno".[60] "Múltipla e maravilhosa", aquela que era "a rainha das praias da América do Sul e uma das mais belas do mundo" vivia uma "transformação radical, como uma menina ingênua de colégio na moça de salão, radiante de joias, de vestidos de baile".[61] À medida que se proliferavam as hipérboles, as transformações ditavam o fim da Copacabana familiar. Como se pode perceber no trecho da crônica a seguir, os hábitos dos próprios representantes da elite local haviam mudado, deixando para trás muitos daqueles rígidos padrões sobre os quais se mantinham os modelos de estética e a moralidade outrora vigentes:

> Nas horas que passam não será justo que condenemos uma senhorinha por ir à praia em *maillot*, *flirtar* ou somente comparecer às missas das onze horas. Tais fatos, apreciados por um homem estranho ao ambiente copacabanense, parecerá, à primeira vista, uma falta de pudor. … A moça de Copacabana, em 1938, não pensa mais em maldade quando exibe um legítimo frente única, ou quando, fazendo o *footing* no Posto 2, *flirta* com um ou outro rapaz. Ir à missa às onze horas é elegante como tomar um *cocktail* no O.K.[62]

Podemos dizer que as novidades observadas na fisionomia do bairro, nos hábitos de seus elegantes moradores e, como revela o trecho da página anterior, também nas fronteiras da moralidade vigente nesse segmento explicitam o movimento entrelaçado de formas sociais remetidas a diferentes escalas (políticas, urbanísticas, interacionais etc.), denunciando um processo de mudança social no decurso do tempo. É importante notar que a análise dos processos deve levar em conta, além das rupturas, as continuidades observadas, de modo que a consolidação de novos valores seja vista como parte de um cenário mais amplo de mudança nas estratégias e nas formas de percepção das relações entre os atores.[63] Dito de outra forma, as intensas transformações por que passava o bairro impunha a seus antigos moradores a reavaliação funcional das categorias de compartilhamento outrora eficazes, levando-os a reelaborar, na experiência cotidiana, os signos da distinção que desejavam perpetuar.

Um forte sintoma da proliferação de novos valores entre os membros das altas-rodas copacabanenses foi o desaparecimento das tradicionais agremiações praianas. Antes vinculadas a clubes como o Atlântico, o Praia e o Arpoador (que fecharam as portas na primeira metade dos anos 1930), as antigas famílias passaram a frequentar sociedades fundadas em outras bases, mais restritas e discretas. Se os antigos clubes tinham um perfil mais aberto, atuando, em certo sentido, como entidades de representação local, os mais novos – como o Caiçaras (de 1931) e o Marimbás (de 1932) – construíram suas sedes em pontos afastados das principais áreas de circulação do bairro.[64] Assim, deixavam claro que sua vocação mirava outras formas de distinção que não a confraternização ampla e irrestrita entre as famílias do bairro. Como afirma Baptista,[65] "o discurso da *haute gomme* aristocrática, segundo o qual cada *cercle* reunia o que havia 'de melhor' na sociedade, não precisava mudar. Mas o seu significado ganhava especificidade". Limitando o número de sócios, os novos clubes expressavam um importante aspecto da passagem da Copacabana dos *cilenses*, onde se viam como membros de uma mesma elite, para a Copacabana massiva, em que as diferenciações internas começavam a ganhar importância. À elite praiana, tão vitoriosa em seu projeto quanto ciosa de seus critérios de elegância, restava desbravar novos sítios para o exercício de seu exclusivismo.

Casebres de zinco e tábua são flagrados no Leblon na década de 1930, quando o bairro despontava como alternativa de refúgio à alta sociedade, que se assustava com o rápido crescimento de Copacabana.

Em 1938, os redatores do *Beira-Mar* publicavam, sob o título "Os horríveis contrastes da cidade dos arranha-céus", a foto acima. Não é mero acaso que a imagem exibisse aos leitores uma cena flagrada no Leblon. Diante da constatação de que o rápido adensamento de Copacabana vinha acompanhado da proliferação dos mais diversos problemas de ordem social e urbanística, a região que fora, até princípios dos anos 1930, tratada como um apêndice menos importante dos bairros atlânticos passava a ganhar destaque. Numa tentativa de preservar o último dos cenários bucólicos da região, a adição do segundo "L" à CIL vinha permeada de uma série de reivindicações voltadas para a melhoria daquela que era a mais nova menina dos olhos dos fiéis escudeiros da elegância praiana. Em reportagem que pedia a instalação de postos de salvamento no Leblon, por exemplo, o autor não se furta a apresentá-lo como herdeiro natural da distinção balneária, legitimando seu pedido por critérios muito similares aos que, pouco mais de uma década antes, sustentavam a campanha pela ocupação de Copacabana.

> Leme, Copacabana toda, Ipanema, pouco a pouco, se foram tornando locais preferidos dos banhistas cariocas. O Leblon, prolongamento natural desse renque, não poderia escapar a essa preferência. … Hoje, não são só os extravagantes que procuram o recanto do Leblon para o seu banho de mar. São muitas as pessoas que ali vão. … A afluência é grande e nela se vê elevado número de pessoas distintas.[66]

Não menos sintomáticas são as cada vez mais recorrentes denúncias da falta de serviços básicos no bairro (que no início da década de 1930 ainda não contava com sistema de saneamento e tinha poucas ruas calçadas), bem como os muitos alertas acerca do crescimento de favelas na região.[67] Igualmente interessante é o fato de que, já em 1932, o *Jornal do Brasil* e a revista *Vida Doméstica* publicavam anúncios da empresa Land Investments oferecendo, sob o nome de "Gavelândia", lotes de terrenos na praia da Gávea. De olho nos "capitalistas", os investidores apresentavam o local como uma "nova cidade de veraneio, em estilo paisagístico inglês", formada por uma "encantadora praia de banhos a 25 minutos da avenida Rio Branco" e "frequentada pela nossa aristocracia social". "Continuação natural de Copacabana e Leblon", a Gavelândia tinha, segundo seus empreendedores,

Na década de 1920, o mercado imobiliário começava a descobrir as potencialidades da praia de São Conrado, a "Gavelândia", como uma alternativa ao inchaço de Copacabana. (Augusto Malta)

"uma vantagem a mais: a montanha junto da praia". Aos que, ainda assim, não se houvessem convencido das vantagens do negócio, a propaganda lembrava: "considerai que há vinte anos o terreno em Copacabana valia cem réis o metro quadrado. Hoje vale mais de 300$000 o metro quadrado."[68]

As estratégias adotadas pelos anunciantes indicam a tentativa de atualização daquele modelo que, trinta anos antes, dera início à ocupação de Copacabana. O apelo aos "capitalistas" (e não aos moradores), a alusão à elegância do entorno e a valorização do bucolismo proporcionado pela proximidade da natureza não deixam dúvidas a esse respeito. Porém, mais que isso, chama a atenção o fato de a "Gavelândia" ser apresentada como uma continuidade dos bairros atlânticos não apenas em termos topográficos, mas também simbólicos. Sugerindo sua inserção natural na linhagem de distinção praiana inaugurada por Copacabana, o anúncio afirma ainda que a nova "cidade de veraneio", ao contrário de sua precursora, não padecia dos males da supercivilização – mantendo, assim, o ar de bucolismo que tanto encantara as famílias que outrora atravessavam o Túnel Velho, já apreensivas com as grandes transformações nos arredores. O progressivo deslocamento dos segmentos identificados com um estilo de vida calcado em critérios "aristocráticos" de distinção se fez notar, mesmo timidamente, ao longo de toda a década de 1930 – num movimento que ganharia força no decorrer dos decênios seguintes culminando, nos anos 1970, na ocupação da Barra da Tijuca.

Já Copacabana, que continuaria a experimentar o processo de adensamento desenfreado, ao final da década de 1930 era apresentada como "quase uma nova cidade dentro do Rio de Janeiro". Por trás do orgulho pela autonomia conquistada pelo bairro, agora repleto de "cassinos riquíssimos, grandes hotéis, bares confortáveis e restaurantes luxuosos",[69] vinha, não menos convicta, a preocupação com o agravamento de seus problemas urbanísticos. A avenida Atlântica e os dois túneis de acesso eram já demasiado estreitos para o sem-número de automóveis que por ali transitavam diariamente, e não eram raras as notas pedindo a implantação de um sistema de metrô e de caminhos aéreos. Também insuficientes eram a água encanada que chegava às moradias e o policiamento das ruas, bem como o sistema de iluminação e de limpeza pública. A "questão urbana" que se abatera sobre a região central da cidade na década anterior chegava, sem reservas, às praias atlânticas.

As obras implementadas pelo prefeito Henrique Dodsworth em 1939 revelam que a legitimidade dos protestos ia muito além do capricho de moradores acostumados aos privilégios do poder público. Ao reformar o sistema de iluminação das grandes vias, alargar as avenidas Atlântica e Nossa Senhora de Copacabana, finalizar a abertura do Corte do Cantagalo (que ligava Copacabana à Lagoa) e iniciar as obras de duplicação do Túnel do Leme, a prefeitura dava mostras de que o adensamento populacional do bairro naquela década introduzira, definitivamente, o antigo arrabalde no imaginário urbano da cidade.

Sintomáticas, nesse sentido, foram as progressivas mudanças observadas no *Beira-Mar.* É digno de nota que no decorrer da década tenha perdido espaço, até o seu completo desaparecimento, a publicação das listas de nomes próprios nas reportagens mundanas, que compunham uma das bases mais fortes de sua identidade editorial. O semanário atlântico perdia também a exclusividade de sua pauta balneária. Uma vez incorporada aos hábitos do carioca, a praia passava a ser assunto dos mais diversos veículos da grande imprensa, compondo o repertório dos temas urbanos correntes no cotidiano da capital. Aos poucos ficava claro que o termo "CIL" perdera sua função simbólica: os *cilenses* de outrora agora nada mais eram do que *copacabanenses*, como tantas dezenas de milhares de pessoas que ali habitavam, e já não fazia sentido perseverar na defesa da região com base no princípio de distinção.

Os editores do *Beira-Mar* podiam considerar-se vitoriosos em sua luta pelo desenvolvimento balneário. Consolidada, porém, a inflexão que levou o Rio de Janeiro para as areias de Copacabana esgotava a agenda de interesses do periódico local. Em 1944, a morte de Manoel Nogueira de Sá só veio acelerar o que se anunciava desde o final da década anterior: o fechamento do jornal praiano. A praia, afinal, já não precisava de apologia.

Epílogo: Da CIL à utopia urbana

Na cena que abre este livro, duas senhoras de meia-idade, ambas residentes em Copacabana, travam uma discussão que se encerra quando uma delas afirma que sua interlocutora deveria "voltar" para o "subúrbio", pois não tinha "cacife" para morar na Zona Sul. A cena aconteceu numa rua de prédios modestos, e a disputa envolvia o estacionamento de automóveis que não podiam, sob nenhum aspecto, serem definidos como luxuosos. As protagonistas tampouco carregavam quaisquer signos visíveis de status: apresentavam-se em trajes simples e exibiam publicamente um comportamento pouco afeito à discrição e à elegância. Uma vez percorrido o caminho deste livro, é possível voltar ao enigma com que tal situação se me apresentou para refletir sobre os símbolos e representações acionados na banalidade do episódio.

Mais que uma alusão direta a sinais materiais de prestígio, o termo "cacife" ecoava um capital simbólico que se nutria de um conjunto de representações visivelmente descoladas do contexto em que fora evocado. No mesmo sentido, chama a atenção a forma pela qual a senhora definiu o "cacife" que lhe serviu de munição: sem qualquer referência aos valores que circundavam a identidade aristocrática sobre a qual se construíra a imagem de bairro elegante, ela se limitou a apresentá-lo como instrumento de oposição entre as categorias "Zona Sul" e "subúrbio". De que modo então compreender esse aparente descolamento entre texto e contexto? Qual era, afinal, a rede de significados na qual se sentia legitimamente inserida a vencedora de tão prosaica contenda? E, finalmente, por que a cena não parecia causar estranheza aos demais espectadores, enquanto a uma recém-chegada como eu o diálogo se desenrolava como a mais perfeita exibição de surrealismo?

Decerto que entre o mundo das senhoras que discutiam e aquele dos que, nas primeiras décadas do século XX, tentavam fazer da região atlântica a base de um projeto específico de distinção, existe um grande abismo – demarcado, no mínimo, pelas muitas décadas que os separam. Ainda assim, os evidentes traços de continuidade que ligam os dois momentos, bem como as rupturas por eles anunciadas, sugerem uma reflexão mais ampla acerca do processo de ininterrupta ressignificação e reapropriação material e simbólica do bairro no decorrer do tempo.

Tal processo se liga, entre outras coisas, ao notável incremento populacional de Copacabana ao longo de todo o século, cujos primeiros sintomas foram analisados no Capítulo 6. Entre 1940 e 1950, o bairro experimentou um crescimento demográfico de impressionantes 74%, passando de 74.133 habitantes para 129.249. Mais que o aumento no número de moradores, esse *boom* populacional trouxe mudanças substantivas à paisagem, o que se fez notar, entre outras coisas, na multiplicação e especialização do comércio local. Era nesse sentido que o escritor e boêmio Luís Martins, escrevendo na década de 1940, decretava que "as noites de Copacabana eram o tempo presente – e as da Lapa já passado".[1] O bairro praiano despontava então como o maior centro noturno da vida carioca, deslocando o eixo da boemia literária "da sombra dos velhos arcos para a orla oceânica".

A consolidação da Zona Sul praiana como polo de atração de moradores e visitantes se fez acompanhar também de uma não menos drástica mudança nos sistemas de acesso que a ligavam ao restante da cidade. São dos anos 1940, por exemplo, a duplicação do Túnel Novo e a implantação de linhas de ônibus de Copacabana para a Zona Norte e os subúrbios, o que colaborou sobremaneira para o aumento da população flutuante. Anunciada como uma verdadeira "cidade-bairro", Copacabana deixava de ter na distância um entrave à sua ocupação. Invertia-se o mapa comercial, simbólico e turístico da cidade, e a zona atlântica passava, sem cerimônia, ao centro da cartografia carioca.

Em 1948, a *Revista Copacabana* saudava tais transformações atribuindo-as ao fato de "as grandes organizações do Rio de Janeiro" terem percebido que não poderiam mais "ficar limitadas ao Centro da cidade", pois "a população dos bairros da Zona Sul possui mais capacidade aquisitiva, mais senso de progresso, mais realidade de civilização". A mensagem é tão clara quanto a complexidade do processo social a que se refere: mais que um novo bairro ou uma nova forma de experimentação do espaço urbano, Copacabana era também um polo de agregação e de produção de um novo perfil de camadas médias em meio ao cada vez mais diversificado quadro sociocultural carioca. Apresentado como detentor de grande poder aquisitivo e portador de valores como consumo, "senso de progresso" e "realidade de civilização", o morador da antiga CIL passava a ser associado a uma rede de significados que, apesar de distante dos sonhos de exclusivismo *cilense*, não escondia a filiação aos princípios de diferenciação sobre os quais se fizera (e se mantinha) o prestígio daquelas plagas.

Não podemos, contudo, vincular essas mudanças a uma linearidade causal, que encontra no vertiginoso aumento dos índices de metropolização do bairro uma explicação única e definitiva. Uma boa mostra da multiplicidade e da sobreposição de representações sobre as quais se deu tal processo é o fato de que, em 1946, as ondas do rádio puseram Copacabana nos ouvidos e no imaginário de todo o país através da música "Copacabana", cujo mote insistia em retomar as imagens de um bucolismo já periclitante:

> Existem praias tão lindas cheias de luz...
> Nenhuma tem o encanto que tu possuis
> Tuas areias...
> Teu céu tão lindo...
> Tuas sereias
> Sempre sorrindo...
>
> Copacabana, princesinha do mar,
> Pelas manhãs tu és a vida a cantar...
> E, à tardinha, o sol poente
> Deixa sempre uma saudade na gente...
>
> Copacabana, o mar eterno cantor
> Ao te beijar, ficou perdido de amor
> E hoje vivo a murmurar
> Só a ti, Copacabana, eu hei de amar.

A canção havia sido encomendada em 1944 pelo cineasta americano Wallace Downey, que planejava abrir em Nova York uma boate cujo nome e temática homenageariam a já famosa praia brasileira. Não é difícil compreender, assim, o esforço dos autores da composição, João de Barros (o Braguinha) e Alberto Ribeiro, em associar Copacabana a um cenário de pitoresco encantamento e rara beleza, bem ao gosto da imagem com que a praia (e em muitos sentidos a própria nação) aparecia nos estereótipos de circulação internacional. Cantada como a tradução de um cenário que reunia o bucolismo da paisagem, o frescor da juventude e a nobreza aristocrática, Copacabana passava a ser, para todos os efeitos, a "Princesinha do mar", agregando, de forma sucinta e poética, tantos dos sentidos com os quais os *cilenses* haviam procurado fixar a identidade do bairro. Mas não era apenas na letra que se fiava o estrondoso sucesso da música, tocada à exaustão ao longo de mais de um ano nas rádios. Gravada na forma de um samba-canção entoado na voz de Dick Farney – um jovem intérprete cuja carreira se fizera, até então, de sucessos cantados em inglês –, a composição acrescia a novidade e o cosmopolitismo aos signos da nacionalidade, fazendo de Copacabana a síntese acabada da moderna brasilidade.

A grande popularidade da canção era, por certo, causa e sintoma da não menos expressiva fama que os bairros atlânticos ganhavam entre os habitantes de toda a cidade. Tal fama não crescia, no entanto, isenta de contradições. Em crônica de 1948, o mesmo Luís Martins, que já testemunhara a progressiva centralidade do bairro praiano, apontava para as ambiguidades desse processo: "Pode-se quase dizer que Copacabana vai aos poucos matando o Rio. Porque Copacabana pouco ou nada tem a ver com o Rio. Copacabana é alegre, é luminosa, é turística, cosmopolita, vitaminada, esportiva e incontestavelmente bela. Mas não é o Rio." Para o cronista, o "verdadeiro Rio" estava na "velha cidade imperial das ruas mal calçadas que aos crepúsculos se iluminam a bico de gás": "O Rio é a rua da Misericórdia, a praça da Bandeira, o Catete, o Largo do Machado, a Tijuca, Vila Isabel, Flamengo, Laranjeiras, Andaraí, Engenho Novo."[2] Refletindo sobre a popularização de Copacabana a partir dos termos em que se dava sua inserção no espaço mais amplo da cidade, Luís Martins observava que, longe de se confinarem à orla oceânica, os efeitos das rápidas mudanças na fisionomia dos bairros atlânticos causavam também grande impacto sobre toda a lógica da cartografia carioca.

Acrescentando outros sentidos a essa reflexão, a crônica publicada em 1953 e sugestivamente intitulada "Dois mundos opostos do Rio" dá boas pistas a respeito dos caminhos do mapa sobre o qual passavam a se mover os cariocas de então:

> Nos dois mundos antagônicos do Rio se forjaram dois estilos de vida totalmente diversos. ... A Zona Sul, que começa propriamente no Flamengo, é a civilização do apartamento, e das praias maliciosas, do traje e dos hábitos esportivos, da

> *boîte* e do pecado à meia-luz, dos enredos grã-finos, do pif-paf de família, dos bonitões de músculos à mostra e dos suculentos brotinhos queimados de sol ... . O Rio cosmopolita está na Zona Sul, onde uma centena de nacionalidades se tropicaliza à beira das praias. A Zona Norte é Brasil 100%. A gente mora largamente em casa (muitas vezes com quintal) e a casa impõe um sistema diferente de vida, patriarcal, conservador. Vizinhança tagarela e prestativa. Garotos brincando na calçada. Reuniões cordiais na sala de visitas. ... Menos água, mais calor. Diversão pouca, nada de *boîte* e *night-clubs*. Noite vazia de pecados e de passos boêmios e sortilégios. Vida menos agradável aos homens, mais abençoada pelos santos. Zona Sul – Zona Norte, paraíso e purgatório do Rio. Sair do purgatório e ganhar o paraíso é aspiração de quase todos, mas há quem prefira, sinceramente, a vida simples e provinciana dos bairros e subúrbios do norte. Para muitos a Zona Sul não é o paraíso, mas o inferno da perdição, onde Copacabana dita a imoralidade, o aviltamento dos costumes, a frivolidade e a boemia.[3]

Anunciando um antagonismo pautado em diferentes estilos de vida, o cronista divide o Rio de Janeiro em duas zonas espaciais, culturais e morais. Apesar de situar a Zona Sul como um território que abarca toda a região entre o Flamengo e o Leblon, fica evidente, ao final do texto, o papel metonímico de Copacabana em meio às características daquela parcela da cidade, marcadamente reconhecida pelos apartamentos, pela vida praiana, pelos hábitos esportivos, pela atividade noturna e pelo cosmopolitismo. Numa radical oposição geográfica e simbólica, a Zona Norte seria a parcela genuinamente brasileira da cidade, onde reinariam uma sociabilidade de traços provincianos e uma moralidade de tom conservador.

Longe da interpretação estática e até mesmo reificante que as linhas aqui transcritas podem sugerir à primeira vista, o cronista indica a dinâmica socioespacial através da qual se relacionavam aqueles universos aparentemente estranhos entre si: ao tratar Zona Norte e Zona Sul como unidades simbólicas separadas pela longa distância meritória que aparta purgatório e paraíso, ele lembra que a passagem de um a outro é a aspiração de "quase todos". Tão natural quanto o desejo de "ganhar o paraíso", a chegada à Zona Sul é ali apontada como o fim de uma longa jornada que, para além dos quilômetros percorridos, marcaria a entrada num novo universo de valores cujos significados extrapolavam em muito os sentidos da ascensão social *stricto sensu*. Os testemunhos revelam, assim, que mais do que uma marcha evolutiva rumo ao centro natural do mapa do prestígio, o crescimento dos bairros atlânticos representava a adesão de certos setores da sociedade aos valores e visões de mundo outrora consolidados pelos *cilenses* em torno daquela região da cidade, e agora ressignificados ao gosto do curso da história.

Esse movimento não era, no entanto, fruto de alguma espécie de espasmo sociocultural restrito a uma realidade insular. O crescimento de Copacabana se dava em meio a um panorama de otimismo marcado, no plano internacional, pelo fim da Segunda Guerra Mundial e, no plano nacional, pela chegada de Juscelino Kubitschek à Presidência da República, dando início a um quinquênio de forte crescimento econômico. Em Copacabana, a euforia dos anos JK (1956-61) se materializava na inserção definitiva do bairro na rota do lazer noturno da cidade. É dessa época a abertura de um grande número de cinemas,* bares, restaurantes e boates, transformando a região em local preferencial da jovem boemia carioca, bem como o *boom* imobiliário que ergueu nada menos que 225 edifícios somente no ano da posse do novo presidente. Entre 1950 e 1960, a população do Rio de Janeiro cresceu 34% (passando de 2.332.931 habitantes para 3.139.858), enquanto Copacabana observou um acréscimo de 42%, indo de 129.249 habitantes para 183.846. Às vésperas da década de 1970 esse montante subia para nada menos que 250 mil moradores, dos quais 98,8% viviam em apartamentos.[4]

Apesar de impressionantes, os números não dão conta do fenômeno sociocultural neles contido. Ainda que buscassem se incorporar ao mundo da distinção atlântica, os moradores que inflavam aquelas estatísticas passavam a ocupar construções que em nada se aproximavam dos protocolos de elegância defendidos pela antiga aristocracia *cilense*. Compostos majoritariamente por pequenos apartamentos de um ou dois ambientes (conhecidos como conjugados e quarto e sala), os novos prédios alteravam definitivamente a fisionomia do antigo arrabalde, agora profundamente marcado pela uniformidade da paisagem construída e, na mesma medida, pela crescente heterogeneidade social de seus habitantes. Frente a tal constatação, resta a questão: o que, afinal, levava habitantes de toda a cidade a se mudarem para Copacabana, submetendo-se,

* São dos anos 1950, por exemplo, o Caruso, o Ricamar, o Alvorada, o Art Palácio, o Condor, o Copacabana, o Riviera e o Paris Palace, hoje extintos.

muitas vezes, a condições de moradia infinitamente mais precárias do que aquelas de que gozavam em seus bairros de origem?

Pesquisando moradores de grandes prédios de pequenos apartamentos na Copacabana do final da década de 1960, o antropólogo Gilberto Velho buscou responder à pergunta, analisando "as aspirações residenciais de um universo *white collar*" dentro do quadro mais amplo da percepção que aquelas pessoas "tinham da sociedade abrangente, como se situavam dentro dela, como representavam suas possibilidades de ascensão social e que critérios hierarquizadores organizavam sua percepção da estratificação social".[5] Lidando, portanto, com representações acionadas por sujeitos pertencentes às camadas médias urbanas, sua pesquisa perseguiu os mecanismos pelos quais eles inseriam a cartilha simbólica associada ao bairro em suas estratégias cotidianas de definição e negociação da realidade, percebendo que sua chegada a Copacabana era comumente narrada como motivação central à elaboração de discursos fortemente marcados pelo tom de "satisfação autobiográfica". Nesse sentido, em meio à grande variedade de trajetórias e projetos que compunham o conjunto investigado, Gilberto Velho encontrou um universo comum de representações que apontam não apenas para a valorização de Copacabana *per se*, como também para sua posição de superioridade frente a bairros dos subúrbios e da Zona Norte da cidade. Era, na expressão que dá nome ao livro que apresenta a pesquisa, *A utopia urbana*.

Recorrentemente referenciada como "*locus* das boas coisas da vida",[6] Copacabana aparecia como espaço privilegiado para o exercício de diferentes formas de manipulação de prestígio, num cenário em que a relativa precariedade material punha em pauta a necessidade de constante reafirmação dos signos de diferenciação. Fosse "em termos de bens ou de moral", os moradores daqueles pequenos apartamentos buscavam legitimar sua pertença à cena copacabanense com base no princípio de que o mapa da cidade correspondia a "um mapa social onde as pessoas se definem pelo lugar em que moram".[7] Não é de estranhar, portanto, que, conforme argumenta Gilberto Velho, os moradores dos edifícios pesquisados procurassem se firmar com discursos de teor individualizante, visando legitimar sua trajetória nos termos de um inequívoco e meritório movimento de ascensão social. Na mesma linha, tal legitimidade se expressava, não raro, pelo estabelecimento de oposições relativas ao universo social de seus bairros de origem e, na mesma medida, por uma combatividade horizontal que, em nome da defesa de uma ordem moral de contornos nem sempre nítidos, levava moradores de um mesmo edifício a perseguir a consolidação de seu prestígio por meio da diferenciação com relação aos próprios vizinhos.[8]

Com a intensificação do processo de crescimento e adensamento, Copacabana perdia os signos de um prestígio elaborado a partir do exclusivismo *cilense*, passando a ser apropriada e ressignificada por outros segmentos sociais através de uma "ideologia copacabanense".[9] Sustentada por uma ideia bastante difusa de status (verbalizada por critérios como "modernidade", "comércio", "divertimentos" e "acesso a recursos"), essa ideologia se mantinha sobre a premissa da manutenção da lógica da distinção, evidenciando que, entre a CIL e a utopia urbana, a história se encarregara de transformar os símbolos sobre os quais se haviam erguido o já então longínquo projeto praiano-civilizatório.

Retomando a discussão entre aquelas duas senhoras de Copacabana, percebemos, portanto, que, diferentemente da transparência com que os antigos *cilenses* delineavam seus parâmetros de pertença social, os novos copacabanenses se viam diante da difícil tarefa de ter de legitimar sua tão orgulhosa diferenciação. Nessa medida, a acusação da falta de "cacife" que serviu de desfecho ao conflito narrado denota a clara tentativa de manipulação de símbolos de distinção que, apesar de implícitos, tinham na história e no repertório cultural do bairro a garantia de sua eficácia.

Em dezembro de 2010, a imprensa carioca[10] divulgou uma contenda entre moradores de Copacabana e a prefeitura do Rio de Janeiro em torno da realização de um show do cantor Roberto Carlos na praia. O evento reuniu uma multidão de pessoas das mais variadas idades e camadas sociais, transformando o bairro numa verdadeira babel metropolitana. Insatisfeitos com os problemas trazidos pela invasão maciça de habitantes provindos de toda a cidade, moradores locais não tardaram a se manifestar, acionando argumentos que se aproximavam notavelmente do pressuposto de exclusivismo defendido pela antiga aristocracia praiana. Em resposta à mobilização, o prefeito reeditou a lição que, conforme este livro procurou mostrar, os *cilenses* parecem ter aprendido a duras penas: "Este é o ônus de morar na praia mais bonita do mundo..."

Notas

Apresentação (p.11-6)

1. R. Darnton, *O grande massacre de gatos*, p.303.
2. M. Graham, *Diário de uma viagem ao Brasil*, p.321.
3. J.-B. Debret, *Viagem pitoresca e histórica ao Brasil*, p.213.
4. Disponível no site: http://pt.wikipedia.org/wiki/Copacabana. Acesso em: 10 jul 2010.
5. G. Velho, *A utopia urbana*, p.24.
6. Dados do Censo Predial de 1933.
7. Clifford Geertz, em *A interpretação das culturas*, afirma que *ethos* corresponde aos "aspectos morais (e estéticos) de uma dada cultura", enquanto a *visão de mundo* seria composta dos "aspectos cognitivos, existenciais".

1. Caminho do mar (p.17-55)

1. *Diário de Notícias*, 6 jul 1892. Notícias similares podem ser encontradas nas edições de *O Paiz*, *Jornal do Brasil* e *Gazeta de Notícias* do mesmo dia.
2. *Jornal do Brasil*, 7 jul 1892.
3. Eleito vice-presidente da República em fevereiro de 1891 pelo Congresso Constituinte, Floriano Peixoto assumiu a Presidência em novembro do mesmo ano, após a renúncia de Deodoro da Fonseca. Apesar de ter assumido o papel de chefe do governo, muitos se referiam a ele como "vice-presidente". Isso se devia ao caráter inconstitucional de seu mandato, uma vez que a Presidência estava sendo exercida pelo vice-presidente sem a realização de novas eleições presidenciais, como determinava a Constituição.
4. Em 1891, em face da intensa crise política e econômica que o país enfrentava, oficiais da Marinha articularam uma sublevação da Armada com o intuito de depor o então presidente Deodoro da Fonseca. Diante da ameaça de fechamento do Congresso Nacional, o almirante Custódio José de Mello, contando com o apoio do vice-presidente, Floriano Peixoto, liderou a movimentação dos navios da esquadra e a mobilização do Congresso que culminaram na renúncia de Deodoro da Fonseca. Em 1893, Custódio de Mello estaria à frente de uma nova Revolta da Armada, dessa vez contra Floriano Peixoto, que se recusou a convocar novas eleições no prazo de dois anos após sua posse, conforme determinava a Constituição.
5. *O Tempo*, 7 jul 1892.
6. De acordo com a mencionada edição de *O Tempo*, a viagem durou exatamente uma hora e quinze minutos.

7. *Gazeta de Notícias*, 7 jul 1892.
8. S. Chalhoub, *Cidade febril*, p.46.
9. G. Freyre, *Casa-Grande e senzala*, p.743.
10. Intermediária entre os recursos da economia cafeeira e centro político do país, a nova capital via seus cofres se encherem com recursos advindos do comércio, das finanças e também das incipientes aplicações industriais. Somava-se a isso o fato de a cidade ser o núcleo da rede ferroviária que ligava Sudeste, Norte e Nordeste, despontando, assim, como o maior polo comercial do Brasil de então.
11. N. Santos, *Meios de transporte no Rio de Janeiro*, p.245.
12. Segundo J. Benchimol, em *Pereira Passos: um Haussmann tropical*, p.101, a empresa mudou seu nome para Companhia Ferro-Carril Jardim Botânico em 1882, quando recebeu permissão para transferir sua sede para o Rio de Janeiro.
13. A primeira linha de bondes a tração animal foi, na verdade, inaugurada alguns anos antes, em 1859, ligando a praça da Constituição (atual Tiradentes) ao alto da Tijuca. Mas seu concessionário, Thomas Cochrane, declarou falência em 1866.
14. M. Abreu, *Evolução urbana do Rio de Janeiro*, p.45.
15. Riotur, *Copacabana, 1892-1992: subsídios para a sua história*, p.232.
16. *Correio Mercantil*, 24 ago 1858.
17. *Correio Mercantil*, 18 out 1858.
18. Como nos lembra L.L. Oliveira em "A conquista do espaço", a própria construção da nacionalidade, do Estado e, mais que isso, da "brasilidade" passou, por séculos, pela questão da conquista e ocupação do espaço, num processo que teve início já nas primeiras narrativas a respeito do Novo Mundo.
19. A expressão é emprestada do título do livro de A. Corbin, *O território do vazio*, em que o autor busca recuperar a história do desejo da beira-mar na Europa entre 1750 e 1840.
20. De acordo com E. Cardoso et al. em *História dos bairros*, o conde de Lages era camarista do Paço e mordomo do conde d'Eu e da princesa Isabel. Curioso notar que, no mesmo ano, o barão de Drummond, também mordomo do Paço, obteve uma concessão de linha para o Andaraí.
21. Machado de Assis, por exemplo, comentou o assunto em sua coluna de 1º de dezembro de 1877, na revista *Illustração Brasileira*, caracterizando a questão como "intricada, profunda, obscura e sobretudo interminável".
22. CD-ROM *Circuito Copacabana, Rio de Janeiro*, Coleção Circuitos do Rio, 2000.
23. *Gazeta de Notícias*, 16 out 1883.
24. Riotur, op.cit., p.40s.
25. De acordo com E. Cardoso et al., op.cit., p.66, a Empresa de Construções Civis constituiu-se de uma aliança de interesses comuns centrados nas valorizações fundiária e imobiliária: "Eram seus acionistas vários proprietários de terras em Copacabana, vários bancos – Banco Luso-Brasileiro, Banco Brasil e Norte América, Banco Construtor do Brasil e Banco de Crédito Rural e Internacional –, pelo menos uma empresa do setor industrial, a Companhia Nacional de Forjas e Estaleiros, empresas comerciais, entre elas uma de exportação de café, outras empresas imobiliárias,

como a Empresa de Obras Públicas no Brasil, que foi a maior acionista e a própria Botanical Garden." Participavam ainda da sociedade Carlos Sampaio (futuro prefeito da cidade), o médico Hilário de Gouveia e o renomado engenheiro Antonio de Paula Freitas, além de membros da antiga nobreza.

26. Arquivo Geral da Cidade do Rio de Janeiro, códice 50-1-2.
27. Vale lembrar que, de acordo com o dicionário de Ripley, de 1870, a vila marítima francesa Biarritz era um *resort* que atraía visitantes de toda a Europa em busca da salubridade dos banhos e, progressivamente, de uma temporada entre a mais seleta sociedade francesa e espanhola, que por ali circulava. Basta dizer, por exemplo, que desde 1856 o balneário passou a ser a residência de veraneio de Napoleão III e de sua corte, dando o impulso inicial à ocupação aristocrática daquela praia.
28. Apesar do empenho dos acionistas, o projeto foi recusado sob a alegação de que a Empresa de Construções Civis já vinha fazendo muitas melhorias na região.
29. Arquivo Geral da Cidade do Rio de Janeiro, códice 32-1-37.
30. Riotur, op.cit., p.53.
31. Apud P. Berger e E. Berger, *Copacabana: história dos subúrbios*, p.57. As quadrinhas aparecem também, posteriormente, em quase todas as edições consultadas do periódico *O Copacabana*, conforme será mostrado no Capítulo 2.
32. *Jornal do Commercio*, 25 nov 1893.
33. N. Santos, op.cit., p.341-3.
34. Idem.
35. O termo de fundação da Villa Ipanema foi assinado alguns dias depois, em 26 de abril, instituindo a abertura de dezenove ruas e duas praças.
36. D. Oliveira, *Fossas e esgotos em Copacabana*, p.6s.
37. Os proprietários de terrenos na Villa Ipanema se mobilizaram pela conquista de tal benefício, como mostra abaixo-assinado enviado ao Conselho Municipal em 4 de maio de 1898, assinado por treze pessoas. Os proprietários usavam como justificativa para essa reivindicação o fato de o bairro não gozar da vantagem de nenhum serviço municipal, destacando a falta de policiamento ou regularização do leito de ruas e praças, o que tornava bastante oneroso o transporte para quem se dispusesse a construir nessa localidade (Anais do Conselho Municipal do Distrito Federal, 1898, p.59).
38. Conforme afirma Nivea Vieira em "Cidades possíveis", o projeto previa que nas zonas beneficiadas as casas poderiam ter quatro metros de pé-direito. Suas portas poderiam ter 1,20m × 3m; e as janelas, 1m × 2m (e, portanto, paredes mais estreitas, pés-direitos mais baixos e vãos de portas e janelas mais reduzidos do que no resto da cidade, o que era justificado pelas benesses dos ares marítimos). Assinaram o projeto dez dos quinze intendentes.
39. Redação final, Projeto n.8 de 1899, 24 mar 1899 (Anais do Conselho Municipal do Distrito Federal, 1899, p.82).
40. Alfredo Barcelos. Debate do Projeto de Lei n.128, de 1894 (Anais do Conselho Municipal do Distrito Federal 1892-94, out 1894, p.193).

41. Idem.
42. Para uma discussão detalhada sobre a gestão de Pereira Passos, bem como sobre sua relação com as reformas feitas pelo barão de Haussmann em Paris, ver *Pereira Passos: um Haussmann tropical*, de J. Benchimol.
43. Citado por J. Benchimol, op.cit., p.163.
44. *O Paiz*, 13 abr 1905.
45. A disputa em torno da liberdade de construção não acabava aí. Durante os anos seguintes, moradores e autoridades seguiram com a discussão, e o benefício foi restaurado em 5 de outubro de 1908, pelo Decreto n.1.125, promulgado pelo prefeito Souza Aguiar, que restituía a isenção de taxas e emolumentos para construções em Copacabana, Leme, Ipanema e Campo do Leblon por quatro anos. De acordo com um abaixo-assinado de proprietários de Copacabana, enviado à municipalidade em 1907 e assinado por mais de cem pessoas, a medida de Pereira Passos teria "reduzido o número de edificações, o que paralisa muito o desenvolvimento do bairro não deixando também de prejudicar os interesses da Fazenda Municipal" (Arquivo Geral da Cidade do Rio de Janeiro, códice 32-1-37).
46. Coleção de Leis Municipais, vol.XVIII, p.191.
47. *Gazeta de Notícias*, 30 out 1905.
48. *Correio da Manhã*, 5 abr 1906.

2. Os ocupantes do vazio e os habitantes do progresso (p.56-80)

1. P. Pessoa, *Guia da cidade do Rio de Janeiro.*
2. *Gazeta de Notícias*, 6 dez 1903.
3. L. Barreto, *Diário íntimo*, p.72.
4. Para uma análise detalhada do papel das revistas modernas nas representações sobre a cidade no início do século XX, ver C. Oliveira et al., *O moderno em revistas.*
5. João do Rio, *A alma encantadora das ruas*, p.219-20.
6. Riotur, *Copacabana, 1892-1992*, p.118.
7. Ibid., p.47.
8. Para uma análise das representações fotográficas de Copacabana no período, ver o artigo de A. Pereira, "O lazer no Rio de Janeiro, visto pelo fotógrafo amador Alberto Sampaio (1900-1910)".
9. Embora tal febre atingisse segmentos sociais distintos, era entre os trabalhadores de menor renda que ela se mostrava especialmente intensa. Para uma análise sobre o associativismo entre os trabalhadores no período, ver L. Pereira, "A Flor da União".
10. Arquivo Nacional, GIFI-6C-63.
11. Para uma análise do amplo desenvolvimento do Carnaval no Rio de Janeiro do começo do século XX e da importância dos clubes recreativos populares em meio à festa, ver M.C. Cunha, *Ecos da folia.*
12. "A dança macabra", *Vida Policial*, 7 ago 1926.
13. *Gazeta de Notícias*, 21 fev 1906.

14. Arquivo Nacional, GIFI-6c-432 e IJ6-562.
15. Recorrentemente apontada como uma consequência direta da crise habitacional gerada pela guerra contra os cortiços encampada no final do século XIX e acentuada pelas medidas de saneamento da política regeneradora de Pereira Passos, a origem das favelas remonta aos primórdios do período republicano e à região central da cidade. De fato, os dois morros reconhecidamente ocupados no final do século XIX eram o da Favela e o de Santo Antônio, ambos no Centro. Para uma análise do processo de crescimento das favelas no Rio de Janeiro, ver os trabalhos de L. Valladares, *A invenção da favela*, e L. Vaz, "Dos cortiços às favelas e aos edifícios de apartamentos".
16. Arquivo Geral da Cidade do Rio de Janeiro, códice 9-3-22.
17. O periódico chamava-se apenas *O Copacabana* até a edição de 16 de fevereiro de 1908, quando se acrescentou o *Novo Rio* ao nome.
18. *O Copacabana*, 26 dez 1907.
19. *O Copacabana*, 18 out 1908.
20. Entre eles são citados, por exemplo, o conde Modesto Leal, importante comerciante considerado um dos homens mais ricos do Brasil no início do século XX; o conselheiro Leôncio de Carvalho, responsável pela reforma do ensino de 1879; Edmundo Bittencourt, proprietário do *Correio da Manhã*; e o senador Cesar Diogo. Vemos, assim, um conjunto formado por capitalistas e nomes importantes da política e da administração pública.
21. *O Copacabana*, 1º out 1907.
22. Em 1º de novembro de 1907, a coluna passou a se chamar "Mundo elegante".
23. *O Copacabana*, 15 jun 1907.
24. *O Copacabana*, 15 set 1907.
25. *O Copacabana*, 16 fev 1908.
26. *O Copacabana*, 1º abr 1908.
27. *O Copacabana*, 3 mai 1908.
28. *O Copacabana*, 12 set 1909.
29. *O Copacabana*, 1º nov 1907.
30. De fato, a comparação não é de todo despropositada. São recorrentes as notícias sobre a presença de cabras, burros, cachorros e vacas naquele local, além do escândalo causado pela aparição de uma jararaca de mais de dez metros, noticiada na edição de 16 de abril de 1908.
31. *O Copacabana*, 6 nov 1910.
32. *O Copacabana*, 18 set 1909.
33. *O Copacabana*, 27 set 1908.
34. *O Copacabana*, 14 jan 1912.

3. Uma civilização à *Beira-Mar* (p.81-120)

1. De acordo com o Censo de 1920, 22.671 habitantes.
2. *O Jornal*, 1º nov 1923.

3. *Careta*, 27 fev 1920.
4. B. Costallat, *Mutt, Jeff & Cia*, p.215s.
5. Ibid., p.222.
6. Ibid., p.225-6.
7. Um bom exemplo dessa imagem de distinção e elegância são as notas com as quais a grande imprensa saudou o lançamento do *Beira-Mar* em 19 de outubro de 1922: o *Jornal do Commercio* aludia ao "lindo e aristocrático bairro de Copacabana", o *Correio da Manhã* preferia salientar o aspecto "elegante e pitoresco do bairro", enquanto o *Rio Jornal* falava nos "bairros *chics* de Copacabana, Ipanema e Leme".
8. *Beira-Mar*, 12 ago 1944.
9. Idem.
10. A edição de 15 de dezembro de 1922, por exemplo, anunciava: "Perdeu-se, domingo último, no Posto 6, um *pince-nez*, imitação de tartaruga, com feixe de ouro. Na caixa tem a marca KING. Quem o encontrou, queira telefonar para Ipanema 1888, que será gratificado."
11. *Beira-Mar*, 11 ago 1929.
12. *Beira-Mar*, 19 set 1936; 6 jan 1929; e 27 abr 1930.
13. C. Oliveira et al., *O moderno em revistas*, p.8.
14. P.D. Baptista, *Rumo à praia*, p.87.
15. Ibid., p.67.
16. *Beira-Mar*, 7 dez 1924.
17. *Beira-Mar*, 11 nov 1933.
18. *Beira-Mar*, 5 mai 1923.
19. *Beira-Mar*, 11 nov 1933.
20. Essas e a próxima citação desse parágrafo foram extraídas de *Beira-Mar*, 26 set 1929.
21. Essas e a próxima citação desse parágrafo foram extraídas de *Beira-Mar*, 16 ago 1925.
22. *Beira-Mar*, 1º ago 1925.
23. *Beira-Mar*, 19 ago 1923.
24. *Beira-Mar*, 20 jun 1926.
25. *Beira-Mar*, 23 mar 1923.
26. *Beira-Mar*, 16 mar 1935.
27. *Beira-Mar*, 4 jun 1932.
28. *Beira-Mar*, 28 out 1923.
29. A ideia de *projeto*, tal como empregada aqui, baseia-se na definição de A. Schutz em *Fenomenologia e relações sociais*, para quem um projeto é uma "conduta organizada para atingir finalidades específicas". Conforme lembra G. Velho em *Projeto e metamorfose* (p.27), a noção de *projeto* "lida com a performance, as explorações, o desempenho e as opções ancoradas em avaliações e definições da realidade".
30. *O Copacabana*, 1º set 1907.
31. Aquele não era, no entanto, um movimento isolado. É importante destacar também a popularidade de que já gozavam no final do século XIX as estâncias hidrominerais, cuja incorporação ao repertório das elites nacionais foi, portanto, anterior à adesão aos banhos de mar. Com efeito, aqueles que procuravam as águas por recomendação médica pertenciam a um mesmo mundo, ligando praia e montanha num mesmo sistema terapêutico.

32. G. Freyre, *Sobrados e mucambos*, p.195.
33. A aristocracia teve papel dominante na ascensão do modelo terapêutico de uso da praia, legitimando, na Europa, os locais privilegiados do banho curador. Alguns exemplos do pioneirismo desse segmento no referido processo são Weymouth, na Inglaterra, onde se banhava o rei Jorge III já em meados do século XVIII, Doberan, na Alemanha, frequentada no mesmo período pelo grão-duque Mecklenburg-Schwerin, e o mencionado caso de Biarritz, praia amplamente utilizada por Napoleão III no século XIX.
34. Como mostra A. Corbin em *O território do vazio*, p.77, de acordo com o discurso médico de então o banho frio medicinal seria capaz de "impedir um rápido alastramento da putrefação no interior do corpo, dissolver os tumores endurecidos e limpar e proteger todo o sistema glandular das viscosidades impuras".
35. A. Corbin, op.cit., p.93s.
36. O *Jornal do Commercio* de 13 de agosto de 1843, por exemplo, trazia o seguinte anúncio: "M. Hahn – com hotel na praia de Botafogo, n.72, tem a honra de anunciar ao público que no seu estabelecimento acaba de aprontar quartos mobiliados muito próprios para as pessoas que desejarem tomar banhos de mar, os quais se tornam recomendáveis pela posição do dito hotel, e pela limpeza daquela praia."
37. C. Gaspar, *Orla carioca*, p.96.
38. Todas as citações desse parágrafo foram extraídas de C. Sarthou, *Relíquias da cidade do Rio de Janeiro*, p.112.
39. De acordo com C. Gaspar, op.cit., p.88, a casa de banho Deordeu, que contava com cinquenta quartos em 1870, em 1900 tinha quatrocentos; a Fluminense, aberta em 1878 com 47 quartos, chegou a 1904 com 120. Além disso, havia as casas Pinto, com sessenta quartos, Aurora, com 57, e Mota, com 55.
40. *Gazeta de Notícias*, 26 jun 1911.
41. CD-ROM *Copacabana*.
42. *O Paiz*, 26 mar 1911. Ver também *Correio da Manhã* e *Jornal do Brasil* da mesma data e *O Malho*, 30 mar 1911.
43. *Correio da Manhã*, 26 mar 1911.
44. *O Paiz*, 2 abr 1911.
45. Idem.
46. *Atlântico*, fev 1913.
47. *Revista da Semana*, 25 dez 1914.
48. *Revista da Semana*, 19 jan 1916.
49. *Revista da Semana*, 24 fev 1916.
50. *Revista da Semana*, 11 mar 1916.
51. *Revista da Semana*, 19 jan 1916.
52. Em 30 de março de 1915, a mesma cronista festejava o anúncio da construção de um Hotel Balneário em Ipanema. Tal projeto previa "serviços de hotel, de restaurante e bar, de teatro e cinema, de rinque de patinagem, de fisioterapia, além de balneário marítimo", constituindo um "verdadeiro sanatório de luxo", "oferecendo um aloja-

mento confortável e moderno aos estrangeiros em trânsito, aos turistas platinos, e criando para os cariocas uma estação de verão à beira-mar".

53. *Revista da Semana*, 6 jan 1917.
54. *O Paiz*, 10 mar 1917.
55. P.D. Baptista, op.cit., p.184.
56. *Jornal do Commercio*, 14 ago 1923.
57. Segundo R. Boechat em *Copacabana Palace*, em 1888 os empresários Eduardo Palassin Guinle e Cândido Gaffrée receberam da princesa Isabel a concessão, inicialmente por 39 anos, para construir e explorar o porto de Santos no período áureo da exportação de café. Ao longo de duas gerações, o investimento inicial se desdobrou em diversas iniciativas vitoriosas em outros setores, como produção e distribuição de energia elétrica, transporte urbano, construção civil, indústria têxtil, banco, seguradora, além, é claro, de hotelaria.
58. C. Kessel, *A vitrine e o espelho*, p.30.
59. Ibid., p.54.
60. B. Costallat, *Cock-tail*, p.8-9
61. C. Kessel, op.cit., p.52.
62. M. Motta, *A nação faz 100 anos*, p.204-5.
63. B. Costallat, *Mistérios do Rio*, p.114.
64. *Careta*, 15 jan 1921.
65. M. Motta, "O 'Hércules da prefeitura' e o 'demolidor do Castelo'".
66. *Jornal do Brasil*, 10 out 1926.
67. *Beira-Mar*, 16 ago 1923.
68. *Beira-Mar*, 15 abr 1923.

4. Os aristocratas do Atlântico ocidental (p.121-52)

1. Recenseamento Geral do Brasil de 1920.
2. O pseudônimo é uma referência óbvia a Paulo Barreto, cronista morto dois anos antes e que, sob a alcunha de João do Rio, tornou-se célebre por suas crônicas de grande sensibilidade urbana. Para uma análise do entrelaçamento entre a obra de Paulo Barreto e a dinâmica urbana do Rio de Janeiro no início do século XX, ver *De olho na rua: a cidade de João do Rio*, de J. O'Donnell.
3. *Beira-Mar*, 7 out 1923.
4. *Beira-Mar*, 26 dez 1926.
5. *Beira-Mar*, 5 jul 1925.
6. *Beira-Mar*, 3 out 1931.
7. *Beira-Mar*, 17 abr 1937.
8. *Beira-Mar*, 28 out 1933.
9. *Beira-Mar*, 18 mar 1928.
10. *Beira-Mar*, 28 out 1923.

11. M. Weber, em "Classe, status, partido", afirma que nos *grupos de status* a visão dos indivíduos acerca de sua posição social se dá através da leitura de um código de valores comum ao meio em que estão inseridos, estabelecendo critérios básicos de distinções submetidas a uma ordem simbólica somada à estratificação econômica.
12. Instituto Histórico e Geográfico Brasileiro (DL – 1.286.042).
13. *Beira-Mar*, 17 dez 1922.
14. *Diário Oficial*, 28 dez 1931.
15. *Beira-Mar*, 6 abr 1924.
16. *Beira-Mar*, 17 jun 1923.
17. *Beira-Mar*, 7 out 1923.
18. *Beira-Mar*, 4 fev 1923.
19. *Beira-Mar*, 4 mai 1923.
20. *Beira-Mar*, 7 jan 1923.
21. *Beira-Mar*, 4 mar 1923.
22. Idem.
23. *Beira-Mar*, 7 dez 1924.
24. Ver, por exemplo, *Beira-Mar* de 18 nov 1922; 22 jun 1924; e 2 set 1928.
25. Construída em 1921, em função do "rápido aumento da população de Copacabana", que tornou "necessária a construção de uma outra igreja para atender aos católicos de Ipanema e Leblon" (*Beira-Mar*, 17 dez 1923).
26. *Beira-Mar*, 24 jan 1924.
27. *Beira-Mar*, 1º abr 1923.
28. M. Conniff, *Política urbana no Brasil*, p.63.
29. Em novembro de 1922, por exemplo, foram 41 batizados, 125 missas pedidas e 4.025 comunhões (*Beira-Mar*, 11 nov 1922).
30. Ver, por exemplo, *Beira-Mar*, 4 fev 1923; 15 mai 1925; e 8 out 1925.
31. *Beira-Mar*, 10 out 1924.
32. *Beira-Mar*, 3 mai 1923.
33. *Beira-Mar*, 7 out 1923.
34. *Jornal do Brasil*, 24 jan 1926.
35. *Revista da Semana*, 13 mar 1926.
36. *Revista da Semana*, 7 jan 1926.
37. P.D. Baptista, *Rumo à praia*, p.107.
38. *Beira-Mar*, 27 set 1929.
39. *Beira-Mar*, 4 jul 1926.
40. *Beira-Mar*, 19 jul 1925.
41. Ver E. Hobsbawm, *The Invention of Tradition*.
42. *O Imparcial*, 15 dez 1919.
43. *Beira-Mar*, 6 mai 1923.
44. *Beira-Mar*, 5 jun 1925.
45. *Beira-Mar*, 10 set 1926.
46. *Beira-Mar*, 4 out 1925.

47. *Beira-Mar*, 18 jul 1926.
48. L. Valladares, *A invenção da favela*, p.36.
49. *Correio da Manhã*, 12 nov 1926; *O Jornal*, 12 nov 1926; *Beira-Mar*, 23 jan 1927.
50. *Beira-Mar*, 6 mar 1927.
51. *Beira-Mar*, 3 mar 1929.
52. *Beira-Mar*, 5 jun 1927.
53. *Beira-Mar*, 8 ago 1926.
54. *Beira-Mar*, 11 nov 1923.
55. *Beira-Mar*, 23 dez 1923.

5. Um estilo Copacabana (p.153-83)

1. *Beira-Mar*, 27 jan 1934.
2. Na edição de 14 de março de 1925, a revista *Fon-Fon* publicou o resultado de uma enquete sobre quem seria o "príncipe dos prosadores brasileiros". Com cerca de 20 mil votos, Coelho Netto conquistou o primeiro lugar. Théo Filho, com 1.500 votos, ficou em sétimo, seguido por Benjamin Costallat, com 1.150.
3. *A Noite*, 9 fev 1922.
4. *Beira-Mar*, 20 jan 1924.
5. *Beira-Mar*, 2 mar 1924.
6. *Beira-Mar*, 3 fev 1924.
7. *Careta*, 3 jan 1920.
8. Para uma análise histórica dos trajes de banho, ver *Making Waves*, de L. Lencek e G. Bosker.
9. *Beira-Mar*, 18 abr 1926.
10. *O Atlântico*, 24 dez 1926.
11. *Beira-Mar*, 3 abr 1927.
12. *O Atlântico*, 30 jan 1927.
13. *Beira-Mar*, 13 jan 1929.
14. *O Atlântico*, 24 dez 1926.
15. Para o desenvolvimento dos primórdios do campo desportivo no Rio de Janeiro, ver V.A. de Melo, *Cidade sportiva*.
16. *Para Todos*, 18 ago 1923.
17. *Beira-Mar*, 22 mai 1923.
18. *Beira-Mar*, 25 jul 1931.
19. *Beira-Mar*, 11 abr 1929.
20. Para uma análise do processo de popularização do futebol, que perdia aos poucos sua marca distintiva devido à proliferação de ligas entre trabalhadores de baixa renda, ver *Footballmania*, de L. Pereira.
21. *Beira-Mar*, 18 set 1927.
22. *O Cruzeiro*, 24 nov 1928.
23. *O Cruzeiro*, 15 dez 1928.

24. *Correio da Manhã*, 26 jan 1917 e 30 jan 1917.
25. L. Lencek e G. Bosker, op.cit., p.203.
26. *Beira-Mar*, 6 set 1925.
27. *Beira-Mar*, 7 mar 1926.
28. Essa e as outras citações do parágrafo foram extraídas de *Careta*, 13 out 1928.
29. Idem.
30. *Revista da Semana*, 15 dez 1928.
31. Para uma análise sobre a construção social do corpo, ver M. Mauss, "As técnicas do corpo", in *Sociologia e antropologia*.
32. *Beira-Mar*, 14 set 1930.
33. *Beira-Mar*, 8 mar 1931.
34. B. Costallat, *Mademoiselle Cinema*, p.81-2.
35. *O marido de Melle. Cinema*, p.148.
36. G. Freyre, *Sobrados e mucambos*, p.323.
37. *Selecta*, 15 jan 1919.
38. *Selecta*, 30 abr 1920.
39. *Correio da Manhã*, 5 ago 1932.
40. *Careta*, 14 mai 1927.
41. *Beira-Mar*, 19 ago 1923.
42. *Beira-Mar*, 25 set 1925.
43. *Beira-Mar*, 30 jan 1932 e 22 jun 1930.
44. M.C. Cunha, *Ecos da folia*.
45. *Beira-Mar*, 8 mar 1925 e 26 fev 1926. Sobre o Dia dos Ranchos no resto da cidade, ver *Os ranchos pedem passagem*, de R. Gonçalves.
46. *Beira-Mar*, 6 fev 1927.
47. *Beira-Mar*, 3 fev 1929.
48. B. Costallat começou a escrever no *Jornal do Brasil* em 1919. Antes, mantinha uma coluna de crítica musical e teatral em *O Imparcial*.
49. A figura da melindrosa foi criada em 1920 pelo cartunista J. Carlos nas páginas da *Revista da Semana*. Na descrição de B. Resende em "A volta de Mademoiselle Cinema", p.17, ela era a "imagem dos anos loucos que se iniciam": "de cabelinho curto, à *garçon*, lábios em forma de coração, pega-rapaz caindo sobre a testa, roupas leves e transparentes, saias curtas e decote longo … sedutora sempre."
50. De acordo com A. El Far em *Páginas de sensação*, p.289, o livro vendeu 25 mil exemplares em suas três primeiras edições, em dez meses.
51. P.D. Baptista, *Rumo à praia*, p.228.
52. T. Filho, *Praia de Ipanema*, p.30.

6. Os castelos de areia (p.184-224)

1. C. Castro, "Narrativas e imagens do turismo no Rio de Janeiro", p.83s.
2. Para análises sobre o advento do turismo, ver O. Löfgren, *On Holiday*, e M. Boyer, *L'invention du tourisme*.

3. *Beira-Mar*, 24 fev 1929.
4. *Beira-Mar*, 16 jun 1929.
5. Idem.
6. *Beira-Mar*, 21 set 1930.
7. *Beira-Mar*, 23 fev 1930.
8. *Beira-Mar*, 16 mar 1930.
9. *Beira-Mar*, 30 mar 1930.
10. *Careta*, 27 set 1930.
11. *Careta*, 25 out 1930.
12. *Diário de Notícias*, 23 nov 1930.
13. *Beira-Mar*, 1º dez 1930.
14. Ver Rejowski, *Turismo no percurso do tempo.*
15. Não por acaso, Otávio Guinle condicionou a construção do Copacabana Palace à autorização para abrir em suas dependências também um cassino, argumentando ser aquele um pré-requisito fundamental à viabilidade financeira do projeto (R. Boechat, *Copacabana Palace*, p.36).
16. M. Bretas, *A guerra das ruas: povo e polícia na cidade do Rio de Janeiro*, p.74.
17. *Beira-Mar*, 21 set 1930.
18. Essa e as outras citações do parágrafo foram extraídas de *Beira-Mar*, 30 nov 1930.
19. As poucas cenas externas ambientadas em praia foram filmadas em Malibu, nos Estados Unidos. Para uma imagem do Brasil através dos filmes estrangeiros, ver *O Brasil dos gringos*, de T. Amâncio, e *O Rio de Janeiro que Hollywood inventou*, de Freire-Medeiros.
20. B. Costallat, *Arranha-céo*, p.3.
21. Idem, p.161.
22. L. Vaz, *Modernidade e moradia*, p.64.
23. *Beira-Mar*, 20 jan 1929.
24. *Beira-Mar*, 8 ago 1931.
25. Foram feitos sob sua responsabilidade, por exemplo, o Copacabana Palace e o edifício do Cinema Capitólio, além do prédio do jornal *A Noite*, na praça Mauá, em 1928, que, com seus 24 andares, foi considerado, na época, a mais alta construção em concreto armado do mundo.
26. Segundo P.C. Marins, em "Habitação e vizinhança", p.192, a Lei do Condomínio foi aprovada em 1928, consolidando "em definitivo a possibilidade jurídica de individuação completa de cada unidade habitacional".
27. D. Cardeman, *O Rio de Janeiro nas alturas.*
28. *Revista da Semana*, 13 out 1928.
29. *Beira-Mar*, 11 mai 1930.
30. L.Vaz, op.cit., p.67.
31. *Jornal do Commercio*, 16 set 1928.
32. *Diário de Notícias*, 27 mai 1932.
33. *Correio da Manhã*, 30 nov 1930.
34. *Diário de Notícias*, 26 mai 1932.

35. Idem.
36. *Diário de Notícias*, 18 jun 1932.
37. *Diário de Notícias*, 23 jun 1932.
38. *Correio da Manhã*, 15 mar 1931.
39. *Beira-Mar*, 9 jul 1932.
40. *Beira-Mar*, 10 fev 1934.
41. *Beira-Mar*, 24 mar 1934.
42. *Beira-Mar*, 20 jun 1936. A reportagem mostra ainda que o Andaraí teve, no mesmo período, 21.737 metros quadrados construídos e a Lagoa, 22.175.
43. Segundo o decreto, Copacabana passava a pertencer à Zona Residencial I, para a qual a nova legislação previa o gabarito mínimo de dois pavimentos e máximo de seis, com altura de uma vez e meia a largura do logradouro. As exceções eram a avenida Atlântica e os logradouros adjacentes, para os quais eram previstas construções de dez pavimentos ou 34 metros de altura, exceto nas ruas Belford Roxo, Ronald de Carvalho e Conselheiro Souza Ferreira, para as quais se permitiam catorze pavimentos. Em 1941, a avenida Atlântica possuía um gabarito de doze pavimentos, bem como a rua Aires Saldanha (Decreto n.7.036, de 30 jun 41). Segundo M.V. Borges, em *O zoneamento da cidade do Rio de Janeiro*, p.140, naquele mesmo ano foram alterados para dez pavimentos os gabaritos das ruas do Leme e de quase toda a área de Copacabana.
44. *Beira-Mar*, 2 abr 1938.
45. *Beira-Mar*, 7 nov 1936.
46. *Revista de Arquitetura*, jul-ago 1936.
47. *Correio da Manhã*, 20 jan 1937.
48. *A Casa: Revista do Lar*, fev 1928.
49. *Beira-Mar*, 24 set 1938.
50. *A Vanguarda*, 9 set 1938.
51. *Beira-Mar*, 24 mar 1929.
52. Idem.
53. *Beira-Mar*, 27 abr 1930.
54. *Beira-Mar*, 10 mar 1929.
55. *Beira-Mar*, 13 jan 1934.
56. *Beira-Mar*, 27 ago 1938. Significativamente, segundo C.E. Soares em *A negregada instituição*, "malta" é o termo pelo qual, nas décadas anteriores, eram conhecidos os bandos de temidos capoeiras que causavam terror nas elites cariocas.
57. *Beira-Mar*, 15 jun 1935.
58. *Beira-Mar*, 18 fev 1939.
59. *Beira-Mar* 25 jun 1939.
60. *Beira-Mar*, 24 mar 1934.
61. *Beira-Mar*, 5 ago 1939.
62. *Beira-Mar*, 17 dez 1938.
63. F. Barth, "On the Study of Social Change", p.662.
64. O Caiçaras tem, desde sua fundação, sede na lagoa Rodrigo de Freitas, e o Marimbás, ao lado do Forte de Copacabana.

65. P. Baptista, *Rumo à praia*, p.219.
66. *Beira-Mar*, 24 mar 1934.
67. *Beira-Mar*, 2 set 1939. Em 12 de agosto de 1939, o *Jornal do Brasil* falava do crescimento da Rocinha: "Rocinha é um trecho obscuro do Distrito Federal. Fica além da Gávea, mais para o sul. É, sem dúvida, um ponto pitoresco. Pobre, sem os arrebiques e as vantagens da civilização, mas saudável e generoso no seu primitivismo. … Nenhuma pessoa habituada a perlustrar o asfalto da avenida e a entontecer-se com as luminárias da Cidade Maravilhosa conhece a Rocinha."
68. *Jornal do Brasil*, 12 jun 1932.
69. *Beira-Mar*, 17 jan 1937.

Epílogo (p.225-32)

1. Essa e a próxima citação do parágrafo foram extraídas de L. Martins, *Noturno da Lapa*, p.246.
2. Ibid., p.255.
3. *O Cruzeiro*, 3 jan 1953.
4. G. Velho, *A utopia urbana*.
5. Ibid., p.135.
6. Ibid., p.10.
7. Ibid., p.80.
8. Ibid., p.139.
9. Idem.
10. *O Globo*, 26 dez 2010.

Referências bibliográficas

Abreu, Mauricio. *Evolução urbana do Rio de Janeiro*. Rio de Janeiro, Prefeitura do Rio de Janeiro, 2008.

Amâncio, Tunico. *O Brasil dos gringos: imagens no cinema*. Niterói, Intertexto, 2000.

Baptista, Paulo Donadio. *Rumo à praia: Théo Filho, Beira-Mar e a vida balneária no Rio de Janeiro dos anos 1920 e 30*. Dissertação de mestrado em história, Rio de Janeiro, UFRJ, 2007.

Barreto, Lima. *Diário íntimo*. São Paulo, Brasiliense, 1956.

Barth, Fredrik. *O guru, o iniciador e outras variações antropológicas*. Rio de Janeiro, Contra Capa, 2000.

______. "On the Study of Social Change", *American Anthropologist* 69(6), 661-9, 1967.

Benchimol, Jaime L. *Pereira Passos: um Haussmann tropical*. Rio de Janeiro, Secretaria Municipal de Cultura, 1990.

Berger, Paulo e Eneida Berger. *Copacabana: história dos subúrbios*. São Paulo, Empresa Gráfica da *Revista dos tribunais*, 1959.

Boechat, Ricardo. *Copacabana Palace: um hotel e sua história*. São Paulo, DBA, 1998.

Borges, Marília Vicente. *O zoneamento da cidade do Rio de janeiro*. Dissertação de mestrado em planejamento urbano e regional, Rio de Janeiro, UFRJ, 2007.

Bourdieu, Pierre. "Gostos de classe e estilos de vida", in Renato Ortiz (org.). *Bourdieu*. São Paulo, Ática, 1983.

______. *A distinção: crítica social do julgamento*. São Paulo, Edusp, 2007.

Boyer, Marc. *L'invention du tourisme*. Paris, Gallimard, 1996.

Bretas, Marcos Luiz. *Ordem na cidade. O exercício cotidiano da autoridade policial no Rio de Janeiro: 1907-1930*. Rio de Janeiro, Rocco, 1997.

______. *A guerra das ruas: povo e polícia na cidade do Rio de Janeiro*. Rio de Janeiro, Rocco, 1997.

Cardeman, David e Rogerio Cardeman. *O Rio de Janeiro nas alturas*. Rio de Janeiro, Mauad, 2004.

Cardoso, Elizabeth Dezouzart et al. *História dos bairros: Copacabana*. Rio de Janeiro, Index, 1986.

______. "Estrutura urbana e representações: a invenção da Zona Sul e a construção de um novo processo de segregação espacial no Rio de Janeiro nas primeiras décadas do século XX". *GeoTextos*, 6, 1, 2010, p.73-88.

Carvalho, Gabriela. *A aventura do concreto no Rio de Janeiro: 1900-1936*. Rio de Janeiro, Snic, 2003.

Castro, Celso. "Narrativas e imagens do turismo no Rio de Janeiro", in Gilberto Velho (org.). *Antropologia urbana: cultura e sociedade no Brasil e em Portugal*. Rio de Janeiro, Zahar, 1999.

Castro, Celso. "A natureza turística do Rio de Janeiro", in Álvaro Banducci e Margarita Barreto. *Turismo e identidade local*. Campinas, Papirus, 2005.
Certeau, Michel de. *A invenção do cotidiano*. Petrópolis, Vozes, 1999.
Chalhoub, Sidney. *Cidade febril: cortiços e epidemias na corte imperial*. São Paulo, Companhia das Letras, 1996.
Coleção de leis municipais vigentes - 1893-1925. Rio de Janeiro, Henrique Velho & C., 3 vols., 1922-26.
Conniff, Michael. *Política urbana no Brasil*. Rio de Janeiro, Relume-Dumará, 2005.
Corbin, Alain. *O território do vazio: a praia e o imaginário ocidental*. São Paulo, Companhia das Letras, 1998.
Cordeiro, Graça e Antonio Firmino da Costa. "Bairros: contexto e intersecção", in Gilberto Velho (org.). *Antropologia urbana*. Rio de Janeiro, Zahar, 1999.
Costa, Antonio Firmino da. *Sociedade de bairro: dinâmicas sociais da identidade cultural*. Lisboa, Celta, 2008.
Costallat, Benjamin. *Mutt, Jeff & Cia*. Rio de Janeiro, Leite Ribeiro, 1922.
______. *Cock-tail*. Rio de Janeiro, Livraria Leite e Ribeiro, 1923.
______. *Arranha-céo*. São Paulo, Cia. Editora Nacional, 1929.
______. *O marido de Melle. Cinema*. Rio de Janeiro, Livraria Antunes, 1931.
______. *Mistérios do Rio*. Rio de Janeiro, Secretaria Municipal de Cultura, 1990.
______. *Mademoiselle Cinema*. Rio de Janeiro, Casa da Palavra, 1999.
Cunha, Maria Clementina Pereira. *Ecos da folia. Uma história social do carnaval carioca entre 1880 e 1920*. São Paulo, Companhia das Letras, 2001.
Damazio, Silvia. *Retrato social do Rio de Janeiro na virada do século*. Rio de Janeiro, Uerj, 1996.
Darnton, Robert. *O beijo de Lamourette. Mídia, cultura e revolução*. São Paulo, Companhia das Letras, 1990.
______. *O grande massacre de gatos*. Rio de Janeiro, Graal, 2001.
Debret, Jean-Baptiste. *Viagem pitoresca e histórica ao Brasil*. São Paulo, Livraria Martins, 1940.
Douglas, Mary. *Pureza e perigo*. Lisboa, Edições 70, 1991.
El Far, Alessandra. *Páginas de sensação. Literatura popular e pornográfica no Rio de Janeiro (1870-1924)*. São Paulo, Companhia das Letras, 2004.
Elias, Norbert. *O processo civilizador*. Rio de Janeiro, Zahar, 1990.
Farias, Patricia. *Pegando uma cor na praia. Relações raciais e classificações de cor na cidade do Rio de Janeiro*. Rio de Janeiro, Secretaria Municipal da Cultura, 2006.
Filho, Théo. *Praia de Ipanema*. Rio de Janeiro, Dantes, 2000.
Foote-White, William. *A sociedade de esquina*. Rio de Janeiro, Zahar, 2005.
Franco, Afonso Arinos de Melo. *Um estadista da República: Afrânio de Melo Franco e seu tempo*. Rio de Janeiro, José Olympio, 1955.
Freire-Medeiros, Bianca. *O Rio de Janeiro que Hollywood inventou*. Rio de Janeiro, Zahar, 2005.
Freyre, Gilberto. *Casa-Grande & senzala*. Rio de Janeiro, Global, 2006.
______. *Sobrados e mucambos*. Rio de Janeiro, Global, 2006.

Gaspar, Claudia Braga. *Orla carioca: história e cultura*. São Paulo, Metalivros, 2004.
Geertz, Clifford. *A interpretação das culturas*. Rio de Janeiro, Guanabara, 1989.
Gomes, Tiago de Melo. *Um espelho no palco. Identidades sociais e massificação no teatro de revista dos anos 1920*. Campinas, Unicamp, 2004.
Gonçalves, Renata de Sá. *Os ranchos pedem passagem. O carnaval no Rio de Janeiro do começo do século XX*. Rio de Janeiro, Secretaria Municipal de Cultura, 2007.
Gorelik, Adrián. *Miradas sobre Buenos Aires: historia cultural y crítica urbana*. Buenos Aires, Siglo Veintiuno, 2004.
Graham, Maria. *Diário de uma viagem ao Brasil*. São Paulo, Companhia Editora Nacional, 1956.
Hobsbawm, E.J. e Terence Ranger (orgs.). *The Invention of Tradition*. Londres, Cambridge University Press, 1983.
Kessel, Carlos. *A vitrine e o espelho. O Rio de Janeiro de Carlos Sampaio*. Rio de Janeiro, Secretaria Municipal de Cultura, 2001.
Lencek, Lena e Gideon Bosker. *Making Waves: Swimsuits and the Undressing of America*. São Francisco, Chronicle Books, 1989.
Lévi-Strauss, Claude. *Antropologia estrutural*. Rio de Janeiro, Tempo Brasileiro, 2003.
Löfgren, Orvar. *On Holiday: a History of Vacationing*. California, University of California Press, 1999.
Machado de Assis, Joaquim Maria. *História de quinze dias*. Campinas, Unicamp, 2009.
Martínez, Alberto. *Baedeker of the Argentine Republic*. Barcelona, R. Sopena, 1914.
Marins, Paulo César Garcez. "Habitação e vizinhança: limites da privacidade no surgimento das metrópoles brasileiras", in Nicolau Sevcenko et al. *História da vida privada no Brasil*, vol.3. São Paulo, Companhia das Letras, 1998.
Martins, Luís. *Noturno da Lapa*. Rio de Janeiro, José Olympio, 2004.
Mattos, Rômulo Costa. *Pelos pobres! As campanhas pela construção de habitações populares e o discurso sobre as favelas na Primeira República*. Tese de doutorado em história, Niterói, UFF, 2008.
Mauss, M. *Sociologia e antropologia*. São Paulo, Cosac & Naify, 2003.
Melo, Victor Andrade de. *Cidade sportiva: primórdios do esporte no Rio de Janeiro*. Rio de Janeiro, Relume-Dumará, 2001.
Motta, Marly. *A nação faz 100 anos: a questão nacional no centenário da Independência*. Rio de Janeiro, FGV, 1992.
______. "O 'Hércules da prefeitura' e o 'demolidor do Castelo': o executivo municipal como gestor da política urbana da cidade do Rio de Janeiro", in Lucia Lippi Oliveira. *Cidade: história e desafios*. Rio de Janeiro, FGV, 2002.
Needell, Jeffrey. *Belle époque tropical*. São Paulo, Companhia das Letras, 1993.
Neves, Margarida de Souza. *As vitrines do progresso*. Rio de Janeiro, PUC-Rio, 1986.
Noronha Santos, Francisco. *Meios de transporte no Rio de Janeiro*. Rio de Janeiro, Tipografia do Jornal do Comércio, 1934.
O'Donnell, Julia. *De olho na rua. A cidade de João do Rio*. Rio de Janeiro, Zahar, 2008.
Oliveira, Claudia de, Mônica Pimenta Velloso e Vera Lins. *O moderno em revistas: representações do Rio de Janeiro de 1890 a 1920*. Rio de Janeiro, Garamond, 2010.
Oliveira, D. *Fossas e esgotos em Copacabana*. Rio de Janeiro, Tip. Besnerd Freres, 1906.

Oliveira, Lúcia Lippi. "A conquista do espaço: sertão e fronteira no pensamento brasileiro", *História, Ciências, Saúde – Manguinhos, Rio de Janeiro*, vol.V (suplemento), 1998, p.195-215.
Pereira, Adriana Maria. "O lazer no Rio de Janeiro, visto pelo fotógrafo amador Alberto de Sampaio (1900-1910)", *Urbana*, ano 2, n.2, 2007.
Pereira, Leonardo Affonso de M. "E o Rio dançou: identidades e tensões nos clubes recreativos cariocas (1912-1922)", in Maria Clementina da Cunha (org.). *Carnavais e outras frestas*. Campinas, Unicamp, 2002.
______. "A Flor da União: festa e identidade nos clubes carnavalescos do Rio de Janeiro", *Terceira Margem*, vol.14, 2006, p.169-79.
______. *Footballmania: uma história social do futebol no Rio de Janeiro (1902-1938)*. Rio de Janeiro, Nova Fronteira, 2000.
Pessoa, Paula. *Guia da Cidade do Rio de Janeiro*. Rio de Janeiro, Ofic. Gráf. E. Bevilacque, 1905.
Rejowski, Miriam. *Turismo no percurso do tempo*. São Paulo, Aleph, 2002.
Resende, Beatriz. "A volta de Mademoiselle Cinema", in Benjamin Costallat. *Mademoiselle Cinema*. Rio de Janeiro, Casa da Palavra, 1999.
______. "Melindrosa e almofadinha, cock-tail e arranha-céu: a literatura e os vertiginosos anos 20", in Antonio Herculano Lopes. *Entre Europa e África. A invenção do carioca*. Rio de Janeiro, Casa de Rui Barbosa, 2000.
Rio, João do. *A alma encantadora das ruas*. São Paulo, Companhia das Letras, 1997.
Riotur. *Copacabana, 1892/1992: subsídios para a sua história*. Rio de Janeiro, Secretaria Municipal de Cultura, Prefeitura da Cidade, 1992.
Ripley, Jorge. *American Syclopedia. A Popular Dictionary of General Knowledge*. Nova York, D. Appleton, 1870.
Sahlins, M. *História e cultura*. Rio de Janeiro, Zahar, 2006.
Sarthou, Carlos. *Passado e presente da Baía de Guanabara*. Rio de Janeiro, Freitas Bastos, 1964.
______. *Relíquias da cidade do Rio de Janeiro*. Rio de Janeiro, Livraria Atheneu, 1965.
Schutz, A. *Fenomenologia e relações sociais*. Rio de Janeiro, Zahar, 1972.
Sevcenko, Nicolau. "A capital irradiante: técnica, ritmos e ritos do Rio", in Nicolau Sevcenko et al. *História da vida privada no Brasil*, vol.3. São Paulo, Companhia das Letras, 1998.
Simmel, Georg. *Sociologia: estudios sobre las formas de socialización*. Buenos Aires, Espasa-Calpe, 1939.
Soares, Carlos Eugenio Libano. *A negregada instituição. A capoeira no Rio de Janeiro*. Rio de Janeiro, Secretaria Municipal de Cultura, 1994.
Valladares, Lícia. *A invenção da favela*. Rio de Janeiro, FGV, 2005.
Vaz, Lilian. "Dos cortiços às favelas e aos edifícios de apartamentos: a modernização da moradia no Rio de Janeiro", *Análise Social*, vol.XXIX (127), 1994, p.581-97.
______. *Modernidade e moradia: habitação coletiva no Rio de Janeiro*. Rio de Janeiro, 7 Letras, 2002.
Velho, Gilberto. *A utopia urbana*. Rio de Janeiro, Zahar, 1982.

Velho, Gilberto. *Individualismo e cultura*. Rio de Janeiro, Zahar, 1987.

______. *Projeto e metamorfose: antropologia das sociedades complexas*. Rio de Janeiro, Zahar, 1994.

______. "Os mundos de Copacabana", in Gilberto Velho. *Antropologia urbana*. Rio de Janeiro, Zahar, 1999.

Vieira, Nivea. *Cidades possíveis: uma análise dos debates dos projetos de leis sobre construção e reconstrução de casas particulares na capital federal (1892-1906)*. Tese de doutorado em história, Rio de Janeiro, UFRJ, 2008.

Weber, Max. "Classe, status, partido", in Otavio Velho et al. (orgs.). *Estrutura de classes e estratificação social*. Rio de Janeiro, Zahar, 1979.

Créditos das imagens

Indicamos em negrito o número das páginas e, a seguir, a fonte das imagens.

1. Caminho do mar

p.21 – Arquivo Nacional; **p.22** – Juan Gutierrez, 1893-94, Museu Histórico Nacional/Ibram/MinC; **p.23** – Arquivo Nacional; **p.25a** – Juan Gutierrez, 1893-94, Museu Histórico Nacional/Ibram/MinC; **p.25b** – Marc Ferrez, 1890, Instituto Moreira Salles; **p.27** – Juan Gutierrez, 1892, Museu Histórico Nacional/Ibram/MinC; **p.28a** – Idem; **p.28b** – Louis-Jules-Frédéric Villeneuve, Acervo Antiquário Fernando França Leite; **p.31** – Acervo Antiquário Fernando França Leite; **p.33** – Juan Gutierrez, Museu Histórico Nacional/Ibram/MinC; **p.43** – Arquivo Nacional; **p.47a** – Marc Ferrez, 1893-94, Acervo Antiquário Fernando França Leite; **p.47b** – Marc Ferrez, 1902, Acervo Antiquário Fernando França Leite; **p.49a** – Acervo Antiquário Fernando França Leite; **p.49b** – Marc Ferrez, 1895, Acervo Antiquário Fernando França Leite; **p.50** – Augusto Malta, 1907, Acervo Antiquário Fernando França Leite; **p.53** – Augusto Malta, Arquivo Geral da Cidade do Rio de Janeiro; **p.55** – Acervo Antiquário Fernando França Leite.

2. Os ocupantes do vazio e os habitantes do progresso

p.57 – 1904, G. Ermakoff; **p.59** – *O Malho*, 28 abr 1906 (Biblioteca Nacional – BN); **p.60** – *O Malho*, 17 jul 1909 (BN); **p.62a** – Augusto Malta, Acervo Antiquário Fernando França Leite; **p.62b** – G. Ermakoff; **p.64** – Alberto Sampaio (BN); **p.68** – *Correio da Manhã*, 2 jun 1907 (BN); **p.70** – *O Copacabana*, 15 jul 1907 (BN); **p.77** – Arquivo Nacional; **p.78** – *O Copacabana*, 27 set 1910 (BN); **p.79** – Augusto Malta, 1906, Instituto Moreira Salles.

3. Uma civilização à *Beira-Mar*

p.82 – Acervo Antiquário Fernando França Leite; **p.87** – *Beira-Mar*, 4 mar 1930 (Biblioteca Popular Euclides da Cunha, Ilha do Governador – BPEC); **p.96** – G. Ermakoff; **p.99** – *Beira-Mar*, 25 jul 1924 (BPEC); **p.104** – Museu da Imagem e do Som; **p.105** – Augusto Malta, 1921, Arquivo Geral da Cidade do Rio de Janeiro; **p.106a** – Museu da Imagem e do Som; **p.106b** – *O Malho*, 22 mar 1919 (BN); **p.107a** – Idem; **p.107b** – *Revista da Semana*, 14 fev 1925 (BN); **p.109** – *Revista da Semana*, 1º set 1923 (BN); **p.110** – Augusto

Malta, 1923, Arquivo Geral da Cidade do Rio de Janeiro; **p.116** – Augusto Malta, 1919, Arquivo Geral da Cidade do Rio de Janeiro; **p.117a** – Augusto Malta, 1921, Instituto Moreira Salles; **p.117b** – Idem; **p.119a** – *Para Todos*, 20 dez 1924 (BN); **p.119b** – Idem.

4. Os aristocratas do Atlântico ocidental

p.127 – Augusto Malta, 1910, Arquivo Geral da Cidade do Rio de Janeiro; **p.128** – Augusto Malta, 1921, Arquivo Geral da Cidade do Rio de Janeiro; **p.129** – *Beira-Mar*, 17 dez 1922 (BPEC); **p.133** – *Beira-Mar*, 1º abr 1923 (BPEC); **p.136a** – *Beira-Mar*, 28 jul 1924 (BPEC); **p.136b** – *Beira-Mar*, 7 out 1923 (BPEC); **p.138** – *Beira-Mar*, 3 mai 1925 (BPEC); **p.139a** – *Para Todos*, 21 jan 1928 (BN); **p.139b** – *Para Todos*, 14 jan 1928 (BN); **p.143** – *Beira-Mar*, 17 jul 1927 (BPEC); **p.144** – *Beira-Mar*, 19 jul 1925 (BPEC).

5. Um estilo Copacabana

p.157 – *Beira-Mar*, mar 1923 (BPEC); **p.158** – *Revista da Semana*, 21 jan 1922 (BN); **p.159** – *O Malho*, 2 fev 1924 (BN); **p.162a** – *Beira-Mar*, 23 out 1927 (BPEC); **p.162b** – *Beira-Mar*, 18 ago 1929 (BPEC); **p.165** – *Para Todos*, 19 mar 1927 (BN); **p.170** – Augusto Malta, 1928, Arquivo Geral da Cidade do Rio de Janeiro; **p.175** – *O Malho*, 14 jun 1919 (BN); **p.176** – *Beira-Mar*, 17 jun 1923 (BPEC).

6. Os castelos de areia

p.193 – *Beira-Mar*, 9 set 1933 (BPEC); **p.194** – *Alô, amigos*, 1934, Walt Disney Brasil; **p.197** – *Beira-Mar*, 20 jan 1929 (BPEC); **p.200** – Augusto Malta, 1928, Arquivo Geral da Cidade do Rio de Janeiro; **p.203** – *Para Todos*, 23 mar 1929 (BN); **p.208a** – *Beira-Mar*, 27 mai 1939 (BPEC); **p.208b** – Augusto Malta, 1930, Arquivo Geral da Cidade do Rio de Janeiro; **p.210** – *Beira-Mar*, 24 set 1938 (BPEC); **p.212a** – *Beira-Mar*, 26 out 1930 (BPEC); **p.212b** – *Para Todos*, 18 jan 1930 (BN); **p.213a** – Idem; **p.213b** – Idem; **p.216** – *Beira-Mar*, 13 mar 1937 (BPEC); **p.221** – *Beira-Mar*, 25 jun 1938 (BPEC); **p.222** – Augusto Malta, Arquivo Geral da Cidade do Rio de Janeiro.

Agradecimentos

Este livro é uma versão modificada da tese de doutorado em antropologia social que defendi em 2011 no Museu Nacional (UFRJ). A seus professores e professoras sou grata pelo entusiasmo e comprometimento com que me apresentaram suas tantas antropologias. Durante os seis anos de pós-graduação, tive o privilégio de ser orientada pelo professor Gilberto Velho. Sua generosidade, sua seriedade profissional, seu decoro intelectual e sua paixão pelo conhecimento são lições que levarei sempre comigo. A ele sou ainda grata pela publicação deste livro na nobre companhia de outros autores da coleção Antropologia Social, por ele criada em 1973 e dirigida até sua morte, em 2012. Essa iniciativa, da qual tanto se orgulhava, é uma das mostras de seu empenho permanente na divulgação de trabalhos de colegas e orientandos.

Os professores Adriana Vianna, Maria Laura Viveiros de Castro Cavalcanti, Maria Alice Rezende e Luiz Fernando Dias Duarte, membros da banca examinadora da tese que originou este livro, me presentearam com leituras cuidadosas e comentários valiosos – alguns dos quais incorporei aqui. A eles, meu muito obrigada.

À editora Zahar sou grata pelo cuidado e profissionalismo no tratamento desta edição. Kathia Ferreira foi impecável na difícil tarefa de me mostrar o invisível, descobrindo e contornando as inúmeras peças que a escrita nos prega.

Fernando França Leite e Adriana Pereira permitiram que eu tivesse acesso a muitas das fotografias que compõem o livro. A eles agradeço a disposição em ajudar.

Tatiana Siciliano e Liane Braga foram, além de colegas, amigas queridas e verdadeiras cúmplices. Letícia Carvalho e Fernanda Figurelli, irmãs "cariocas", são parte fundamental não apenas do processo de redação deste livro, como também (e principalmente) dos diversos enredos que a ele se somaram ao longo dos últimos anos.

Celso Castro esteve sempre por perto, me ajudando e incentivando de várias maneiras. Com as queridas Arbel Griner e Ângela Moreira dividi as alegrias e reticências do processo de escrita. Pude também contar, em diferentes situações, com o apoio e a solidariedade de Karina Kuschnir.

Daniela Montans, Esther Blumenfeld, Gabriela Toledo, Luiza Fecarotta, Márcia Franciscchini, Marina Vianna e Ynaê Santos, companheiras naquilo tudo que realmente importa, me brindaram com encontros e telefonemas, tornando mais leve a solidão da escrita.

Ao meu pai, Guillermo, serei sempre grata por me mostrar (e não me deixar esquecer) os encantos deste ofício. À sua presença, agora feita de lembrança e (muita) saudade, devo minha paixão pelo mundo das letras, dos papéis e das ideias.

Com paciência e generosidade, minha mãe, Cecília, soube entender minhas tantas ausências e pressas. A ela agradeço, acima de tudo, as incansáveis e comoventes lições daquele que agora percebo ser o maior dos aprendizados: ser mãe.

O Leo chegou pela literatura e mudou todo o enredo desta história. Suas leituras, seus comentários, seu entusiasmo e sua calma estão em cada página deste livro. A ele agradeço todo o dito, todo o feito e a certeza de que ainda há tanto por fazermos juntos.

Por fim, sou grata ao CNPq pelos quatro anos de bolsa de doutorado, sem a qual não teria sido possível realizar a pesquisa que deu forma a este livro.

ESTA OBRA FOI COMPOSTA POR MARI TABOADA EM META PRO E MINION PRO
E IMPRESSA EM PROCESSO SOB DEMANDA PELA UM LIVRO SOBRE PAPEL OFFSET
PARA A EDITORA SCHWARCZ A PARTIR DE 2025

FSC
www.fsc.org
MISTO
Apoiando o manejo florestal responsável
FSC® C128038

A marca FSC® é a garantia de que a madeira utilizada na fabricação do papel deste livro provém de florestas que foram gerenciadas de maneira ambientalmente correta, socialmente justa e economicamente viável, além de outras fontes de origem controlada.